불륜의 한국사

이은식 지음

흥미로운 것은 한다 하는 사대부 집안 남정네들의 태도가 특히 흑심하였다는 사실이다. 그런 탓에 겉을 죄스러운 마음을 이겨내지 못한 끊는 예의 목숨을 끊은 이

다오름

불륜의 한국사

초판 1쇄 인쇄 | 2008년 12월 22일
초판 1쇄 발행 | 2008년 12월 29일

지은이 | 이은식
펴낸이 | 최수자

주간 | 이성길
편집 | 고수형
제작 | 김수지
표지 · 본문 디자인 | 블룸
인쇄 | 대원 인쇄사

펴낸곳 | 도서출판 타오름
주소 | 서울 은평구 녹번동 38-12 2층
전화 | 02)383-4929
팩스 | 02)3157-4929
전자우편 | cheongmoksan@naver.com

값 | 13,000원
ISBN 978-89-962008-0-2 03910

분단의
한국사

다오름

차
례

『우리가 몰랐던 人物 韓國史』에 대하여

이어령
李御寧

· 초대 문화부 장관
· 신문인/문학평론가
· 이화여자대학교 석좌교수
· 중앙일보 상임고문

나그네라는 말은 나간 이, 즉 밖으로 나간 사람이라는 뜻이다. 그러나 역사 기행이나 우리 고전 작품을 찾아가는 나그네는 밖이 아니라 안으로 들어오는 사람이다. 한마디로 우리 고전 작품을 다시 발견하고 그 배경이 되는 고장을 찾아가는 이은식李垠植 님의 글은 한국인의 내면을 탐구하는 소중한 '안으로의 여행' 이라고 말할 수 있다.

내면이란 무엇인가. 인체를 보면 안다. 겉으로 보면 인체는 모두가 대칭형으로 되어 있다. 두 눈 두 귀가 그렇고 양손 양다리가 모두 짝을 이루어 좌우로 나뉘어 있다.

하나의 코와 입이라도 그 모양은 좌우 대칭으로 되어 있다. 그러나 내부로 들어가면 어떤가. 인체 해부도를 보아서 알듯이 심장과 췌장은 왼쪽에 있고 간이나 맹장은 오른쪽에 있어 좌우가 다르다. 그리고 위의 생김새나 대장은 더더구나 그 모양이 외부와는 달라 모두가 비대칭적인 모양을 하고 있다.

이렇게 내면의 여행은 인체의 내부처럼 복잡하고 애매하다. 지도를 보면서 정해진 코스를 찾아가는 외부의 여행과는 딴판이다. 보이지 않는 곳은 내시

경으로, 들리지 않는 박동은 청진기를 사용해야 한다. 그것이 바로 내면을 여행하는 사람의 투시력이며 상상력이며 특수한 지식의 힘이다.

이은식 님의 〈우리가 몰랐던 인물 한국사〉는 한국 전통문화의 맥을 짚어 보이지 않는 마음의 섬세한 구김살을 열어보는 투시력의 소산이다. 사전辭典 지식으로는 맛볼 수 없는 현장성 그리고 그 배후를 꿰뚫는 정성과 분석력이 대단한 분이시다. 그의 원고를 보면 내가 누구이며 내가 어디에서 왔으며 내가 어디로 가야 할 것인가의 방향을 확실히 제시하고 있다.

그러기 때문에 이 방대한 '역사 인물 기행' 인 동시에 '문화 탐구의 기행' 은 우리의 시선을 마음의 내면세계로 향하게 하는 화살표요 그 지도가 되는 것이다. 이 책에서 우리는 윤선도를 만나게 될 것이다. 그리고 잊혔던 신숙주와 세종대왕, 방랑시인 김삿갓을 비롯한 수많은 역사적 인물들을 만나게 될 것이다. 고정관념을 버리고 한 분 한 분의 발자국을 따라가다 보면 과거의 역사가 아니라 우리의 미래의 역사를 만나게 될 것이다.

역사 속의 인물과 고전작품은 시대와 사회의 변화에 따라 끝없이 재조명하고 새롭게 탄생하는 것이다. 역사는 그냥 이야기가 아니다. 우리가 살아온 달력에 동그라미를 쳐놓은 그냥 기억이 아니다. 시간의 켜가 모여 지층처럼 쌓여간 문자의 땅이요 피의 강이다. 산맥이 높아야 높은 산이 생긴다는 말처럼 그 위에 우리는 우리의 새로운 역사의 봉우리를 만든다.

겉만 보고 한국인을 말하지 말아야 한다. 복잡하고 불가사의한 한국인의 내면을 알고 나서야 우리는 우리 역사 속의 한국인의 참모습을 알게 될 것이다.

검은 암탉이 하얀 알을 낳고, 검은 소가 흰 우유를 쏟아내듯이 이은식 님의 책은 오늘날같이 혼탁한 세상에 샘물 같은 그런 구실을 할 수 있을 것이다.

『우리가 몰랐던 人物 韓國史』에 대하여

이만열
李萬烈

· 직전 국사편찬위원회 위원장
· 독립기념관 한국독립운동사
  연구소장

　근래에 우리 주변에는 역사 문화 유적에 대한 일반인들의 관심이 고조되고 이에 따라 많은 종류의 역사 문화서, 기행문류, 답사 안내서들이 우후죽순처럼 출간되고 있다. 그리고 초등학생부터 대학생, 일반인들에 이르기까지 많은 역사 기행 동아리를 비롯하여 인터넷상에서는 역사 기행 관련 웹사이트가 운영되고 있으며, 신문사나 박물관 등의 역사 관련 교양 강좌도 활발하게 이루어지고 있다. 이러한 현상은 일반인들의 역사적 식견과 의식을 높일 수 있을 뿐 아니라 역사의 대중화라는 측면에서도 상당히 긍정적인 역할을 하는 것으로 평가할 수 있다.

　전문 역사학자를 비롯하여 소설가, 언론인, 여행가들의 역사 기행문과 문화유산 답사 서적이 봇물 터지듯 출판되는 요즈음 향토 사학자이자 역사 기행가, 수필가인 이은식李垠植 님이 쓴 한국 역사 인물 기행 〈우리가 몰랐던 인물 한국사〉는 얼핏 보면 평범한 또 한 권의 역사 기행문 같지만 이 책은 단순한 기행문이 아니라 우리가 사는 땅과 그 땅에 살았던 인간의 흔적을 복원해내고 있다. 이 책에서 우리는 많은 역사적 인물들을 만날 것이다.

당대를 풍미했던 정치가, 덕망을 자랑하던 선비, 천하를 주름잡던 장군, 개혁을 부르짖었던 혁신주의자, 노비를 부렸던 상전, 부림을 당했던 천민 등 우리 역사에서 굴곡 많은 삶을 살다간 사람들을 만날 수 있을 것이다. 그들을 만나고 그들이 살았던 땅의 실체를 느끼면서 우리는 역사가 단순한 과거가 아니라 현재요 미래라는 것을 느낄 수 있을 것이다.

이 책은 '풍요로운 오늘을 있게 한 선현들의 피나는 노력의 자취를 재조명해 보고 역사적 인물들의 생전 삶의 기준을 교훈 삼아 더 좋은 앞날을 위한 길잡이가 되었으면 하는 마음을 새기면서 고인들의 유택과 유적지를 찾아다닌' 이은식 님의 각고의 산물이다.

수년 동안 전국의 산하에 산재한 9천여 곳의 비문이 새겨진 역사 현장을 직접 밟고 촬영하여 체험한 내용을 쉽고 재미있게 풀어쓴 이 책이야말로 읽는 이로 하여금 역사란 멀리 있는 게 아님을 느끼게 해 주며, 바로 내가 숨 쉬며 살아가는 내 고장에 대한 인식을 새롭게 일깨워준다. 산업화와 도시화로 훼손되고 사라지는 문화유산을 저자가 생업을 뒤로한 채 식음을 잊을 정도로 찾아다니며 쓴 이 책은 먼 후일 역사적인 인물에 대한 실체를 찾고자 하는 사람들에게 큰 도움이 될 것이다.

『우리가 몰랐던 人物 韓國史』에 대하여

윤덕홍
尹德弘

· (전)대구대학교 총장
· (전)부총리 겸 교육인적자원부 장관
· (전)한국학중앙연구원
  (옛 정신문화연구원) 원장

　우리가 이 세상에 태어난 것은 우연이 아니다. 오늘의 내가 있기까지 아버지 어머니가, 아버지 어머니가 태어나기까지 다시 할아버지 할머니, 외할아버지 외할머니가 계셨다. 지난 세월 동안 무수히 많은 사람이 서로 얽혀 있었기 때문에 지금의 우리가 존재하는 것이다. 우리 모두는 연과 연이 얽혀 태어난 존귀한 생명인 셈이다. 자연의 이치요 하늘의 섭리가 아닌가. 숱한 나라 다 놔두고 대한민국에, 그것도 과거가 아니고 미래도 아닌 오늘에 태어나서, 한국말을 사용하고 한국 문화를 몸에 익혀 산다는 것을 생각해 보라. 과거와 얽히고설킨 것이 현재 우리들의 삶이기 때문에 이를 알고자 한다면 선조의 생활을 이해하지 않을 수 없다. 법고창신法古創新 온고지신溫故知新은 이를 두고 하는 말이다.

　그동안 우리는 서양 사람들의 생각과 생활을 열심히 배우다 보니 우리 것들을 등한시했다. 필자는 우연하게 일본의 마츠리를 구경한 일이 있다. 전통 의상을 차려입은 수많은 군중이 간단한 북 장단에 단조로운 걸음으로 꼬리를 물고 이어가는 그 모습은 장관이었다. 간단한 스텝이기에 누구나 금방 배울 수 있으며 똑같은 전통 의상 차림이기에 동류의식을 느낄 것이다. 군무가 가능한 이유는 바로 이 간단성과 동질감에서 비롯하리라. 전통의상을 입고 자발적으로 참여하는 마츠리 행사는 구경하는 잔치가 아니라 함께 행하는 놀이이며 그들의 문화를 계승해 가는 일상생활이기도 하다. 그래서 일본은 일 년 내내 잔치가 이어지는 나라이며, 그것을 통해 사회 통합을 이루어 가고 있다. 잔치는 과거를 놀이로 현재화하고 그 현재의 놀이를 통해 미래를 열어 가는 훌륭한 메커니즘이다. 이러한 잔치는 일본 고유의 전통을 소재로 한 문화 콘텐츠인 셈이다. 전통을 잘 보존하고 그 위에 서양의 것을 얹은 일본을 보노라면 그들의 힘이 법고창신에 있음을 알 수 있다.

이은식 님의 한국 역사 인물 기행 〈우리가 몰랐던 인물 한국사〉는 일일이 현장을 답사하여 고증을 거친 작품으로 방대한 원고 속에 역시 방대한 역사 인물들이 등장하는 대작이다. 존경하는 인물의 90%를 외국인이 차지하는 이 세대에, 민족과 역사의 정체성이 빛을 잃어 가는 이 시대에, 가히 법고창신의 교과서가 될 만한 인물이 망라되고 있음은 무척 다행스러운 일이다. 우리 역사에 배울 점이 풍부한 사람이 이렇게 많았던가!

난국을 슬기롭게 극복한 정치인과 장군이 있는가 하면, 맑은 삶을 산 선비가 나오고, 보수와 개혁, 착취와 저항, 한 시대를 나름대로 처절하게 살아간 선조의 삶이 총망라되어 있다. 오늘의 우리에게 적용될 만한 삶의 모델들이 이은식 님의 작품 속에 제시되어 있는 것이다. 과거를 알고 오늘의 우리를 설명하며, 내일의 우리 삶을 설계할 수 있는 역작이기에 많은 사람들의 일독을 권한다.

불륜 왕국 현장 보고서

이은식
李垠植

불륜不倫이라는 말을 사전에서 찾아보면 '사람으로서 마땅히 지켜야 할 도리에서 벗어나 있음' 이라고 되어 있다. 그러고 보면 사람이 도리를 지키지 못하여 개인의 삶이나 우리 역사에 오점을 남긴 예는 일일이 열거하기 어려울 정도이다.

불륜 왕국!

고려와 조선, 현재의 우리 사회를 통틀어 불륜 왕국이라고 규정지은 이유가 여기에 있다. 예나 지금이나 비뚤어진 욕망에 취하여 성적 일탈을 일삼고, 개인적 욕심을 어찌지 못하고 부당한 치부와 부정부패를 저지른 사람이 얼마나 많은가.

역사에 조금이나마 관심이 있으며 현실 정치와 사회상에 아픔을 느끼는 사람이면 흔히 이야기한다. 역사는 반복된다고! 맞는 말이다. 사람이 중심이 되어 만들어 가는 역사는 하나의 순환 고리로 연결된 그 무엇처럼 반복된다.

간혹 필자는 옛사람과 현대인 사이에 존재하는 공통점을 발견하고는 새삼스레 고개를 갸웃거리곤 한다. 옛사람이나 현대인이나 본능 혹은 성품이라는 것은 크게 차이 나지 않는다는 점을 깨달은 까닭이다. 그래선지 어떤 일이 닥쳤을 때 대처하는 방식을 보면 옛사람이나 현대인이나 크게 다르지 않다. 이런 점에서 역사가 반복되는 것은 당연한 노릇이라고 하겠다. 역사는 사람이 만들어가는 것이고, 옛사람과 현대인은 적지 않은 공통점을 가지고 있기 때문이다.

반복되는 역사는 필연에 가깝지만 필자는 굴곡진 역사의 반복만은 막아야 한다고 늘 생각해 왔다. 일그러진 역사의 고리를 끊음으로써 현실 삶의 발전을 꾀하는 것이야말로 역사를 거울삼을 줄 아는 지혜의 소치일 것이기 때문이다.

불륜의 한국사는 어찌 보면 과거와 현재를 꿰뚫는 일그러진 우리의 자화상이다. 우리 모두 역사라는 이름의 거울을 응시하기로 하자. 거기에 부끄러운 조상과 우리 자신의 모습이 있다.

비단 성적 일탈만을 이야기하는 것은 아니다. 물론 〈우리가 몰랐던 인물 한국사〉 300권 가운데 불륜의 한국사 시리즈에는 충격적 애정비사가 적잖이 포함되어 있다. 그러나 마땅히 지켜야 할 도리에서 벗어난 사람들 이야기도 상당수 끼어 있음을 고백한다. 이들의 행태를 모두 아우르는 말이 불륜이고, 불륜에 취한 채 흔들리는 우리의 자화상을 사실 그대로 보고함으로써 우리 사회에 반성과 희망의 불씨를 지펴 보자는 것이 필자의 소박한 바람이다.

2008년 10월 16일

신선이 노닐던 동네, 삼선동에서

제 1 부

조선 여인들의 반란

환향녀들을 맞이하는 조선 남정네들의 태도는 어떤 것이었을까.
조선은 분명 남자들의 세상이었다. 그렇다면 남정네들이
국가 운영을 제대로 하지 못하여 환란을 만난 것이고, 애꿎은 여인네들만 몸을
더럽힌 꼴이 된 셈 아닌가. 따라서 남정네들은 이국땅으로 끌려가 온갖 오욕을 겪다가 돌아온
조선의 여인들을 위로하고, 자신들의 과오를 사과하며 포용해 주었어야 옳았다.

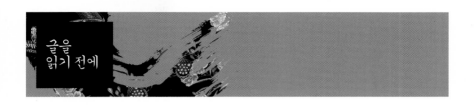
'서로 믿는 것은 부부간의 미덕이니 한
번 함께하였으면 종신토록 고치지 않는
다고 하였다. 이러므로 삼종지의三從之義가 있는
것 아니겠는가. 시집가기 전에는 아버지에게, 시
집가면 남편에게, 남편이 죽은 뒤에는 아들에게
복종하는 것이 여자가 지켜야 할 도리, 즉 삼종지
의인 것이다. 그런데 세상이 어지러워지면서 날

삼강행실도 중 열녀편
여종지례 부분.

로 여자의 덕이 부정하여 사족의 여자가 예의를 돌보지 않고, 혹은 부모
가 뜻을 빼앗기도 하고, 혹은 스스로 중매하여 사람을 따르니, 스스로 가
풍을 무너뜨리고 있다. 법도를 엄하게 세우지 않는다면 여인들의 음벽淫
僻한 행실을 그치게 하기 어렵다. 이제부터는 재가한 여자의 자손은 벼슬
자리를 얻지 못하게 함으로써 풍속을 바르게 하라.'

1477년(성종 8) 7월 18일자 조선왕조실록 기사

남편 잃은 부녀자의 재가에 대하여 신하들이 여러 가지 의견을 피력하자 성종 임금은 이렇게 못 박았다. 여자로 태어난 이상 죽으나 사나 한 남자만 바라보며 살라는 이야기였다. 다소 무리가 따르는 주장일는지 모르겠으나 조선 시대 여성의 삶이 그러하였으며, 성종의 의견이야말로 당시 남자들의 생각을 그대로 대변하는 것이었다. 남자에 속한 부속인일 뿐이므로 주인을 배반한 여자는 결코 용서 받을 수 없는 세상이었던 셈이다.

　조선 시대에 그 무엇보다 우선순위에 놓이는 가치는 충忠이었다. 나라에 충성하느라 부득불 효라든가 신의를 저버렸을 경우, 너그러이 용서되는 것이 상례였다.

　그러나 이 또한 남자들에게만 적용되는 문제였음을 우리는 익히 알고 있다. 비록 나라를 위한 선택이었다고 해도 가풍이라든가, 남자의 뜻을 저버렸을 경우 여자의 행위는 결코 용서 받지 못했다.

　그 대표적인 예가 송강 정철鄭澈의 애첩 강아일 것이다. 어느 누가 보더라도 강아는 임진왜란이라는 절체절명의 국난을 맞이하여 나라를 위해 자신의 모든 것을 내던진 희생녀였다. 이와 비슷한 예가 우의정 장유張維의 며느리 김씨라고 할 수 있는데, 이들은 국가의 존망이 위협받는 위태로운 시대를 산 사람들이며, 모순에 빠진 남성에 의해 철저하게 버려졌다는 공통점을 가지고 있다. 강아의 주인 정철과 김씨의 주인 장선징張善澂 및 그 시아버지 장유는 오랑캐들에게 짓밟힌 그녀들을 부정한 여자라고 단정 지으며 외면해 버렸다.

　그러나 벼랑 끝으로 몰린 비련의 두 여인은 눈물만 흘리며 그 자리

에 주저앉지 않았다. 과연 이들은 어떤 방법으로 제 주인에게 저항했던 것일까. 이들의 저항을 아름다운 반란이라고 이름 지었다.

　비록 몸을 더럽혔으나 단 한번도 조선의 백성이라는 사실을 잊어본 적이 없고, 주인에 대한 배반을 꿈꿔 본 적이 없는 이들 두 여인의 기막힌 이야기 속으로 함께 들어가 보기로 하자.

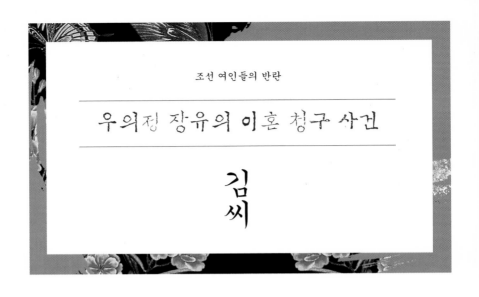

조선 여인들의 반란

우의정 장유의 이혼 청구 사건

김씨

삼전도의 치욕

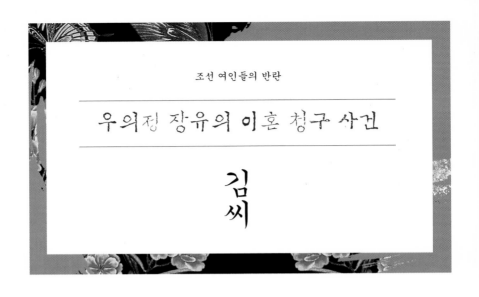

인조 서찰

　　조선 제16대 임금 인조는 급변하는 국제 정세에 적절하게 대응하지 못한 왕이었다. 당시 중국 대륙에서는 명나라가 서서히 기울어 가는 가운데 후금이 일어나 장차 천하를 평정할 기세였다. 이러한 때를 맞아 전왕 광해군은 어느 한편에 기울지 않는 실리 외교를 통해 나라를 안정적으로 이끌어 왔다. 그러나 서인 세력과 결탁하여 광해군을 내쫓고 왕위에 오른 인조 임금은 대명 사대주의를 강력하게 천명함으로써 후금의 불만을 샀다.

급기야 후금은 조선과 명의 연합을 막고자 1627년 1월, 조선을 침략하기에 이른다. 불시에 적이 들이닥치자 임진왜란과 이괄의 난을 거치며 국력이 쇠약할 대로 쇠약해진 조선은 싸움 한번 해보지 못하고 임진강 이북 지역을 점령 당하고 만다. 이것이 정묘호란이었다.

이때 조선 조정에서는 화의를 원하는 자와 전쟁을 주장하는 자로 패가 갈린 채 논쟁을 거듭했다. 이런 우여곡절을 겪은 끝에 조선은 결국 화의를 맺음으로써 후금의 군사들을 물러가게 할 수 있었다.

그러나 1636년 국호를 청으로 바꾼 후금이 양국의 관계를 '형제 관계'에서 '군신 관계'로 새로이 정립하자고 주장하며 무리한 조공과 정병 3만 명을 요구하자 양국 간에는 다시 전운이 감돌기 시작했다. 조선 조정에서는 청나라가 재침할 가능성이 농후하다는 것을 알면서도 그 요구를 거절해 버렸다. 사태가 자못 심각하게 돌아가자 일부에서는 북벌 여론이 고개를 들기도 하였다.

한편, 자신들의 요구가 묵살되자 청나라는 예상대로 재차 조선을 침범하기에 이른다. 이것이 인조 임금에게 뼈저린 치욕을 안겨 준 병자호란이었다.

청나라 12만 대군이 이르는 곳마다 조선 군사와 백성의 시체는 산을 이루었고, 애꿎은 아녀자들이 수도 없이 끌려가 욕을 당하곤 하였다. 이런 상황을 보다 못한 인조는 청에 대적할 수 없다는 것을 알고 1637년 1월 30일, 한강 동편 삼전도로 나가 청 태종 앞에

삼전도비 (서울 송파)

삼전도비 곁에 세워 놓은 인조의 항복 장면

무릎을 꿇는다. 조선 임금이 청 태종의 충실한 신하가 되기로 맹세한 치욕스러운 사건이었다.

모든 전쟁에는 승자와 패자가 있기 마련이다. 싸움에서 진 것만 해도 원통한데 패전국은 늘 승전국의 혹독한 수탈을 견뎌내야 했다. 호란 당시도 예외는 아니었다. 청나라는 조선에서 거둬들일 수 있는 모든 것을 싹쓸이하다시피 제 나라로 가져가 버렸다.

이에 따라 조선 백성의 생활은 필설로 다 형언키 어려울 정도로 피폐해졌다. 초근목피로 근근이 목숨을 이어 가는 것만 해도 호사에 속하던 시절이었다. 그만큼 굶어 죽는 이가 많았다는 뜻이다.

환향녀, 이들을 어찌할 것인가

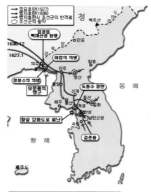

정묘호란과 병자호란 전황도

정묘호란과 병자호란은 임진왜란과 더불어 우리 민족에게 영원히 씻을 수 없는 치욕으로 기억되고 있다. 조선의 전란사 중 특히 호란에 대해 이야기할 때면 숱한 사람들이 비분강개하는 것도 그런 이유에서일 것이다. 그러나 호란 당시 가해진 경제 수탈과 조선 민족의 열패감 못지않게 가슴 아픈 사건이 있었다는 사실을 기억하는 이는 그리 많지 않다. 바로 환향녀 문제이다.

물경 17만 명이었다. 전체 인구가 현재보다 훨씬 적었던 조선 시대라는 점을 감안해 본다면 청으로 끌려간 조선 여인의 숫자가 17만 명이나 된다는 사실에 그저 입이 딱 벌어질 뿐이다.

그들 중 거의 대부분은 청나라 사람들의 성 노리개가 되어야 했다. 그들이 정절을 잃었든 잃지 않았든 조선에 남은 가족들은 애가 탔을 것이다. 이러니 저러니 해도 핏줄 아니던가.

그리하여 속환 비용을 치름으로써 청에 잡혀간 여인들을 찾아오기도 하였는데, 호란이 끝난 지 10년쯤 지났을 때, 조선으로 되돌아온 여인들의 수는 5만 명에 육박하였다.

그러나 청에서 돌아온 여인들은 친부모나 형제들 외에는 아무에게도 환영 받지 못했다. 환영은커녕 이들의 귀향은 조선 사회에 크나큰 혼란과 반목을 불러왔다. 당시 사람들은 이들을 가리켜 '환향녀'라고 하였다.

환향녀라는 말에서 이미 눈치챘으리라. 이 말은 훗날 '화냥년'이라는 단어로 변이 되어 바람기 많은 여자를 지칭하게 되었다.

조선은 분명 남자들의 세상이었다. 남정네들이 국가 운영을 제대로 하지 못하여 환란을 만난 것이고, 애꿎은 여인네들만 몸을 더럽힌 꼴이 된 셈이었다. 따라서 남정네들은 이국땅으로 끌려가 온갖 오욕을 겪다가 돌아온 조선의 여인들을 위로하고, 자신들의 과오를 사과하며 포용해 주었어야 옳았다.

그러나 환향녀를 바라보는 조선 남정네들의 시선은 '화냥년' 바로 그것이었다. 물론 여자의 정절을 목숨처럼 중하게 여기는 시대였으니 이해가 전혀 안 되는 것은 아니다. 그러나 남정네들이 잘못하여 국난을 초래했고, 그 희생양이 되어 머나먼 타국까지 끌려가 어쩔 수 없이 몸을 더럽힌 것뿐인데 이들에게 무슨 죄가 있단 말인가.

　그런데 흥미로운 것은 한다하는 사대부 집안 남정네들의 태도가 특히 혹심하였다는 사실이다. 그런 탓에 억울한 마음, 죄스러운 마음을 이겨내지 못한 여인네들이 스스로 목숨을 끊는 예가 적지 않았다. 환향녀 5만 명 중 스스로 목숨을 끊은 이가 1만 명이나 되었다고 하니 말이다.

장유 며느리의 운명은

　조선왕조실록 인조 임금 편, 1638년 3월 11일자 기사를 보면 환향녀 문제와 관련된 참으로 놀라운 사건이 기록되어 있다. 당시 우의정으로 재직 중이던 신풍 부원군新豊 府院君 장유의 이혼 청구 사건이 바로 그것이다.

　　신풍 부원군 장유가 예조에 단자를 올리기를 "외아들 장선징이 있는데 강도江都의 변에 그의 처가 잡혀갔다가 속환贖還되어 와 지금은 친정 부모 집에 가 있다. 그대로 배필로 삼아 함께 선조의 제사를 받들 수 없으니, 이혼하고 새로 장가들도록 허락해 달라"고 하였다.

　　　　　　　　　　　　　　　　　　3월 11일(갑술) 2번째 기사

인조실록 16년 무인(1638, 숭정 11) / 3월 11일(갑술)
신풍 부원군 장유가 포로로 잡혀갔다 돌아온 부녀자
들의 이혼 문제에 대해 계하다.

장유는 조선 제17대 임금 효종의 비 인선 왕후의 아버지가 되는 사
람이다. 따라서 어느 모로 보나 조선 사회를 이끌어 가는 중심축에 끼
는 인물이었다.

그런데 애석하게도 장유의 외아들 장선징의 처 김씨가 호란 당시
청나라로 끌려가고 말았다. 장유와 장선징은 어렵지 않게 김씨가 청
으로 끌려간 사실을 알아냈을 것이다. 조선 최고 권력층에 속한 사람
들이다 보니 김씨의 행방을 알아보는 것쯤은 일도 아니었을 테니 말
이다. 기실 호란 당시에는 양반도, 상놈도, 노소도 따로 없었다. 그저
운이 나쁘면 청나라 군사들을 만나 변을 당할 따름이었다.

여자라면 정조를 칼처럼 지켜야 한다고 믿는 사회 풍토를 감안해
볼 때, 청나라 군사에게 온갖 희롱을 당하며 낯선 땅으로 끌려가느니

영릉寧陵 (경기도 여주)
조선 제17대 왕 효종과 비 인선 왕후 장씨의
능. 사적 제195호.

법련사法蓮寺 (경기도 시흥)
1650년(효종 1)에 효종 비인 인선 왕후의 아버
지 장유의 명복을 빌기 위하여 창건하였다.

자결해 버리는 편이 훨씬 나았을지도 모를 일이다. 대갓집 며느리가 그런 일을 당하고도 목숨을 구구하게 연명하였다는 것은 결코 용납될 수 없는 일이었기 때문이다.

그러나 스스로 목숨을 끊는 것이 어디 쉬운 일이던가. 김씨는 살아도 사는 것 같지 않은 멍한 상태에서 그저 욕된 삶을 이어 갔을 것이 분명하다.

장유 묘비 (경기도 시흥)

장유의 며느리 김씨가 역사 기록에 처음 등장한 것은 앞에서 이미 설명한 대로 1638년(인조 16) 3월 11일이었다. 이날 장유가 아들과 며느리의 이혼을 허락해 달라고 요구한 점으로 보아 김씨가 속환되어 돌아온 것은 그보다 훨씬 이전이었을 것이다. 그렇다면 김씨는 여느 여자들과 달리 병자호란이 끝난 지 1년여 만에 조선으로 되돌아왔다는 이야기가 된다. 1637년 1월에 병자호란이 끝났으니 말이다.

아무래도 신풍 부원군 장유의 집안과 혼사를 맺을 정도라면 며느리 김씨의 집안 또한 어느 정도 부와 권세를 가지고 있었다고 보아야 한다. 그렇지 않고서야 이렇듯 발 빠르게 속환 비용을 치르고 국내로 돌아올 수는 없었을 터였다.

그렇다면 김씨는 자신의 귀향을 진심으로 기뻐하였을까? 물론 머나

먼 타국에서 고초를 겪는 몸이었으니 뛸 듯이 기뻤을 것이다. 꿈에도 잊지 못하던 정든 땅 조선 아니던가. 그곳에 부모님이 있고, 시댁 식구들이 있으며 자식이 있다.

"가자, 어서 가자. 죽더라도 가서 죽어야 한다."

이러한 마음으로 발걸음을 재촉했을 김씨의 모습이 눈앞에 떠오르는 것만 같다. 이제부터 김씨의 기막힌 인생 속으로 깊이 들어가 보기로 하자.

홍제천에서 몸을 씻다

현재 홍제천의 모습

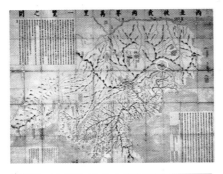

서북피아양계만리일람(西北彼我兩界萬里一覽) 지도
압록강과 두만강 남북 지역의 산과 강 줄기 분포가
나와 있다.

압록강을 건너 조선 땅에 발을 들여놓은 순간, 김씨는 자신의 처지가 새삼 떠오르며 눈물이 났다. 사정이야 어찌 되었든 한 집안의 며느리로서 정절을 지켜 내지 못한 부정한 몸이 되어 버리고 말았다.

이대로 시댁 식구들을 찾아가도 좋은 것인가. 김씨는 자신이 없었다. 아니, 이대로 자진하는 것이 자신과 시댁의 명예를 지켜내는 길이란 생각도 들었다.

그러나 친정 부모님이 보고 싶었다. 몇 년 동안 부쩍 자랐을 자식의 얼굴이 사무치게 그리웠다. 하여 김씨는 부질없는 목숨 차마 끊지 못하고 걷고 또 걸었다.

그러나 김씨는 곧 시댁의 위풍당당한 모습과 자신의 불쌍한 처지를 떠올리며 가슴이 무너졌다. 시아버지 장유는 일찍이 소현 세자의 스승으로서 왕자 수업을 맡아 진행했으며, 남편 장선징의 여동생은 인조 임금의 둘째 아들 봉림 대군에게 시집을 갔다. 임금과 혼인 관계로 맺어진 집안이었으니 조선 내에서는 모르는 이가 없을 정도라고 표현하는 것이 옳을 터였다.

환향녀, 환향녀, 환향녀…….

어느새 자신의 이름처럼 굳어 버린 환향녀라는 말이 며느리 김씨를 괴롭혔다.

'이대로 강으로 달려가 빠져 죽을
까? 아냐, 마지막으로 친정 부모
님과 알토란 같은 내 자식을 만나
봐야겠어. 단지 그것뿐이야.'

공녀(貢女) 행사
2008년 10월 31일 여성문화유산
해설사회 주최로 홍제천 백련교 아
래에서 이루어진 '잊혀진 여성들—
공녀' 행사.

한양 성내로 들어서기 전, 김씨는 홍
제천에 이르러 발걸음을 멈췄다. 일찍이
인조 임금은 환향녀 문제로 조선 팔도가
파문에 휩싸이자 '홍제천弘濟川에서 목욕
을 하고 무악재를 거쳐 도성으로 들어오면 정절을 논하지 말라'는 교
서를 내린 적이 있었다. 홍제천은 글자의 뜻 그대로 '널리 구제하는
개천'이라는 의미를 가지고 있다.

천변에 도착한 김씨는 상류 쪽으로 오르고 또 올랐다. 사람이 없는
곳에서 몸을 씻기 위해서였다. 마침내 커다란 바위가 가리고 있어 제
법 아늑하고 은밀한 곳에 이른 김씨는 옷을 벗고 씻기 시작했다.

"흐흑, 대체 어쩌자고 조선에 돌아왔더란 말이냐!"

김씨는 목욕을 하다 말고 청나라 군사들에게 유린 당하던 순간이 떠
오르자 몸서리를 치며 흐느꼈다. 비록 국난 중이었다고는 하지만 지아

● 정사공신靖社功臣 (인조반정에 공을 세운 사람들) 명단

1등 10인

승평 부원군昇平府院君	김유金瑬	영의정. 김여물의 아들.
연평 부원군延平府院君	이귀李貴	정1품까지 오름. 이석형의 5세손.
낙흥 부원군洛興府院君	김자점金自點	모역으로 참형. 구 안동 김씨 김질의 자손.
청원 부원군靑原府院君	심기원沈器遠	반역자로 몰려 참형.
완흥 부원군完興府院君	이서李曙	정1품. 효령 대군 10세손.
평성 부원군平城府院君	신경진申景禛	우의정. 신립 장군의 아들.
완성 부원군完城府院君	최명길崔鳴吉	영의정. 영흥 부사 최기남의 아들.
광천 부원군廣川府院君	이흥립李興立	삭훈(수원 부사) 광주 이씨 이괄에게 투항. 후일 자살.
능성 부원군綾城府院君	구굉具宏	정1품. 인조의 외숙부.
청운군靑雲君	심명세沈命世	참판에 이름. 심의겸의 손자.

2등 16인

철성군鐵城君	이괄李适	삭훈. 고성 이씨. 김류의 우유부단에 반란함.
순흥군順興君	김경징金慶徵	판윤. 김유의 아들.
동성군東城君	신경인申景禋	삼도수군통제사. 신립의 아들, 신경진의 동생.
청성군靑城君	이중로李重老	포도대장. 이지란 후손.
연양 부원군延陽府院君	이시백李時白	영의정. 이귀의 아들.
연성군延城君	이시방李時昉	종1품. 이귀의 아들.
신풍 부원군新豐府院君	장유張維	우의정. 효정의 국구(장인)
원평 부원군原平府院君	원두표元斗杓	좌의정. 임진왜란 때 명장 원호의 손자.
-	신경식申景植	신립의 아들.

함릉 부원군咸陵府院君	이해李澥	형조판서. 함평 이씨, 대사간 이효근의 아들.
동평군東平君	신경유申景裕	신립의 아들.
-	박효립朴孝立	삭훈
옥산군玉山君	장돈張暾	개천 군수. 안동 장씨. 전사함.
덕창군德昌君	장신張紳	강화 유수. 장유의 동생.
능천 부원군綾川府院君	구인후具仁垕	좌의정. 인조의 외종형.
-	심기성沈器成	삭훈

3등 26인

완천군完川君	최래길崔來吉	벼슬이 판서에 이르렀음.
상원군商原君	박유명朴維明	오위장 역임. 상주 박씨. 찰방 박치관의 아들.
서원군西原君	한교韓嶠	곡산 부사. 한명회의 5세손.
진남군鎭南君	송영망宋英望	벼슬이 감사에 이르렀음.
함녕군咸寧君	이항李沆	병마절도사. 함평 이씨 이수원의 아들.
풍안군豐安君	조흡趙潝	여주 목사. 풍양 조씨 조수익의 아들.
남양군南陽君	홍진도洪振道	벼슬이 종1품에 이르렀음.
월성군月城君	김원량金元亮	삭훈(지평) 경주 김씨 기묘명현 김정후의 후손.
원계군原溪君	원유남元裕男	유도대장. 원두표의 아버지.
능풍군綾豐君	구인기具仁墍	공조판서. 구핑의 아들.
평흥군平興君	신준申埈	벼슬이 판서에 이르렀음.
무평군武平君	노수원盧守元	-
기평군杞平君	유백증兪伯曾	이조 참판. 좌찬성 유대일의 아들.
금주군錦州君	박정朴炡	이조 참판. 반남 박씨 박세당의 아버지.
익녕군益寧君	홍서봉洪瑞鳳	영의정. 도승지 홍천민의 아들.

한천군韓川君	이의배李義培	병마절도사. 여홍 이씨(여강 이씨) 장령 흡의 아들.
완계군完溪君	이기축李起築	삭주 부사. 효령 대군 10세손 이서의 종제.
호산군壺山君	송시범宋時範	곽산 군수. 여산 송씨 송정의 아들.
진평군晉平君	강득姜得	-
익풍군益豐君	홍효손洪孝孫	-
청천군靑川君	유순익柳舜翼	양주 목사. 판결사 유사규의 아들.
남창군南昌君	홍진문洪振文	우윤右尹에 이름. 동지돈녕부사 홍희의 자. 구사맹의 외손자.
진주군晉州君	유구柳頔	첨지중추부사. 구굉의 사위.
완남군完南君	이후원李厚源	우의정. 광평 대군의 7세손.
낙평군洛平君	김연金鍊	연좌로 삭훈

비가 엄연히 살아 있는데 얼굴도 모르는 낯선 청나라 군사들에게 돌아가며 유린을 당했으니 입이 열 개라 해도 할 말이 없는 상황이었다.

적어도 조선 사족士族의 부녀라면 그랬다.

마침내 오욕에 찌든 몸을 모두 씻고 다시 옷을 입은 김씨는 무악재를 바라고 걸음을 옮겨 놓기 시작했다.

부정한 여자는 조상의 제사를 받들 수 없다

"저 아이가 어찌 살아 돌아왔단 말이냐! 오랑캐들에게 속을 바친 몸으로 무슨 염치가 있어 내 집에 발을 들여놓았는가 말이다. 조상님들이 통곡하실 일이다. 어서 저 아이를 친정으로 내쫓아라!"

신풍 부원군 장유가 짙은 눈썹을 꿈틀거리며 엄명을 내렸다. 그에 따라 여종들이 황급히 달려와 김씨를 조심스레 돌려세웠다. 김씨는 툇마루 위에 버티고 선 채 두 눈을 무섭게 부라리는 시어머니를 보자 눈물이 주르륵 떨어졌다.

'남편은 어디 있는가. 내 자식은 어디 갔는가.'

여종에게 팔을 잡힌 채 집 밖으로 쫓겨나며 집 안을 둘러보았지만 꿈에도 잊지 못하던 얼굴들은 없었다. 철철 넘쳐흐르는 눈물 때문에 앞이 흐려 보이지 않는 것일까. 김씨는 황급히 눈물을 닦아 내고 집 안을 다시 살펴보았다.

그러나 없었다. 남편도, 자식도 없었다. 하늘을 두 쪽 낼 것처럼 노한 시아버지와 시어머니만이 자신을 노려볼 따름이었다. 남편은 마음이 돌아선 것이요, 자식은 제 아버지의 강압에 못 이겨 방문 밖으로 나오지 못하는 것이리라. 김씨는 하늘을 훨훨 나는 나비가 되고 싶다 생각하며 돌아서서 제 발로 걷기 시작했다.

따뜻하게 반겨 줄 것이라고 기대한 적은 없었다. 쫓겨날 때 쫓겨나더라도 조금만 꿋꿋하게 버티면 냉대 속에서나마 남편과 자식들을 잠시 만날 수 있을 줄 알았다.

"원망한들 무슨 소용 있겠느냐. 부정한 여자가 참 바라는 것도 많다."

김씨는 모든 것을 제 탓인 양 여기며 다시 친정을 바라고 터벅터벅 걷기 시작했다. 그런데 시아버지가 자신의 뒤에 대고 마지막으로 내뱉은 말이 영 잊히질 않았다.

"너처럼 부정한 아이가 조상님들 제사를 계속 받들 수 있으리라 여겼단 말이냐? 썩 가거라, 무엄하구나! 다시는 내 집 근처에 얼굴도 비치지 말거라!"

장유의 이혼 청구

그로부터 며칠 뒤 김씨의 시아버지 장유가 예조에 자신의 아들 장선징과 며느리 김씨의 이혼을 허락해 달라는 탄원서를 올렸다. 대체적인 내용은 앞에서 읽은 실록의 기사와 같다. 즉, 외아들 장선징의 아내가 청나라에 잡혀 갔다가 이번에 속환되어 친정에 머물고 있으나 그 여자를 그대로 배필로 삼아 함께 조상님의 제사를 받들 수 없으니 이혼하고 새로 장가들도록 허락해 달라는 것이었다.

첩을 얻는 것이야 허락이 필요 없겠으나 살아 있는 정실부인을 쫓아내고 새 부인을 얻는 절차가 상당히 까다로웠음을 보여주는 대목이다.

어쨌든 장유의 탄원이 올라오자 조정에서는 의견이 분분했다. 정조 잃은 여자를 며느리로 삼지 못하겠다는 장유의 의견에 대체적으로 수긍하면서도 수만 명에 이르는 환향녀 문제를 가볍게 보아 넘길 수 없다는 것이 조정의 분위기였다.

최명길 묘비 (충북 청원)

"사로잡혀 갔다가 돌아온 사족의 부녀자가 한둘이 아니니, 조정에서 반드시 십분 참작하여 명백하게 결정함으로써 피차 난처한 일이 없도록 해야 할 것입니다. 사람이 부부가 된다는 것은 실로 중대한 일입니다. 대신에게 의논하소서."

예조에서 이러한 뜻을 알리자 장유는 일이 쉽게 성사되지 않으리라는 사실을 알고 몹시 낙망하였다. 오래지 않아 장유의 탄원을 접한 좌의정 최명길이 임금 앞에서 이런 의견을 내놓았다.

"사로잡혀 갔던 부녀자에 관한 일에 대해서 지난해에 비변사에서 옛일을 인용하여 증명하면서, 끊어버리기 어렵다는 뜻을 갖추어 전하께 진달한 바 있었습니다. 그때 전하께서도 별도의 전교를 내리셨습니다. 신풍 부원군 장유도 이를 모르지 않을 것인데, 장계를 올려 진달한 것이 이와 같으니 반드시 소견이 있는 모양입니다.

신이 듣기로 선조 임금 시기에도 임진년 왜변이 있은 뒤에 임금의 전교가 있었는데, 지난해에 전하께서 내리신 전교와 서로 부합됩니다. 자세히 기억할 수는 없으나 그때 어떤 종실이 왜적에게 정절을 잃은 며느리 일로 상소하여 이혼을 청하자 선조께서 허락하지 않으셨으며, 어떤 문관이 이미 다시 장가를 들었다가 아내가 돌아오자 선조께서 후취 부인을 첩으로 삼으라고 명하였으며, 그 처가 죽은 뒤에야 비로소 정실부인으로 올렸다고 합니다. 이외에도 재상이나 조관으로 사로잡혀 갔다가 돌아온 처를 그대로 데리고 살면서 자식을 낳고 손자를 낳아 명문거족이 된 사람도 왕왕 있습니다.

청나라에는 장차 속환되어 돌아와야 할 조선의 아녀자들이 참으로 많습니다. 만약 이혼해도 된다는 명이 있게 되면 속환을 원하는 사람이 없게 될 것입니다. 이것은 허다한 부녀자들을 영원히 이역의 귀신이 되게 하는 것입니다. 한 사람은 소원을 이루고 백 집에서 원망을 품는다면 어찌 지혜로운 일이라 하겠습니까.

신이 반복해서 생각해 보고 물정으로 참작해 보아도 끝내 이혼하는 것이 옳은 줄을 모르겠습니다. 더구나 사로잡혀 간 부녀들이 모두 몸을 더럽혔다고는 논할 수 없는 것 아니겠습니까."

최명길의 의견에 반대하는 사람들이 적지 않았으나 인조는 결국 장유의 청을 윤허하지 않았다. 이에 따라 며느리 김씨는 장유의 집으로 다시 가서 살게 되었다.

김씨의 아름다운 반란

친정에서 보내는 하루하루는 절망 그 자체였다. 단 한번이라도 좋으니 사랑하는 자식을 보듬어 보고 싶었고, 할 수만 있다면 남편을 직접 만나 듣고 싶었다. 부정한 여자라서 한 집에 살 수 없다는 남편의 말을 들은 뒤라야 훌훌 벗어던질 수 있을 것 같아서였다. 이승에서의 삶이 부질없다 느껴지면 죽음을 선택할 것이요, 차마 그리하지 못할 경우에는 머리라도 깎고 절로 들어갈 생각이었다.

그러나 남몰래 간직한 김씨의 간절한 바람은 종이 되어도 좋으니 남편과 사랑하는 자식의 곁에 머무는 것이었다. 가당찮게 남편의 사랑이나 아들의 공경을 바란 적은 없었다. 그저 사랑하는 이들을 지켜보며 목숨이나마 부지하면 그것으로 그만이었다.

그런데 조정에서 시아버지 장유의 이혼 신청이 받아들여지지 않고, 어명에 따라 김씨는 시댁으로 가서 지내게 되었으니 그토록 바라던 일이 이루어진 셈이었다. 그러나 김씨는 자신 앞에 가로놓인 가시밭길을 떠올리고는 입술을 깨물었다. 자신의 힘으로는 어찌 해볼 수 없는 상황이었다고는 하나 사족의 여자로서 무수한 오랑캐 남자들에게 속을 바치고, 이렇듯 욕된 삶을 이어가는 한 무엇을 하든 김씨 앞에는 가시밭길뿐일 것이다.

"내가 좋아 속을 바친 것은 아닌데…… 세상 인심 참 각박하구나."

도리에 어긋난 짓을 했기에 하늘을 떳떳하게 올려다볼 처지가 아니라는 것은 잘 안다. 하지만 전후 사정을 곰곰 따져 보면 억울한 마음이 드는 것 또한 어쩔 수 없었다. 대체 조선의 여자들이 무엇을 잘못했단 말인가!

김씨는 묵묵히 짐을 꾸렸다. 욕된 목숨 끊어 귀신이 되더라도 시댁의 귀신이 되어야 한다는 생각이었다.

마침내 시댁에 당도한 김씨는 집안 어른들에게 인사를 먼저 올리고자 하였다. 그러나 김씨는 방 안으로 한 발도 들여놓을 수 없었다. 냉랭하기 이를 데 없는 시어머니의 눈길과 금방이라도 폭발해 버릴 것만 같은 시아버지의 표정 때문이었다. 결국, 마루 위에서 닫힌 방문을 향해 큰절을 올리고 돌아선 김씨는 솟구치는 설움을 간신히 참으며 자신의 방으로 갔다.

그런데 이게 어찌된 일이었을까. 김씨가 돌아왔으니 남편과 아들 훤만은 얼굴을 내비칠 줄 알았다. 그러나 시부모의 엄명이 있었던지 남편과 훤은 좀처럼 찾아오지 않았다. 그날 밤, 김씨는 아무도 모르게 아들의 방을 찾았다. 그러나 집안 노복 하나가 훤의 방문 앞을 지키고 있지 않은가.

김씨는 기가 막혔다. 기가 막히다 못해 분노가 치밀었다. 그러나 김씨는 꾹 눌러 참으며 돌아섰다.

이튿날 새벽이었다. 밤을 꼬박 지새우며 깊은 생각에 잠겼던 김씨는 아무도 일어나지 않은 시각에 자리에서 일어나 부엌으로 갔다. 종을 놔두고 어느 사족의 여인네가 부엌 출입을 하던가. 그러나 김씨는 사족의 부인네가 누리는 그 모든 특권을 포기함으로써 지난날의 과오를 조금이나마 용서 받고 싶었으며, 나아가 자신을 죄인 취급하는 세상 인심에 온몸으로 항거하고 싶었다. 그러나 김씨는 스스로 노복이 되겠다는 바람마저 이룰 수가 없었다.

"그 부정한 손으로 무얼 만지는 게냐? 네 손을 거친 음식은 개도 먹지 않을 것이다. 당장 네 방으로 가거라! "

노복들이 쭉 늘어선 자리에서 시어머니에게서 이 같은 불호령을 듣고 보니 혀를 깨물고 싶을 만큼 치욕스러웠다. 그러나 김씨는 내색하지 않고 돌아섰다.

'어차피 예상한 일 아니더냐. 시댁 어른들의 입장이 되어 생각해 보면 나 같은 죄인도 없을 게야.'

김씨는 참담한 심정을 애써 삭이며 미소를 지었다. 그러고는 이튿날에도, 그 이튿날에도 새벽같이 일어나 집안일을 거들었다. 시부모의 눈에 띄어 구박을 받은 것이 몇 번인지 몰랐다. 시부모가 김씨에게 원하는 것은 방에 꼭 틀어박혀 없는 사람처럼 눈에 띄지 않는 것뿐이었다. 김씨는 모든 것 다 버리고 홀홀 떠나고 싶은 충동을 한두 번 느낀 것이 아니었다. 그러나 참고 또 참았다.

살다 보면 누구나 불가피한 상황을 맞아 도리를 어길 수도 있고, 가문에 누가 되는 일을 저지를 수도 있다. 사람이 하는 일에 완벽이 어디 있던가. 그러나 조선의 부당한 제도는 유독 여성에게만 획일적인 잣대를 들이대며 숨통을 조여 오고 있었다. 김씨는 억울한 심정을 토로하고 싶었으며 할 수만 있다면 반란이라도 일으켜 세상을 뒤엎고 싶었다.

'당파 싸움에 혈안이 된 나머지 나라를 제대로 돌보지 못했으며, 외교마저 서툴러 돌이킬 수 없는 국난을 초래한 당신들의 죄부터 먼저 물으라! 숱한 조선 여인네들을 오랑캐의 품으로 밀어 던진 남정네 당신들의 불륜부터 먼저 단죄하라!'

김씨는 목이 터져라 외쳐대고 싶었다. 그러나 그녀가 할 수 있는 일이란 그저 새벽 일찍 일어나 노비처럼 가사를 돕는 것뿐이었다.

두 번째 이혼 청구

인조실록 18년 경진(1640, 숭정 13) / 9월 22일
청나라에 잡혀갔다 돌아온 여자들에 대해 대신들과 논의하다.

김씨의 끈질긴 무언의 항변에 화병이라도 얻은 것일까. 1638년(인조 16) 3월 17일, 시아버지 장유가 허망하게 숨을 거두고 말았다. 김씨는 이 모든 것이 자신의 허물인 것만 같아 괴로웠다.

그런데 그로부터 2년 뒤인 1640년 9월 22일이었다. 조선 조정은 다시 한 번 환향녀 문제로 의견이 분분해졌다. 김씨의 시어머니가 장유를 대신하여 장선징의 이혼을 허락해 달라고 예조에 소장을 낸 것이다. 이에 대해 좌의정 홍서봉洪瑞鳳이 임금 앞에서 한 말을 잠시 살펴보기로 하자.

"장유가 살았을 적에 아들 선징의 아내가 청나라에 잡혀가 속을 바치고 온 일로 장계를 올린 적이 있었습니다. 부정한 여자로 하여금 조상의 제사를 받들게 할 수 없다는 이유로 이혼시켜 주기를 청한다고 하였습니다. 그런데 지금 장유아내가 또 단자單子를 올려, 타고난 성질이 못되어 시부모에 순종하지 않고 또 편치 않은 사정이 있으니 이혼시켜 달라고 청한다 하였습니다.

그의 뜻을 상상하건데, 죽은 남편이 진정했다가 조정의 윤허를 받지 못했으니 칠거지악의 죄를 들어 거듭 죽은 남편의 지극한 소원을 이루고자 하는 것이 분명합니다. 우리 동방은 예법을 가장 중히 여겨 여염집의 천한 부녀자들도 모두 재혼하는 것을 부끄럽게 여기고 정숙한 행동을 귀하게 여기니, 이는 천하 각국 어디에도 없는 풍속이요, 중국의 풍속도 이것만은 우리를 따르지 못하는 것입니다. 불행히도 근래에 병란이 일어나 아녀자들이 청나라에 잡혀가 오욕을 당한 자가 많은데, 그 정상을 따져 보면 실로 불쌍합니다. 만일 제 스스로 음란 패악에 빠져든 무리들과 똑같은 죄악으로 논한다면 또한 억울하지 않겠습니까? 지금 그들을 처리하는 방도는 이미 오욕 당한 모든 부녀자들은 반드시 죽어야 하는 것으로 책망할 수 없게 되었으니, 동거하는 사람은 그대로 살게 하고 다시 장가드는 일도 금하지 말아서, 남편

없는 여자와 아내 없는 남자로 하여금 각기 그 삶을 영위하도록 하는 것이 바로 선조께서 금법을 설치하지 않으신 이유이며 또한 임금이 나라를 다스리는 도리에도 해롭지 않은 것입니다."

형법대전(刑法大全)
전통시대 아내를 내쫓는 이유가 되던 칠거지악(七去之惡)은 1908년 『형법대전』의 개정으로 폐지되었다.

이에 대해 조정 신료들 사이에 의견이 분분하여 한동안 뜻이 모아지지 않았다. 그러나 김씨가 칠거지악에 해당되는 죄를 범하였다는 대목에 이르자, 김씨의 사정을 딱하게 여기면서도 대부분 이혼을 허락해야 한다는 쪽으로 의견이 기울었다. 그러자 임금 또한 이혼을 허락하고 말았다.

"이미 이혼을 인정하지 않는 것으로 결정하였으니 지금 그 법을 다시 고치기는 어렵다. 그러나 훈신의 외아들을 생각하지 않을 수 없어 특별히 그의 소청을 윤허하니 뒤에 이 일로 관례를 삼지 말라."

이번에 이혼을 윤허한 일을 계기로 부부 생활에 불만을 가진 자들이 너도나도 이혼을 청구할 것에 대비하여 선을 그어 놓은 것이었다.

임금이 이혼을 허락하였으니 이제 김씨는 장유의 집에서 쫓겨날 일만 남은 셈이었다. 요즘 사람들의 시각에서 본다면 그 눈칫밥 먹으며 시집살이를 하느니 아니꼽고 더러워서라도 이혼하는 것이 백번 낫다. 그러나 조선 시대에 칠거지악을 범하여 이혼 당한 여자는 개인에게도 치욕이요, 친정에도 씻을 수 없는 오욕이었다. 그러니 시댁 대문을 나서는 김씨의 마음이야 오죽했으랴.

덕수 장씨德水 張氏의 근원, 시조 및 본관의 유래

증 영의정 행 우의정 장유의 혈통을 잠시 살펴보기로 하겠다. 시조 순룡舜龍(元號 三哥)은 1254년(고려 고종 41)에 태어나 1297년(충렬왕 23)에 죽은 사람으로 1274년에 원나라 세조世祖의 딸이며 고려충렬왕비高麗忠烈王妃인 제국대장공주齊國大長公主를 배행陪行한 사신으로 고려에 입국하여 '랑장郎將' 벼슬을 지냈다. 1277년(충렬왕 3) 충렬왕으로부터 '장순룡'이란 성명을 하사받고 고려에 귀화하였다.

시조는 본래 회회(回回, 지금의 몽고 '투르키스탄' 지역) 사람으로 몽고의 후신인 원나라의 제5대 임금인 세조世祖 때 금자광록대부金紫光祿大夫, 그 후 여러 관직을 역임하면서 고려의 발전에 많은 공헌을 하였으며 일곱 차례나 원나라에 사신으로 왕래하면서 외교에도 많은 공적을 남겼다.

덕성 부원군德成府院君이란 작호를 받았으며 그 공훈으로 덕수현德水縣을 식읍으로 받고 시호諡號를 공숙恭肅으로 내리니 후손들이 순룡舜龍을 1세조世祖로 하고 본관을 덕수德水로 삼아 세계世系를 이어 오늘에 이르렀다.

위와 같은 사실에 근거하여 덕수 장씨는 다른 장씨와도 혼사를 할 수 있다.

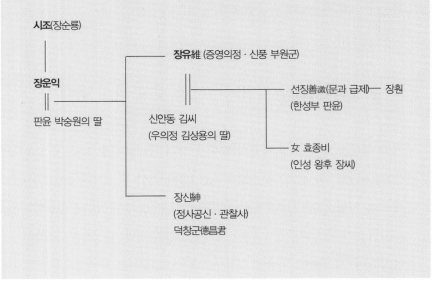

| 장유의 가계 |

시조(장순룡)
│
장운익
‖
판윤 박숭원의 딸

장유維 (증영의정 · 신풍 부원군)
‖
신안동 김씨
(우의정 김상용의 딸)

선징善澂(문과 급제)— 장훤
(한성부 판윤)

女 효종비
(인성 왕후 장씨)

장신紳
(정사공신 · 관찰사)
덕창군德昌君

덕수 장씨의 묘원을 찾아서

차창 밖으로 보이는 하늘은 티 없이 맑고, 한강을 수놓은 자잘한 물비늘은 눈이 부시다 못해 따갑기까지 했다. 필자는 신풍 부원군新豐府院君 장유張維 선생과 아들 장선징의 혼백을 만나 보고자 길을 나섰다. 고유가 시대를 맞은 까닭인지 여의도를 향해 뚫린 마포대교 위에는 차량이 그리 많지 않았다. 모처럼 나선 기행인데 차량 행렬에 막혀 고생하는 일은 없겠구나 생각하니 그리 싫지만은 않았다. 그러나 우리 서민들의 어깨를 무겁게 찍어 누르는 생활고의 여파가 도로상에도 나타난 것이라고 보면 씁쓸한 기분이 드는 것 또한 어쩔 수 없었다.

무덥던 여름을 지나 가을의 문턱으로 들어선 까닭인지 이따금 불어오는 바람 끝에 선득선득한 기운이 묻어 있었다. 여의도를 거쳐 영등

포와 구로기계공구상가를 지난 필자는 서부간선도로 쪽으로 접어들었다.

서울 시청을 기점으로 장유 선생과 장선징의 묘소가 있는 시흥시 조남동 산 1번지까지는 80리가 채 안 되는 길이었다. 한 시간도 걸리지 않는 길이었지만 필자는 자동차를 모는 내내 마음이 무거웠다.

장유 선생의 묘소에 도착해 보면 알 일이겠으나 호란을 맞이하여 굴욕적 생애를 살아갈 수밖에 없었던 장선징의 아내 김씨의 자취는 묘소 그 어느 곳에서도 찾아보기 어려울 터였다. 장유와 장선징의 묘소를 참배하면서 필자가 겪게 될 민망함을 떠올리자 마음이 심란해졌다.

필자의 마음을 아는지 모르는지 성급하게 꽃망울을 터뜨린 코스모스가 계수북로 변에 수줍게 서서 한들한들 춤을 추고 있었다.

'바야흐로 좋은 시절이 돌아왔는데…….'

필자는 생각 없이 중얼거리다 말고 입을 꾹 다물었다. 조남1동 마을 회관이 저만치 앞으로 다가온 까닭이었다. 필자는 마을 회관 앞에 차를 세우고 마을 어르신들에게 신풍 부원군 장유 선생의 묘소가 어딘지 좀 가르쳐 달라고 부탁했다. 기실 묻고는 있었으나 기대는 하지 않았다. 그간 선현의 묘소 근처에 도착하여 길을 물으면 열이면 열 모른다는 대답이 돌아왔기 때문이었다.

그런데 천만뜻밖이었다. 칠순을 넘기신 듯한 어르신 한 분이 친절하게 약도까지 그려 주며 묘소 위치를 가르쳐 준 것이다. 필자는 그

어르신 덕분에 시간을 많이 단축할 수 있었다.

우뚝 선 신도비神道碑는 과객의 발을 잡고

어르신이 알려준 대로 코끼리의
머리와 등, 어깨를 그대로 옮겨 놓
은 듯한 현무봉을 바라보며 천천히
전진하다 보니 미끈하게 포장된 도
로 저편에 공원처럼 잘 꾸며 놓은
덕수 장씨 일가의 묘원이 아득하게
나타났다. 잠시 후 겪게 될 민망함
을 충분히 예상하고 있었으면서도
필자는 공연히 마음이 바빠졌다.

그러나 묘원으로부터 서남방 70
여 미터 지점에 이르렀을 때, 필자

장유 신도비 (경기도 시흥)

는 자동차를 급하게 세울 수밖에 없었다. 그 옛날 임금이나 종2품 이
상 벼슬아치의 무덤 동남쪽 큰길가에 세우곤 하였다는 신도비가 위압
감을 안겨 주며 필자 앞으로 성큼 다가든 까닭이었다.

신도비는 실로 거대하기 이를 데 없는 귀부龜趺 위에 세워져 있었는
데 2.5미터는 족히 넘어 보이는 비신의 높이로 보나, 1미터가 훨씬 넘
어 보이는 폭으로 보나 현존하는 우리나라 최대의 신도비라는 세간의

평이 허튼 소리는 아닌 것 같았다. 필자는 신도비에 적힌 글자를 읽어 내려가다 말고 문득 고개를 들어 비개碑蓋를 살폈다. 옥개屋蓋 위에 용이 조각되어 있었는데, 누구의 솜씨인지 살아 꿈틀거리는 듯한 모습이 신비함으로 다가들고 있었다.

심익현 신도비 (경기도 파주)

계곡만필(谿谷漫筆)
장유가 지은 수필 평론집. 우리 나라 양명학을 연구하는 데 중 요한 문헌

선생이 숨을 거둔 지 39년째가 되는 1676년(숙종 2)에 세웠다는 이 신도비의 비문은 송시열宋時烈이 지었고, 글씨는 청평위靑平尉 심익현沈益顯이 썼다.

사실 현대인의 시각에서 며느리 김씨의 생애를 더듬어 보면서 장유 선생에게 유감을 느끼게 되어 그렇지, 선생은 우리 후세들이 함부로 비하할 만큼 굴곡진 생애를 산 분이 아니었다. 1587년(선조 20)부터 1638년(인조 16)까지 60여 년 동안 선생은 뛰어난 문학가요 학자, 정치가로서 빛나는 삶을 살았다. 특히 효종 비 인선 왕후仁宣王后의 아버지이기도 한 선생은 이조판서를 거쳐 우의정에 올랐고, 조선 문학 사대가四大家라는 칭호에 어울리게 『계곡만필谿谷漫筆』·『음부경주해陰符經註解』 등과 같은 저서를 많이 남겼다. 그래선지 선생의 시호는 문충文忠이다.

신도비가 안겨 주는 위압감에 발이 묶여 귀부 앞에 멈춰 서서 선생의 생애를 잠시 더듬어 보던 필자는 깊은 한숨을 몰아쉬며 묘소를 향해 돌아섰다. 70미터 남짓한 거리였기에 천천히 걸어가면서 며느리 김씨와 장선징, 장유 선생의 심경을 헤아려 보려 애썼다.

죽은 자는 말이 없고

장유 선생은 울창한 송림을 병풍 삼아 양지 바른 곳에 천년 유택을 마련하고 있었다. 생전 선생의 깔끔한 성격처럼 봉분은 모서리를 따라 약간의 각을 이루며 빙 둘러 올라섰고, 봉분을 덮은 잔디는 말끔하게 단장되어 있었다. 봉분 앞에는 400년 세월의 흔적이 역력한 묘비와 혼유석, 상석과 향로석이 가지런히 자리한 가운데 양옆으로 문인석이 늘어서 있었다.

필자는 묘전에 서서 우리 역사의 한 장을 장식한 선생에게 공손한 마음으로 참배했다. 그러고는 선생이 마치 살아 있는 사람인 양 조용히 말을 건네 보았다.

"선생님, 시대와 사회 상황에 따라 사람의 가치관은 변하기 마련
이라는 사실을 알고 있습니다. 조선 시대에는 신분에 따라 사람을
차별하는 것이 당연했고, 현시대에는 만인이 평등한 것처럼 말입
니다. 그러나 결코 변할 수 없는 것도 있을 줄 압니다. 그것은 사람

의 마음이라고 하겠습니다. 그때나 지금이나 자식은 부모를 공경하고, 부모는 자식을 내 몸처럼 아낍니다. 결과보다는 선한 마음, 의로운 동기가 더 중요하게 받아들여지는 것 또한 예나 지금이나 변함이 없습니다. 선생님, 그렇지 않던가요?"

짐짓 며느리 김씨 이야기를 꺼내고자 말을 시켜 보았지만 장유 선생의 혼백은 대답 한마디 없었다. 필자는 잠시 침묵을 지키다가 다시 말문을 열었다.

"자고로 전쟁이나 천재지변이 닥치면 힘없는 백성은 참화를 면할 수 없었습니다. 호란 당시에도 마찬가지였지요. 선생님, 며느리 김씨를 꼭 그렇게 내치실 수밖에 없었던가요?"

필자는 대나무처럼 꼿꼿한 조선 시대 선비들의 기질을 모르는 바 아니었다. 오랑캐에게 욕을 당하고 자진하지 않은 며느리 김씨의 행위는 가문의 수치요, 조상 전에 두고두고 씻지 못할 죄악이었던 것이다.

필자는 돌아올 리 없는 물음을 던져 놓고 장유 선생의 묘소를 한동안 뚫어져라 응시했다. 그러다가 한순간 스스로에게 혀를 차며 돌아섰다.

역사를 인식할 때 현대인의 잣대로만 모든 것을 파악하려 들면 오류에 빠져들 수밖에 없다는 고루한 사실을 새삼 상기한 까닭이었다.

청풍 부원군 장유는 당시의 시대상을 감안해 보건대 그릇된 판단을 내린 것이 아니었다. 그렇다고 며느리 김씨가 잘못을 저질렀다는 것은 더욱 아니다. 오히려 필자는 며느리 김씨에게 까닭 모를 존경심 같은 것을 느끼고 있었다. 남성들이 만들어 놓은 사회 질서에 굴하지 않고 자신의 억울한 심사를 소극적으로나마 표출한 분이었기 때문이다.

정경부인 이씨는 누구던고?

장유 선생의 묘에서 물러난 필자는 김씨의 남편 장선징을 어렵지 않게 찾아냈다. 묘소의 풍경이나 석물들은 아버지 장유 선생의 그것과 크게 다를 바가 없었기에 필자는 묘비의 내용부터 허겁지겁 살폈다.

행예조판서겸판의금부사 지경연춘추관사 풍양군장공선징지묘

行禮曹判書兼判義禁府事 知經筵春秋館事 豊陽君張公善 澂之墓

묘비에 적힌 내용은 필자가 알고 있는 사실과 다르지 않았다. 그러나 묘비 오른쪽에서 발견한 여덟 자의 생경한 글자가 필자를 몹시 당황하게 하였다.

정경부인 이씨 부좌

貞敬夫人 李氏 祔左

장선징의 왼편에 묻힌 정경부인의 성은 김씨가 아니라 이씨였다.

하긴 장유 선생 사후에 이혼 당한 바 있으니 장선징의 묘비에 김씨가 표기되어 있으면 오히려 이상한 일이었다.

그런데 무언가 꼭 있어야 할 것이 빠진 듯 가슴이 왜 이리 허전한지 모를 일이었다. 실록을 아무리 뒤져 봐도 부인 김씨에 대한 장선징의 생각은 적혀 있지 않았다. 그러나 장선징 또한 예조판서까지 지낸 조선의 권력층이라고 보았을 때, 나라에 충성하고 부모에 효도하는 것을 최고의 덕목으로 여겼을 것이 틀림없었다. 그렇다면 부모의 뜻을 따라 마음으로부터 부인 김씨를 버렸다는 이야기가 아닌가.

갑자기 가슴이 콱 막히면서 눈시울이 뜨거워졌다. 남편에게마저 버림받은 김씨의 애절한 심정이 피부에 와 닿는 듯해서였다.

그러나 필자는 장선징의 묘소를 우두커니 바라보기만 할 뿐 아무 말도 할 수가 없었다. 당시 상황으로 따져 보자면 장선징 또한 크게 잘못한 것이 없다고 보아야 하기 때문이었다. 그런데 정말 장선징은 잘못한 것이 없을까?

아무래도 이러한 질문에 대한 답은 김씨와 장선징 사이에서 태어난 장훤에게 물어야 할 것 같았다. 하여 필자는 멀지 않은 곳에 자리 잡은 장훤의 묘소로 부리나케 달려갔다.

천안 군수 장훤은 피눈물을 흘리고 있었다

필자의 선입관 때문이었을까. 아버지의 유택과 크게 다를 바 없는 규모를 갖춘 장훤의 묘소에는 까닭 모를 비장감이 배어 흐르고 있었다. 필자는 봉분을 단장한 곱디고운 잔디를 뚫어져라 응시하며 천안 군수를 지낸 바 있는 장훤에게 단도직입적으로 물었다.

"인조 임금 치세 기간에 조선 사회를 뒤흔든 이혼 청구 사건이 있었다는 것을 선생은 기억하십니까? 그때 조정에 탄원을 올린 이는 선생의 할아버지였고, 부정한 여자가 되어 이혼 청구를 받아들여야 할 입장에 섰던 이는 선생의 어머니였습니다. 기억하십니까?"

장훤 묘비 (경기도 시흥)

한을 안고 살다 간 사람의 묘소에 이르면 하나의 미세한 영적 흐름이 감지되는 예가 많았다. 그래선지 필자는 귀신의 존재를 강하게 믿는다. 대부분의 사람들은 필자의 말을 황당하다고 일축하며 무시하려 들 것이다. 허나 세상엔 우리가 알지 못하는 불가사의한 일들이 얼마든지 존재한다.

아무튼 필자는 다소 충격적인 이야기를 퍼붓듯 장훤 묘소에 쏟아 놓은 뒤 혹 있을지 모를 영혼의 울림을 감지해 보고자 촉각을 곤두세우고 있었다.

그런데…….

솔숲을 뒤흔들며 지나온 가을바람이 장훤의 묘소 근처에 이르러 조그만 소용돌이를 일으키는 것이 아닌가. 흔히 일어나는 자연현상일 뿐인데 별 걸 다 끌어다 붙이려 든다는 비난을 들어도 어쩔 수 없는 일이다. 필자는 그 소용돌이야말로 장훤의 몸부림일 것이라고 생각했다.

생각해 보라. 세상에 단 한 명뿐인 어머니가, 우의정 댁 정숙한 며느리라고 칭찬 받던 어머니가 천하에 다시없을 부정한 여자가 되어 세상 사람들 입에 오르내리다가 내쫓김을 당했다. 조부 장유 선생의 추상 같은 명이 있었기에 내색조차 하지 못하며 피눈물을 흘렸을 장훤이었다. 조금 전 묘소를 한 차례 흔들어댄 소용돌이는 장훤의 몸부림이 틀림없었다. 아니, 그것은 차라리 장훤의 피맺힌 울부짖음이었을 터였다.

> "선생, 이제는 피 맺힌 울부짖음일랑 거두소서. 시대가 시대인 까닭에 선생의 어머니는 내쫓김을 당했지만 후세들은 기억하고 있답니다. 선생의 어머니는 국난을 맞아 대가의 며느리답게 불쌍한 백성을 대신하여 오욕을 겪으신 것입니다. 후세들은 아무도 선생의 어머니를 비난하지 않습니다. 부끄럽다 이야기하지 않습니다. 그러니 이젠 편안히 영면하소서."

필자는 목이 메었다. 더는 할 말도, 아무 일 없었다는 듯 서 있을 자신도 없었다. 하여 거칠게 불어오는 가을바람과 뉘엿뉘엿 서산으로 기울기 시작한 저녁 해를 핑계 삼아 뒤돌아섰다. 아무래도 한동안 역

사 기행을 떠나지 못할 것 같다는 무거운 생각에 사로잡힌 채 필자는
산을 휘적휘적 걸어 내려오기 시작했다.

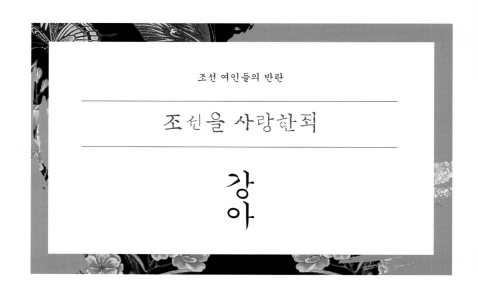

조선 여인들의 반란

조선을 사랑한 죄

강
아

바라볼 수만 있어도 족한 사랑

성산별곡(星山別曲)
조선 선조 때 정철이 지은 가사.
『송강가사』에서.

「성산별곡」·「관동별곡」·「사미인곡」·「속미인곡」 등과 같은 가사와 시조 107수를 세상에 남긴 시인 정철鄭澈을 모르는 이는 아무도 없을 것이다. 월산 대군의 손자이기도 한 계림군桂林君 유瑠에게 시집간 막내 누이와 인종의 후궁으로서 숙의가 된 또 다른 누이 덕분에 어린 시절부터 궁궐 출입이 잦았던 정철은 시인이기에 앞서 조선 중기를 풍미한 정치가였다.

조선 중기를 풍미했다고 하지만 정철은 굴곡이 많은 삶을 산 사람이었다. 특히 명종이 즉위한 1545년에는 10살밖에 안 된 나이에 견디기 어려운 시련을 겪었다. 왕실 외척인 대윤과 소윤의 반목으로 을사사화가 일어나면서 그 여파로 아버지를 따라 두 번이나 유배 길에 올라야 했던 것이다. 그 과정에서 맏형이 젊은 나이로 요절하기도 했는데 정철은 16세 되던 해인 1551년에야 원자가 세상에 태어난 것을 계기로 아버지와 함께 귀양에서 풀려날 수 있었다.

계림군 신도비 (경기도 고양)

정철의 아버지는 돈녕부 판관을 지낸 정유침鄭惟沈이었다. 그는 정치에 염증을 느낀 탓인지 유배에서 풀려나자마자 정철의 할아버지 산소가 있는 전라도 담양 창평의 당지산 아래로 내려가 칩거했다. 정철은 문과 별시에 장원급제한 1562년(명종 17)까지 10년간 그곳에서 지내며 숱한 인물들을 만났다. 이이李珥, 송익필宋翼弼, 성혼成渾 같은 사람들과 교류하며 우정을 나누었는가 하면 송순宋純, 기대승奇大升 등에게 학문을 배우고 임억령林億齡을 만남으로써 시인의 자질을 키워 가기 시작했다.

26세에 장원급제한 정철은 이후 파직과 복직을 거듭하며 조선 중기 정치사를 화려하게 장식했다. 그의 정치 생활이 이처럼 부침이 많았던 것은 동서분당이 본격화되며 당쟁의 소용돌이로 휘말려든 당시의 정국 때문이었다. 정철은 서인에 속했던 만큼 서인이 승했을 때는 복

율곡 영정 (경기도 파주)

성혼 묘비 (경기도 파주)

기대승의 글씨
1527(중종 22)~1572(선조 5). 조선 중기의
문신, 성리학자. 글씨는 『근묵』에 있다.

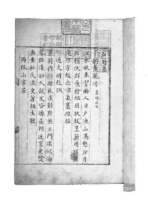

석천집(石川集)
조선 중기의 문신 임억령의
시문집.

직하여 정치 활동을 펼쳐 나가다가 다시 동인이 정권을 잡으면 탄핵과 파직, 낙향으로 이어지는 굴곡진 삶을 살 수밖에 없었다.

1590년(선조 23) 서인의 영수로서 좌의정이 된 그는 인성 부원군에 봉해짐으로써 정치 인생의 절정기를 누렸다. 그러나 그는 이듬해인 56세 때 건저建儲 문제가 불거지면서 강계에

평안도 강계부 지도

유배되어 위리안치 당하는 치욕을 맛보기도 했다.

정치가라는 측면에서만 보면 정철의 이 같은 굴곡 많은 생애는 그리 복 받았다 할 수 없을 것이다. 그러나 고난의 시절을 맞이하여 칩거 생활을 하는 동안 주옥 같은 작품들을 창작했으니 시인 정철에게는 고난의 시기가 곧 축복이었던 셈이었다.

정철은 1592년에 임진왜란이 발발하자 귀양살이에서 다시 풀려나 임금을 호종하였다. 이어서 경기·충청·전라 제찰사가 되었다가 이듬해에 사은사로 명나라에 다녀오기도 했는데 그만 동인의 모함을 받고 관직에서 물러났다. 이후 강화 송정촌으로 가서 우거하던 그는 58세를 일기로 생을 마감했다.

대시인이자 정치가였던 정철이 쓸쓸한 모습으로 송정촌에 도착하였을 때 그의 뒤에는 그림자처럼 따르는 여인이 하나 있었다. 천하일색이라고 할 만큼 아름다운 여인이었는데 웬일인지 정철은 그녀를 바라볼 때마다 미간을 찡그리곤 하였다.

    "나는 너를 저버린 지 오래라고 했다. 왜 예까지 따라와서 혼란스
럽게 하느냐?"
    "그저 먼발치에서 나으리를 바라볼 수만 있어도 저는 족하옵니다.
이후로 다시는 혼란스럽게 해드리지 않을 테니 염려 놓으십시오."

    여인은 가슴이 미어지는 듯한 아픔을 애써 참아내며 이렇게 이야기
하고는 뒤로 물러났다. 정철은 혀를 차며 다시 걸음을 옮겨 놓기 시작
했다. 요즘의 거리 단위로 치면 100여 미터쯤 될 것이다. 멀어져 가는
정철을 하염없이 바라보던 여인은 100미터쯤 거리가 벌어지자 더는
멀어져서는 안 된다는듯 걸음을 떼어 놓기 시작했다.
    먼발치에서 정철을 바라볼 수만 있어도 큰 행복이라고 여기며 이처
럼 뒤를 따르는 여인의 이름은 강아江娥였다. 원래 자미紫薇라는 이름을
가지고 있었으나 정철의 호이기도 한 송강松江의 江자를 따서 강아라
고 부르게 되었을 만큼 두 사람은 서로 끔찍하게 사랑하는 사이였다.
    그런데 정철은 왜 저리도 귀찮아하며 강아를 한사코 내치려고만
하는 것일까. 그럴만한 사연이 있어서였다. 정철의 좁아터진 속을 탓
할 수도, 그렇다고 강아의 잘못만 대놓고 나무랄 수도 없었다. 그만큼
두 사람이 간직한 사연은 몹시 공교로우면서도 눈물겨웠다. 조선을
사랑한 죄로 목숨보다 사랑하는 정인 정철에게 배척 당하고 있었으
니 말이다.

자미꽃 아름다움을 지닌 동기童妓

때는 정철이 전라도 관찰사로 재임 중이던 1581년경으로 거슬러 올라간다. 정철은 강원도 관찰사로 있으면서 관동별곡과 훈민가 16수를 짓는 등 시인다운 재질을 맘껏 발휘했다. 그러나 그는 1581년 1월 21일 병을 얻어 강원

관동별곡(關東別曲)
관동팔경을 두루 유람하는 가운데 뛰어난 경치와 그에 따른 감흥을 표현

훈민가(訓民歌)
관찰사로서 백성들을 계몽하고 교화하기 위하여 지은 작품.

도 관찰사 자리에서 물러났다가 그해 바로 전라도 관찰사가 되어 전주로 내려갔다. 바야흐로 정철과 강아의 만남이 시시각각 다가오는 셈이었다.

당시 자미라고 불리던 강아는 남원의 관기였다. 어느 날 남원에 이르러 자미를 발견한 정철은 남자의 혼을 빼놓을 듯한 그녀의 미모에 그만 넋을 잃고 말았다. 이윽고 자미를 차지하고픈 욕망에 사로잡힌 정철은 어렵지 않게 그녀를 자신의 방으로 불러들일 수 있었다.

방 안에 마주 앉아 살펴보니 자미는 생각했던 것보다 훨씬 앳된 동기童妓였다. 불혹으로 접어든 지도 6년이나 지난 정철이 욕망에 취해 넘보기에는 두 사람 간의 나이 차이가 민망할 정도였다. 그러나 앳된 얼굴과 달리 풍염하기 이를 데 없는 자미의 몸매는 난숙한 여인이라

고 해도 과언이 아닐 정도로 아름다웠다. 게다가 커다란 눈과 오똑한 코, 붉은 입술에 어린 미인의 자태는 나이 차이에서 오는 민망함 따위는 무시해 버리고 싶을 만큼 뇌쇄적이었다.

정철은 끄응, 앓는 소리를 속으로 삼키며 무심한 듯 자미의 절을 받았다. 그러고는 자미가 자리에 앉기를 기다렸다가 넌지시 물었다.

"이름이 자미라고 했더냐?"
"그러하옵니다."

남자 경험이 없는 아이답게 자미는 수줍어하는 기색이 역력했다. 그러한 태도가 정철의 탐심을 더욱 부추기는 듯하였다.

나무 백일홍(木百日紅) 꽃
한자어로는 자미화(紫微花)라고도 한다.

"으음, 말 그대로 백일홍 같은 어여쁨을 지닌 아이로다. 그래, 올해 몇이던고?"
"열다섯이옵니다."
"허어, 열다섯이라……."

한순간 정철은 낙담했다. 생각해 보니 자신의 딸보다 어린 아이가 아니던가.

그런데 이게 어찌 된 일이었을까. 괜한 욕심을 냈구나 싶어 정철이 혀를 찬 그 순간, 자미가 커다란 눈망울을 들어 올리며 항의하듯 정철

을 바라보고 있었으니 말이다. 열다섯 어린 동기의 수줍음 많은 태도
가 결코 아니었다.

　　"제 나이 비록 어리오나 나으리의 고명高名쯤은 익히 들어 알고 있었나
　　이다. 특히 나으리의 시가 좋아 언제고 한번 만나 뵈었으면 소원이 없
　　겠다 생각하고 있었습니다."
　　"그랬더냐? 부끄러운 이름을 높이 알아주니 참 고마운 일이로구나."

　정철은 내심 좋아 어쩔 줄을 몰랐다. 사람이란 그런 존재 아니던가.
자신을 알아주는 사람에게 언제든 마음이 열리는 법이다.

　　"기실 한양에 집을 두고 임지로 떠나온 지 오래인 터라 그간 얼마
　　나 적적했는지 모른다. 그러다가 아름다운 네 모습을 보고 탐하는
　　마음이 생겨 머리를 얹어 주려고 했으나 이제 네 나이를 듣고 보
　　니 괜한 욕심이었다는 생각이 드는구나."

　정철의 말은 진심이었다. 그런데 다소곳하게 듣고 있던 자미가 조
금 전처럼 눈망울을 굴리며 고개를 들더니 따지듯 말했다.

　　"소녀는 미천한 동기에 불과합니다. 이제 나이가 찼으니 누군가
　　제 머리를 얹어 주겠지요. 기왕이면 제가 연모하는 분이 머리를
　　얹어 주면 좋겠다는 마음 간절하옵니다."

자미가 정철을 연모하고 있었더란 말인가? 자미는 그 말을 증명하기라도 하려는 듯 애절한 눈빛으로 정철을 바라보고 있었다.

마음이 가니 이름 또한 따르리라

역사는 정철에 대해 권력욕이 대단한 사람이었다는 평을 내린다. 탄핵을 받아 수도 없이 파직당했으면서도 기회만 닿으면 정치 일선으로 다시 나간 것만 봐도 짐작 가능한 일이다.

일찍이 권력욕이 강한 사람이라고 해서 여자를 싫어한 예는 없었다. 그러나 그들은 여인과의 정에 연연하여 대사를 그르치는 우 또한 범하지 않았다.

바야흐로 정철과 자미는 정인情人이 되기 위한 수순을 하나하나 밟아 나가고 있었다. 오가는 대화 속에서 정철은 자미가 자신을 연모한다는 사실을 알았으며, 자미는 자미대로 정철이 자신을 탐한다는 사실을 알았다. 게다가 서로의 손길을 따라 거추장스러운 옷이 한 꺼풀 한 꺼풀 벗겨져 나가고 있었다. 이제 남은 것은 두 몸이 하나로 합쳐지는 합궁合宮뿐이었다.

그러나 이런 와중에도 두 사람이 생각하는 사랑의 본질은 엄청난 차이가 있었다. 이제 자미에게는 정철뿐이었다. 그는 자미의 목숨이었으며 평생을 바쳐 사랑해야 할 연인이었다. 그러나 정철이 생각하는 자미는 그저 사랑하는 여자일 뿐이었다. 자미와 함께하는 순간에는 최선을

다하겠지만 필요에 따라 언제든 떠날 수 있고, 그러다가 다시 인연이
닿으면 자신을 위해 수절한 자미를 위로하듯 품어 주면 그만이었다.

이렇듯 엄청난 차이를 가졌으나 두 사람의 합궁은 불덩어리 바로
그것이었다. 정철은 어린 동기의 몸을 미친 듯이 탐했으며, 자미는 자
미대로 능숙한 그의 몸짓에 모든 것을 내맡긴 채 앞으로 펼쳐질 자신
의 운명을 가늠해 보았다.

정철은 사간원 대사간을 지냈을 정도로 중
앙 정계에서도 비중이 높은 인물이었다. 따
라서 전라도 관찰사 정도에 머물 그가 아니
었다. 이 말은 그가 언제든 전라도 땅을 떠날
수도 있다는 뜻이었다.

간의차자등록(諫議箚子謄錄)
조선 후기 사헌부와 사간원
에서 올린 차자를 발췌 수록
한 책

'관비도 조선의 여자 아니더냐. 임께서
정을 주셨으니 그가 떠나더라도 내 마음
만 변치 않으면 그만인 게다. 그 이상 무엇을 바라랴.'

하복부에서는 생살을 찢는 듯한 통증이 좀처럼 사라지지 않고 있었
다. 자미는 이별의 순간도 이렇듯 아프리라, 생살을 찢듯 쓰리리라 생
각하며 정철의 넓은 등에 불덩어리처럼 뜨거운 손을 얹었다.

어느덧 폭풍 같은 순간이 지나고 평온이 찾아왔지만 차분하게 가라
앉은 정철과 달리 자미는 여전히 뜨거웠다. 정철이 죽는 순간까지, 아
니 그의 사후에도 이어질 자미의 열병이 비로소 시작된 것이었다.

세상 어느 남자가 열병을 앓듯 자신을 사랑해 주는 데 외면할 수 있으랴. 정철은 받은 것 이상으로 어린 자미를 아끼고 사랑해 주었다. 남자의 사랑을 받으면 그 좁은 품에 안주하며 교만해지는 것이 여자라고 했던가. 그러나 자미는 여느 여자들과 달랐다. 정철의 사랑이 그저 과분하고 고맙게 여겨져 더욱 뜨겁게 정철을 연모하곤 하였다.

세상 사람들은 식을 줄 모르는 두 사람의 사랑을 자주 입에 올렸다. 그것은 시샘도 비난도 아니었다. 그저 두 사람의 애절한 사랑이 흔치 않게 느껴져 감탄하듯 입에 올리는 것뿐이었다. 그런 과정에서 사람들은 어느덧 자미의 이름을 바꿔 부르기 시작했다. 정철의 호 송강에서 강자를 따다가 '강아江娥'라고 불렀던 것이다. 이미 마음으로 정철을 따르고 있었기에 자미는 그 이름이 싫지 않았다. 그래서 스스로도 자신을 강아라 여기게 되었다.

그 얼굴 옥비녀보다 고와라!

정사가 있었다. 전교하였다.

> "찬성이 비어 있으니 정2품 가운데서 의망擬望하라."
> 이이李珥를 우찬성에 임명하고, 전라 감사 정철은 특별히 가선嘉善에 가자加資하여 도승지에 제수하였다.
>
> 선조실록1582년(선조15) 9월 13일 (무진) 기사

선조 15년 임오(1582, 만력 10) / 9월 13일(무진)
정철을 도승지에 제수함.

정철이 전라도에 부임하여 보낸 세월도 어느덧 1년 가까이 되었다. 사랑하는 사람이 곁에 있었기에 강아에게는 그야말로 꿈결 같은 시간이었다. 그랬기에 강아는 늘 애태웠다. 행복한 꿈에서 허무하게 깨어나면 어쩌나 하는 걱정 때문이었다.

그러나 강아가 그토록 걱정하던 일이 찾아오고 말았다. 정철이 도승지에 제수된 것이다. 나라님이 부르시니 누가 거역할 수 있으랴. 사랑하는 낭군은 한양으로 떠나야 한다.

강아는 두 눈이 퉁퉁 붓도록 울었다. 임과의 이별이 서러워서 울었고, 다시 만날 날을 기약할 수 없어 울었으며, 임을 따라나설 수 없는 관기 신세가 처량하여 울고 또 울었다.

"조선 팔도가 얼마나 넓다고 이리 운단 말이냐. 한양에서 남원은 고작 800리. 언제든 다시 올 수 있는 길 아니더냐. 그러니 울지 말아라."

"나으리께서 다시 제게 와 주시기만 한다면, 그리만 해 주신다면 오실 때 편하시라고 신이라도 삼아 드리겠나이다. 제 머리카락을 모두

전라도 남원부 지도

잘라 나으리의 신을 삼겠나이다."

"그럴 것 없다. 말을 타고 오면 더 빠르지 않겠느냐. 그래, 내 너를
보려거든 말을 타고 올 것이니라."

먼 길 떠났다가 돌아올 임을 위해 제 머리카락으로 신을 삼겠다는
강아나, 고운 임 기다릴 것을 염려하여 말을 타고 달려오겠다는 정철
이나 애절하기는 마찬가지였다.

정철은 울적한 심사를 달래기 위해 강아와 마주 앉아 술잔을 기울
이던 중 시를 한 수 읊었다. 이별을 아쉬워하며 무슨 일이 있어도 자
신을 잊으면 안 된다는 당부가 담긴 시였다.

詠紫薇花 영자미화

一園春色紫薇花　일원춘색자미화

緰看佳人勝玉釵　재간가인승옥채

莫向長安樓上望　막향장안루상망

滿街爭是戀芳華　만가쟁시연방화

강아 시비 (경기도 고양)

봄빛 가득한 동산에 자미화 곱게 펴

그 예쁜 얼굴은 옥비녀보다 곱구나.

망루에 올라 장안을 바라보지 말라.

거리에 가득한 사람들 모두 다 네 모습 사랑하리.

10년을 하루 같이

뭇 사내들에게 얼굴 보이지 말며, 언제까지나 자신만 기억하라는 말을 남기고 한양으로 떠난 정철은 이후 무심하게도 소식 한번 없었다. 강아는 정철이 떠나고 나서 보낸 1년이 하루 같았고, 사랑하는 사람을 만나지 못한 10년 세월 전체가 또한 하루 같았다.

이제 오시려나, 저제 오시려나 눈을 뜨면 한양 쪽으로 향한 눈길 거둘 줄 몰랐고, 밤이 되어 정든 임 자취 좇느라 꿈길을 헤맬 때도 감은 눈 사이로 촉촉하게 흐르는 눈물 주체하지 못했다.

강아가 이렇듯 한숨과 눈물 속에서 야속한 세월을 보내는 동안 한양으로 올라간 정철은 야망으로 이글거리는 나날을 보내고 있었다. 도승지를 거쳐 예조 참판이 되었으며, 함경도 관찰사로 나갔다가 48세가 되던 1583년에는 예조 판서가 되었고 대사헌까지 역임한 것이다. 이렇게 관직을 여러 번 옮기면서 승진을 거듭하느라 강아 따위 떠올릴 틈조차 없었던 것이 사실이었다.

그런데 정철의 마음을 단적으로 보여주는 일이 1585년에 벌어졌다. 동인의 탄핵을 받는 바람에 사직한 그는 남원이 아니라 고향 창평으로 돌아갔다.

사미인곡(思美人曲)
1588년(선조 21) 정철이 지은 가사. 작자가 당파 싸움으로 인해 창평에 은거할 때 집필한 작품.

속미인곡(續美人曲)
「사미인곡」과 함께 연군의 정서를 읊은 여러 가사의 원류가 되었다.

그러고는 그곳에서 4년간 은거하며 「사미인곡」과 「속미인곡」을 지었으며 시조와 한시 등도 여러 편 남겼다. 강아의 애타는 마음을 모르지 않았을 텐데 그는 어찌하여 고향에 파묻혔던 것일까. 조선 남정네의 무책임, 혹은 정철이라는 사람의 무정함이 원인일 터였다.

강아는 알고 있었다. 정철이 탄핵을 당하여 고향으로 돌아가 있다는 사실을. 정무에 바쁠 때에는 나랏일을 하느라 오지 못하는 것이려니 여겼으나 사직한 다음에도 얼굴 한번 비추지 않으니 버림받았다는 절망감과 원망을 감출 길이 없었다.

그러나 강아는 아랫입술을 깨물며 달리 생각하려 애썼다. 높은 관직에 있다가 정적들에게 탄핵을 받고 쫓겨났으니 얼마나 상심했겠는가. 당장이라도 달려가 울며불며 매달리고픈 임이었으나 강아는 기다려야 한다고 생각했다. 마음에 쌓인 울분이 모두 씻겨나갈 때까지. 그리하여 사랑하는 사람의 애틋한 정이 그리워 남원으로 달려와 줄 때까지.

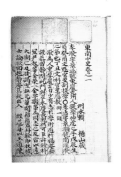

동남소사(東南小史)
조선 선조 때 이발과 이길 형제가 기축옥사에 연루되는 과정을 정약용이 정리하여 편집한 책

마음에 쌓인 울분이 채 가시기도 전에 나라의 부름을 받았던 것일까. 4년을 꼬박 기다렸지만 고향에 은거한 채 꼼짝 않던 정철은 54세 때인 1589년에 이르러 재기했다. 정여립鄭汝立의 모반 사건이 일어나자 정철이 위관委官이 되어 사건을 조사하게 되었던 것이다. 서인의 영수 자리에 있었던 정철은 이때 천여 명에 이르는 동인 쪽 인물들을 숙

청해 버렸으며, 이를 기화로 우의정에 발탁되었다가 이듬해에는 좌의정이 되고 인성 부원군으로 봉해졌다. 이로써 정철은 인생의 절정기를 맞이하게 된 셈이었다.

한편, 정철이 좌의정에 올랐다는 소식을 전해 들은 강아는 내심 기쁘면서도 마음 한편에서는 원망이 들끓어 견딜 재간이 없었다. 그러나 강아는 곧 미천하기 이를 데 없는 자신의 처지를 돌아보고는 원망을 품는 것조차 자신에게는 허용되지 않는 일임을 깨달았다.

"이제라도 나를 기억해 주신다면 한량없이 기쁜 일이겠으나 미련일랑 버리기로 하자. 언젠가 그분의 앞날에도 내리막이 있을 터. 나 같이 천한 것의 도움이 필요할 날이 올 수도 있지 않겠는가. 기다리자. 언제는 기다리지 않았는가. 그저 기다리고 또 기다려 보는 거다."

강아는 정철에게 돌이킬 수 없는 정치적 타격이 가해지기를 바랐다. 정철의 처지가 어려워져야만 자신 같은 여자에게도 그를 받들 기회가 올 것 같아서였다. 정말 그리만 된다면 만사 젖혀 놓고 달려가리라 마음먹고 또 마음먹었다.

임을 만나러 가는 천 리 길은 꽃밭 같더라

강아의 간절한 바람 때문이었을까. 건저 문제로 선조의 미움을 산

위리안치(圍籬安置)
전근대 시대 유형(流刑) 가운데 하나. 죄인이 달아나지 못하도록 가시가 많은 탱자나무로 울타리를 만들어 가두는 형벌로, 대개 탱자나무가 많은 전라도 연해의 섬으로 귀양 간 죄인에게 적용했다.

정철은 결국 머나먼 땅 강계로 귀양을 가서 위리안치圍籬安置 당한다. 내심 인빈 김씨의 소생 신성군信城君에게 왕위를 물려주고자 마음먹은 선조에게 광해군으로 하여금 왕위를 잇게 해야 한다고 주장했다가 당한 화였다.

강아는 정철이 낙심하여 회한을 느끼고 있을 것이 뻔한 지금이야말로 사랑하는 사람에게 달려가야 할 때라고 생각했다. 남원에서 강계까지는 물경 천 리 길이었다. 마침내 길을 나선 강아는 험하고 고된 여정이었지만 꽃밭을 거닐듯 기쁘고 가슴 설레었다.

그러나 그 시각 강아에게는 운명의 장난이라고밖에는 달리 표현할 길이 없는 앞날이 기다리고 있었다. 강아가 온갖 어려움을 극복하며 강계에 도착해 보니 정철은 다른 곳으로 떠나고 없었다. 때마침 임진왜란이 발발하자 귀양살이에서 풀려나 도성을 버리고 평양을 향해 달려오는 선조 임금을 맞이하기 위해 길을 떠났던 것이다.

1592년 5월로 접어든 때였기에 조선 강토를 침범한 왜군의 기세는 날카롭기만 했다. 조금만 깊이 생각해 보면 강아가 강계에서 평양으로 내려가는 동안 왜군 무리가 평양에 도착할 수도 있으리라는 점은 얼마든지 예상이 가능했다. 그러나 정철을 만나야 한다는 일념에 사로잡힌 강아는 앞뒤 재볼 겨를도 없이 다시 길을 되짚어 내려가기 시작했다.

임진왜란 전황도　　　　　　　　　　평안도 평안부 지도

　강아가 남으로 남으로 내려가는 동안 평양에서 임금을 맞이한 정철
은 전란의 형세를 파악하느라 여념이 없었다. 그러나 6월로 접어들면
서 왜군이 평양 인근에 이르러 무력 시위를 펼치자 여러 신하들과 함
께 의주로 몽진할 것을 의논했다.

　이때 평양 백성들은 임금이 평양을 버리고 북으로 떠나려 한다는
사실을 알고는 인심이 흉흉해졌다. 그러나 선조 임금은 6월 11일 정철
을 위시한 호종하는 신하들과 함께 평양을 떠나 영변으로 향했다.

　강아가 평양에 도착한 것은 정철이 영변을 바라고 떠난 다음이었
다. 또다시 길이 엇갈리고 말았다는 사실에 낙담한 강아는 그저 주저
앉고 싶은 심정이었다.

조선을 위하여 사랑을 저버리다

평양성(平壤城)
평양시 일원에 있는 고구려 시대의 도성(都城). 고구려 시대에 초축하였고 고려 초에 다시 고쳐 쌓았으며, 조선 시대에도 계속 수개축(修改築)을 하여 현재에 이른다.

강아가 평양에 도착하여 낙담하고 있을 때 왜군의 평양 공격이 시작되었다. 여러 장수와 병졸들이 분전하였으나 평양성은 6월을 넘기지 못하고 왜적에게 함락되고 말았다.

이에 따라 강아는 평양을 버리고 정철이 떠나간 북녘을 향해 다시 걸음을 옮겼다. 그런데 도중에 뜻밖의 인물을 만났다. 정철의 제자이기도 한 의병장 이량李亮이었다. 행여나 정철 소식을 듣게 될지 모른다는 생각에 강아는 반색을 했다.

그러나 이량에게서 돌아온 대답은 모른다는 말뿐이었다. 강아는 한숨을 길게 내쉬며 그간의 사정을 털어놓았다. 이야기를 듣는 동안 딱한 표정을 짓던 이량은 잠시 후, 무슨 생각이 들었는지 두 눈을 빛내며 강아를 바라보았다.

"자네에게 할 말은 아니네만 전세가 사뭇 위태롭다네. 조선은 망하게 생겼다는 이야길세."

정철을 만나려고 길을 헤맨 지 여러 달째를 맞는 강아였다. 그런 강아가 길에서 목격한 조선의 현실 또한 이량이 이야기한 것과 크게 다르지 않았다. 그랬기에 강아는 걱정에 사로잡혔다.

"나라가 망한 다음에야 백성이 어디 있고, 한가한 사랑 놀음이 어디 있겠나? 조선의 백성이면 나라를 위해 떨쳐 일어서야 할 때라네."

이량은 강아에게 무언가 긴히 할 말이 있는 듯한 표정이었다. 사랑 따윈 집어치우고, 따라다니며 의병에게 밥이라도 지어 올리라는 말을 하고 싶은 것인지도 몰랐다. 그러나 오래지 않아 이어진 이량의 말은 천만뜻밖이었다.

웅천읍성지(熊川邑城址)
읍성이란 군이나 현의 주민을 보호하고 군사적·행정적인 기능을 하는 성으로 경남 진해시 성내동에 있다. 임진왜란 때에는 왜장 고시니 유끼나가(小西行長)가 이곳에 머물기도 했다.

"이제 곧 청나라 원병이 도착할 걸세. 그리되면 평양 수복전쟁이 한 차례 벌어질 테지. 그 전쟁에서 승리하려면 왜군의 내부 사정을 훤히 꿰뚫고 있어야 한다네. 그래야 우군의 희생을 줄이면서 적을 퇴치하지 않겠는가. 어떤가, 기왕지사 예까지 나선 길이니 적장 고시니를 한번 유혹해 보지 않겠는가? 자네 정도라면 고시니를 구워삶아 왜군의 내부 사정을 얼마든지 알려줄 수 있을 것 같아 하는 말일세."

이량의 말인 즉 미인계를 써서 적을 퇴치하자는 것이었다. 강아는 순간적으로 울컥 치미는 분노를 느꼈다. 자신이 관기의 몸이 아니라 정철의 비첩 정도만 되었더라도 이량은 감히 이런 말을 하지 못했을 것이다. 조금 전 천 리 길도 마다 않고 달려온 이야기를 모두 해 주었기에 이량은 자신의 스승 정철을 향한 강아의 일편단심을 알았을 것이다. 그런데도 그는 적장의 노리개가 되어야 한다고 요구했다. 관기의 사랑 따윈 헌 짚신짝만한 가치도 없다고 생각하는 것이 분명했다.

그러나 강아는 불편한 심사를 드러내지 않았다. 그의 말마따나 나라의 운명이 바람 앞의 등불 같은데 사랑이 무엇이고 여자의 순정이다 무엇이란 말인가. 지금 이 시각에도 나라를 지키겠다고 일어선 조선의 남정네들은 피를 뒤집어쓰며 죽어 가고 있지 않은가. 정절을 목숨처럼 여긴다는 사족의 부인네들도 오랑캐의 힘에 굴복하여 정절을 잃는 예가 허다한 때였다. 미천한 관기에 불과한 자신이 나라를 구하는 일에 힘을 보탤 수만 있다면 백번이라도 허망한 사랑 따윈 저버리는 것이 옳았다.

그런데 왜 이리도 억울하고 화가 치미는지 모를 일이었다. 10년 세월을 하루같이 지켜온 사랑이었다. 그 고귀한 감정이 이리도 값싸게 치부되어도 좋단 말인가? 그러나 강아는 다음 순간 이량을 향해 비장한 어조로 소리치고 있었다.

"하겠습니다! 이 한 몸 불살라 나라를 구할 수만 있다면 적장의 가슴에 비수라도 꽂겠습니다."

"정말인가? 정말 그리해 주겠는가?"

이량은 기쁨을 감추지 못하며 고시니의 사랑을 얻거들랑 어찌어찌하여 정보를 전달해 달라고 구구하게 설명했다. 그러나 강아는 아무 소리도 들리지 않았다.

생각해 보면 정철은 무심하기 이를 데 없는 사람이었다. 어쩌면 그는 강아라는 이름조차도 잊었는지 모른다. 그렇지 않고서야 이처럼 기약 없이 기다리게 만들 수는 없는 노릇이었다.

'그래, 왜장에게 가자! 그래도 나는 사랑하는 사람의 품에서 1년 가까이 정을 흠뻑 받지 않았는가. 그것이면 족하다. 그것이면 족한 게야.'

이렇게 중얼거리며 돌아선 강아는 평양성을 바라고 휘적휘적 걷기 시작했다.

의기義妓 강아 이름도 드높아라

평양성으로 향한 강아는 오래지 않아 왜군에게 붙잡혔다. 원하던 바였기에 조금도 당황하는 기색 없이 찾아온 뜻을 밝혔다. 강아는 곧 고시니 앞으로 끌려갔으며 미색이 출중한 탓에 어렵지 않게 고시니의 마음을 사로잡을 수 있었다.

이때부터 강아는 왜군의 내부 사정을 속속 알려왔고, 이듬해 정월 명나라 원병이 평양성을 수복하는 데 결정적인 도움을 주었다. 이로 인해 강아는 나라를 구한 의기라는 칭송을 들으며 사람들의 입에 수시로 오르내렸다.

그러나 정작 강아는 사람들의 칭송이 조금도 달갑지 않았다. 사람들의 입을 통해 정철의 귀에까지 자신에 관한 소식이 들어갈 것이 뻔했기 때문이었다.

강아는 왜장에게 몸을 내던진 그 순간에 정철을 완전히 저버렸다고 생각했다. 그러나 평양성이 수복되고 다시 자유의 몸이 된 그녀는 예전보다 한층 간절하게 떠오르는 정철의 모습을 지워낼 길이 없었다.

그런데 그 즈음, 사은사로 명나라에까지 다녀온 정철의 신상에 불운이 닥쳤다. 동인의 모함을 받아 사직하고 강화 송정촌으로 들어가 우거하고 있었던 것이다. 그리운 정인이 불우한 처지에 빠졌다는 소식을 접한 강아는 송정촌을 바라고 정신없이 달려갔다.

죽어서도 버림받다

마침내 강아는 꿈에도 잊지 못하던 정철을 만났다. 그러나 정철은 불원천리 달려온 강아를 용납하지 않았다. 더러운 왜장의 품에서 놀아난 부정한 여자를 들일 수 없다고 판단한 것이었다.

정철의 냉대를 받으면서도 먼발치에서나마 그를 바라보며 살아가리라 마음먹었던 강아는 곧 모든 것을 체념했다. 왜장에게 몸을 더럽힌 마당에 정철을 어찌 섬긴단 말인가. 아무리 생각해도 안 될 일이었다.

가슴이 갈가리 찢어져 나가는 듯했지만 강아는 송정촌을 떠나 절로 들어갔다. 그곳에서 소심素心이란 이름을 얻어 여승이 된 강아는 정철이 58세를 일기로 세상을 떴다는 소식이 들려오자 모함을 받고 억울하게 죽은 정철의 한을 풀어 주는 일에 매달렸다.

그러다가 임에 대한 사무친 그리움을 어쩌지 못하고 강아는 정철의 묘소로 한달음에 내달았다. 정철의 묘소를 지키며 여생을 보내기 위해서였다.

이윽고 정철의 고향이기도 한 고양 송정 마을에 도착한 강아는 정철과 정철의 아버지 정유침을 위시한 영일 정씨 묘소가 즐비하게 늘어선 산자락을 지키다가 한 많은 세상을 떠나갔다.

이후 영일 정씨 후손들은 의기 강아의 고결한 사랑을 인정하여 정철의 묘소 근처에 그녀의 묘를 마련해 주었다. 이승에서 못다 이룬 사랑을 안고 갔기에 저승에서나마 정철의 발치에 묻히길 원했던 강아의 소원이 이루어진 셈이었다.

그러나 강아는 저승에 가서조차 정철에게 버림받고 말았다. 1665년(현종 6)에 우암 송시

정철 아들 정종명의 묘 (충북 진천)

열이 충청북도 진천군 문백면 봉죽리 562번지에 묘소 자리를 잡았으
며 후손 정양이 정철의 묘를 이장해 버렸던 것이다.

한편 정철은 1624년(인조 2) 5월 29일이 되어서야 신원되었다.

인조 2년 갑자(1624, 천계 4) / 5월 29일(임오)
故 좌의정 인성 부원군 정철의 관작을 복구하여 주다.

인생은 유한有限하고

정철과 강아의 생애를 추적해 들어가면서 필자는 그때나 지금이나 우리 인간의 삶은 본질 면에서 크게 변한 것이 없다는 생각을 새삼 해 보았다. 강아처럼 사랑에 목마른 지고지순한 여성이 현대 사회에 왜 없겠는가. 여인과의 아기자기한 사랑보다는 임금만을 바라보며 자신의 포부를 세상에 펼쳐 보고자 애쓴 정철 같은 야심만만한 젊은이가 왜 없겠는가.

사랑, 충성, 권력욕, 여자의 도리, 부정, 불륜……. 정철과 강아 이야기를 장황하게 펼쳐 가는 동안 필자의 가슴을 무겁게 짓누른 화두들이다. 강아의 아름다운 불륜을 용납하지 않은 정철의 편협함에 글을 쓰다 말고 주먹을 불끈 쥔 것이 몇 번인지 몰랐다.

어쨌든 우여곡절을 겪은 끝에 정철과 강아의 엇갈린 사랑 이야기는 끝이 났다. 언제나처럼 필자는 원고를 쓰는 동안 씨름하듯 보듬고 있던 혼백들을 직접 한번 만나 보고자 길을 나섰다.

본래 정철의 묘는 경기도 고양에 있었다. 그런데 앞에서 이미 밝혔듯 송시열이 1665년 이장할 장소를 진천으로 정하고 후손 정양鄭瀁이 이장해 지금에 이른다.

묘역에 오르자 먼저 위엄 있는 신도비가 필자를 맞았다. 큼직한 귀부를 딛고 선 비신의 글자는 얼룩진 세월을 견뎌냈음에도 선명했다. 팔각지붕에 옥개석을 인 비신에는 400년 가까운 세월의 흔적이 더께를 이루고 있어 그저 신기하기만 했다.

정철의 시호인 문청文淸을 따서 지은 문청문文淸門을 오르면 충의문이 나온다. 위패가 모셔진 사당 송강사가 자리하고 있는 곳이다. 사당 뜰에 세운 정철의 시비에는 「사미인곡」 서사緖詞가 씌어 있는데 선조 임금과 멀리 떨어진 애타는 심정과 세월의 무상함을 읊고 있다.

인생은 유한한데 시름은 그지없다. 무심한 세월은 물 흐르는 듯하는구나. 염량炎凉(덥고 시원함)은 때를 알아 갔다가 다시 오니 듣고 보고 느끼는 일도 많기도 하구나.

임금을 향한 애절한 마음에서 천 분의 일 정도만 떼어 내어 강아에게 베풀었다면 강아는 춤추듯 신명나는 세상을 살았을 것이라는 생각이 저절로 들었다. 이런 생각을 하며 천천히 걷다 보니 정철의 묘가 저만치에 보였다.

울창한 송림이 뒷산을 장식한 곳에 호석 없이 봉분만 큼직하게 자리하고 있었다. 석물에 긴 이끼가 얼룩진 세월만큼이나 고태스러웠다. 육중한 묘비에는 다음과 같이 적혀 있었다.

유명조선좌의정 인성부원군 시문청호송강정공철지묘. 정경부인 문화유씨부좌
有名朝鮮左議政 寅城府院君 諡文清號松江鄭公澈之墓. 貞敬夫人 文化柳氏祔左

일렬로 상하 장을 하였는데 아래 쪽은 강릉 부사를 지낸 둘째 아들 정종명의 묘였다.

어느 날 천재 시인 권필이 이곳 정철의 묘를 지나며 시를 한 수 읊었다고 한다. 그 시는 조선 제일의 시로 많은 사람들의 입에 오르내렸다.

空山落木雨蕭蕭　공산낙목우소소
相國風流此寂廖　상국풍류차적요
招悵一盃難更進　초창일배난경진
昔年歌舞卽今朝　석년가무즉금조

쓸쓸한 산에는 낙엽만 우수수 떨어지니
멋들어진 풍류도 적막하기만 하다
술 한 잔 나눌 수 없는 이 슬픔
옛적의 노랫소리 들리는 듯하구나

정철 초상 (충북 진천 사당 內)

　　묘에 참배를 하고 나니 정철에 대한 율곡 이이와 우암 송시열의 비평이 머릿속을 맴돈다.

"충성하고 강직해 항상 나라를 근심했으며 도량이 좁고 견문이 적어 고집스럽기도 했지만 그 기품과 절개는 심히 컸다."

　　이처럼 이이는 정철의 충성심과 절개를 높이 산 반면, 송시열은 정철을 소인배로 몰아붙였다.

"가슴에 품은 바가 있으면 반드시 입 밖으로 냈고, 남의 허물을 보면 절대로 용서함이 없어 화를 태산 같이 입었다. 그리고 그의 이러한 강직하고 곧음은 늙을수록 더했다."

정철과 같은 시대를 산 사람들이지만 필자는 그들의 평을 전적으로 믿지 않는다. 사람이 사람을 평한다는 것은 주관적인 시각을 완전히 배제할 수 없고, 평한 이들의 삶 또한 완벽하다고는 볼 수 없는 까닭이다. 이처럼 직접적인 말로 사람을 깎아내리거나 높이기보다는 대시인 이안눌李安訥처럼 멋진 시 한 수로써 그 사람의 일생을 함축적으로 평하는 것이 훨씬 운치 있어 보인다.

江頭誰唱美人詞　　강두수창미인사
正是孤舟月落時　　정시고주월락시
招惜戀君無限意　　초창연군무한의
世間惟有女娘知　　세간유유녀낭지

미인곡을 부르는 강가의 사람은 누구인가
달까지 지니 빈 배만이 고적하다
아, 슬프다 목메도록 불렀던 임금의 사랑은
오직 철없는 아가씨들만 알아주네

정철의 묘소를 둘러보며 그를 기억하는 옛사람들의 평과 시를 읊조려 보는 사이 해가 서산 쪽으로 사뭇 기울었다. 강아의 가엾은 생애를 글로 다듬다 달려온 길이었기에 정철의 묘소를 바라보는 필자의 심사는 그리 곱지 않았다. 하여 정철의 혼백이라도 뵙고 좀 따져 보고자 묘소 앞으로 다시 다가가 멈춰 섰지만 차마 말문을 열 수 없었다. 필자가 조선 시대를 살아가는 선비였다면, 그리하여 강아의 애절한 사랑을 받는 당사자였다면 과연 어찌 처신했을 것인가 상상해 보니 자신이 없었던 것이다.

정철은 권력욕이 남다른 데다 임금과 나라에 대한 충성 하나로 일생을 산 사람이었다. 그런 그에게 한낱 관기와의 사랑은 그리 중요한 문제가 아닐 수도 있었다. 그 관기가 나라를 구한 의기라 해도 말이다. 그런데 왜 이리 마음이 씁쓸한지 모를 일이었다.

그 가엾은 여자를 따뜻하게 보듬어 줄 수는 없었는가?

필자는 이 같은 말을 입속에 머금은 채 몇 번이나 뱉기를 망설이다가 답답한 가슴속으로 다시 꿀꺽 되삼켰다. 그러고는 힘없이 돌아섰다. 강아의 묘소에 이르러 고인의 혼백을 참배하다 보면 이 답답한 심사가 좀 풀리리라 기대해 보면서.

송강 정철 시비와 송강 마을

송강 정철이 불 같은 의기와 밝은 논리로 직언을 삼가지 않음으로써 파란 많은 세월을 보낸 정치가였다는 사실은 누구나 알지만 그가

송강 문학관   정철 시비 (경기도 고양)

고양시 덕양구 원신동(구 원당읍 신원리 송강 마을)에 살았었고 이 고장
의 자연과 더불어 10여 년 풍류를 하면서 시음詩吟을 쏟아 놓았다는
사실을 아는 이는 별로 없다. 송강은 벼슬살이와 유배 생활, 그리고
풍류를 하는 성품으로 인해 여러 곳에 머문 행장行狀이 많다. 송강은
원신동(송강 마을) 뒷산 부친의 묘에 시묘侍墓하면서 이 마을 앞 냇가
곡릉천谷陵川에서 낚시를 드리우거나 시를 읊었다고 한다.

  이후 정철은 임금과 나라를 위해 정성을 다하다가 마지막 기대했던
임해군이 세자 책봉에 실패하자 모든 것을 접었다. 서인의 영수로서
철저하게 동인을 추방했고 다음 해에 좌의정에 올랐으나 동인의 모함
으로 사직하였다. 그리고 만년에는 풍광 좋은 강화도 송정촌松亭村에
우거하면서 여생을 보냈고 그곳에서 한 많은 일생을 마쳤다.

  정철의 묘소에 다녀온 이튿날, 필자는 강아의 혼백을 만나고자 아

침 일찍 길을 나섰다. 고양시는 서울에서 지척에 있는 까닭에 오래지 않아 송강 마을 묘소 부근에 도착할 수 있었다. 필자는 한적한 길가에 차를 대 놓고 천천히 걸어서 강아의 묘를 찾았다. 정철의 부친 정유침의 묘소 발치 부근에 송강을 그토록 애모했던 여인, 강아의 묘가 아담하게 조성되어 있었다.

누가 참배를 왔다가 남겼는지 조화이긴 하지만 아주 고운 꽃 한 묶음이 묘전에 있었다. 필자는 단아하고 덕스러운 강아 여인이 반가이 맞아 주는 듯하여 가슴이 뭉클하였다.

송강의 자손들은 송강만을 목숨 바쳐 사랑했으며 그의 사후에도 이곳을 떠나지 않고 묘를 지키다가 생을 마감한 강아를 위해 이곳에다 무덤을 조성해 주었다. 비록 정철은 진천으로 천년 유택을 옮겼지만 그녀는 해마다 송강 자손들이 올리는 술잔을 받으며 한 많은 이승에서의 삶을 추억하고 있다.

묘비 옆에 멈춰선 필자는 하도 아담하여 앙증맞기까지 한 강아의 봉분을 바라보며 깊은 한숨을 내쉬었다.

'조선의 사내들에게는 명분이라는 것이, 주변의 시선과 체면이라는 것이 목숨만큼이나 중요했던가 봅니다. 송강 어른이라고 해서 어찌 그대의 애절한 마음을 몰랐겠습니까. 누가 뭐라 해도 그대는 온몸으로 우리 조선의 앞날을 밝힌 의사 아니십니까. 송강 어른도 그것을 자랑스러워하고 계실 겁니다. 부디 이승에서 못 다 이룬 사랑 저승에서나마 이루소서.'

사후에마저 정철에게 철저하게 버림받은 강아의 혼백이 피눈물을 흘리리란 사실을 필자는 잘 알고 있었다. 그랬기에 필자의 기원은 궁색하기 이를 데 없어 보였다. 그러나 어찌하랴. 그것이 조선 시대 관기의 사랑이요, 사대부들의 사랑법이었으니…….

송강 마을을 뒤로 하고 서울로 돌아가는 길, 필자는 정철 묘소에서 느꼈던 왠지 모를 답답함이 아직 완전히 풀리지 않았음을 깨달았다. 정철과 강아의 혼백을 향해 무언가 할 말이 있는데 그것이 무엇인지 정확하게 짚어낼 수 없으니 그저 갑갑할 따름이었다. 그런 갑갑함을 가슴에 안고 복잡한 길을 서행으로 지나던 중 울림처럼 다가오는 감흥이 있어 마지막으로 부족하나마 시 한 수를 읊어 보기로 한다.

江娥야, 임이 있는 곳에……

괴팍한 松江의 술잔에
달빛처럼 스며들어
그 心中에 불기둥을 세웠구나

신이 유혹한 역사의 인연
仙遊里 억새 숲에 부는 바람
잠재우고
어느새 松江의 도포 자락에

은밀한 사랑의 풍악

세월의 가락에 맞춰

잘도 토해 내었구나

부평초 네 마음

세상을 돌아 돌아도

언제나 매한가지

송강뿐이었구나

서슬 퍼런 적장의 품 안에

나라의 역사를 심어 놓고

너의 그 애절한 몸부림을

지켜 내었구나

한세상 곱게 지켜낸

자줏빛 그 사랑

이제 여기 내려놓고

임이 있는 그곳

맑은 해 뜨는 넓고 넓은 세상으로

훨훨 날아가려므나

임이야 오라고 손짓 아니해도

훨훨 날아가려므나

창공은 손짓하리니

강아 묘비 (경기도 고양)

을사오적 이지용李址鎔과 기생 산홍山紅

탈취의 역사

인류의 역사는 폭력과 탈취로 점철된 역사였음을 부인할 사람이 있을까? 굳이 세계사를 살필 필요도 없이 우리 역사만 보더라도 누구나 공감하는 사실이다.

34대 임금을 거치면서 475년이란 반세기 역사를 자랑하던 고려국을 무력으로 탈취한 나라가 바로 조선이었다. 아마도 그때 푸른 칼날을 앞세우며 기세등등하게 나라의 모든 권력을 거머쥔 이성계와 방원의 마음 깊숙한 곳에는 '영원한 번영' 이라는 문구가 적힌 황금 깃발이 영롱하게 펄럭이고 있었을 것이다.

그러나 신은 공평하게도 그들의 바람을 허락하지 않았다. 이 세상에 영원함이란 없듯이 강성하다고 자부하던 조선의 운명도 그 끝이 서서히 다가오고 있었다. 급변하는 세계 정세에 적절하게 대응하지 못하고 열강의 각축장이 되어 버린 조선의 모습은 죽음을 앞둔 말기 암 환자의 그것만큼이나 참담한 것이었다.

결국 고려의 모든 것을 탈취하며 일어선 조선왕조는 열강의 축에 끼어 동아시아 전체를 집어삼킨 일본에 의해 무너져 버렸다. 그에 따라 식민지 국가의 국민으로 전락한 조선 백성은 절망의 나날을 보내게 된다.

이지용, 그는 누구인가

나라가 안정적일 때는 누구나 애국자이다. 그러나 어려운 시기가 닥치면 개인의 안녕을 위해 국가의 안위 따위는 헌신짝처럼 내던져 버리는 사람들이 속출하기 마련이다.

일제의 침탈이 시작되던 그 시기에도 사정은 크게 다르지 않아서 친일파들이 무수하게 일어났다. 그중에서도 온 백성의 손가락질을 한 몸에 받은 이들이 소위 을사오적乙巳五賊이다. 이들은 주지하는 바와 같이 을사년(1905) 보호 조약을 맺을 때 일본인의 앞잡이가 되어 나라

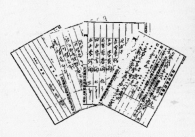

이근택의 손자 이원구의 '피의자 신문조서'
이원구는 부친 이창훈의 작위를 습작한 사실이 없는 것으로 확인돼 불기소로 풀려났다.

이근택 묘지
1979년에 조성된 이근택의 묘지를 시작으로 내림차순으로 4대가 누워 있다.

를 팔아넘긴 자들이다.

이하응 영정
조선 말기의 왕족인 흥선대원
군 이하응(1820~1898)의 영정

을사오적을 일일이 열거해 보자면 학부대신 이완용李完用, 내부대신 이지용李址鎔, 외부대신 박제순朴齊純, 군부대신 이근택李根澤, 농상공부대신 권중현權重顯이다. 이들 다섯 명 중 이번 이야기의 주인공은 완영군 이재긍李載兢의 아들이자 흥인군 이최응李最應의 손자이기도 한 이지용이다. 그런데 흥인군 이최응은 흥선 대원군 이하응李昰應의 형 아니던가. 이러한 점만 보더라도 이지용은 국난을 주도적으로 극복해 나가야 할 책임이 있는 사람이었다. 그런데도 이지용은 왜인의 앞잡이가 되어 나라를 넘겨주었으며, 그러한 행위로 얻은 세력을 바탕으로 온갖 못된 짓을 골라하였다. 사사롭게는 고종 황제의 종질이 되는 자가 이렇듯 백성과 나라를 죽이는 데 앞장섰으니 조선이 멸망한 것은 어찌 보면 당연한 노릇이라고 해야 할 것이다.

아니 듣느니만 못하여라

다시 말하지만 나라를 팔아먹은 대가로 이지용이 얻은 것은 엄청난 부와 권력이었다. 자고로 비뚤어진 방법으로 권력을 잡으면 더 큰 권력을 얻고자 발버둥치고, 역시 비뚤어진 방법으로 엄청난 부를 얻으면 그것을 이용하여 사치와 향락을 사들이고자 주변을 기웃거리기 마련이다.

이지용도 크게 다르지 않아서 왜인들에게 아첨을 일삼으며 권력 기반을 공고하게 다지고자 애썼으며 뒤로는 사치와 향락에 물든 생활을 해 나갔다.

산홍 초상화

그러던 어느 날, 이지용은 진주晉州 기생 산홍山紅의 미모와 기예가 출중하다는 이야기를 전해 듣고 내심 하룻밤 질펀하게 즐겨 보고자 길을 나섰다. 마침내 기생집에 도착한 이지용은 짐짓 점잔을 빼며 방 안에 자리를 잡고 앉자마자 산홍을 찾았다. 이지용이 누구라고 몰라볼 것인가. 기생집에서 일하는 사람들이 난리법석을 피우며 산홍을 부르러 갔다. 그런데 어찌 된 일인지 30분이 지나고 한 시간이 지나도록 산홍은 나타나지 않았다.

부아가 치민 이지용은 참다못해 방안이 쩌렁쩌렁 울리도록 호령을 했다. 그렇게 한바탕 난리를 부리고 난 다음에도 산홍은 좀처럼 나타나지 않았다. 짐짓 기분이 상했으나 이지용은 꾹 눌러 참으며 이렇게 벼렀다.

'어디 이년, 네가 얼마나 잘났기에 그토록 오만방자한지 한번 보자.'

그런데 그로부터 다시 30분 가까이 지난 다음이었다. 홀연 사뿐사뿐 걸어오는 사람의 인기척이 들리는가 싶더니 방문이 스르륵 열렸다. 말로만 듣던 산홍이 마침내 나타난 것이었다.

평상시 이지용의 성질대로라면 버럭 소리부터 지르고 보았을 터였다. 그러나 이지용은 산홍이 방에 들어선 순간 그대로 굳어 버리고 말았다. 산홍의 출중한 미모도 미모려니와 행동 하나하나에서 뿜어져 나오는 우아한 자태가 이지용을 완전히 압도해 버렸던 것이다.

대체 무슨 정신으로 술을 들이켜고 안주를 집어먹었는지 몰랐다. 살포시 고개 숙인 산홍을 넋 놓고 바라보며 그저 주변 사람이 권하면 잔을 집어 들었고, 음식 맛도 모르면서 으적으적 씹어 삼켰다.

"네, 네가 산홍이로구나. 참으로 곱도다."

이지용은 술이 거나해진 다음에야 산홍을 향해 떨리는 음성을 쏟아 놓았다. 그러나 산홍은 어찌된 일인지 대꾸 한마디 하지 않으며 그저 고개만 살포시 숙이고 있었다.

그 모습에 더욱 애가 탄 이지용은 산홍 곁으로 슬그머니 다가가 손을 덥석 잡으며 애원하기 시작했다.

"산홍아, 이 돈을 모두 네게 줄 테니 소원 한번만 들어다오."

이지용은 품에서 뭉칫돈을 꺼내 놓으며 자신의 첩이 되어 달라고 간곡하게 청했다. 이때 이지용이 꺼내 놓은 돈은 실로 엄청났다. 황소 20마리를 살 수 있는 거금이었다고 하니 말이다. 이 돈이면 살인을 저지르고 옥에 갇힌 채 죽을 날만 기다리는 사람을 보석으로 풀려나게 할 수 있을 정도였다. 제아무리 재색을 겸비했다고는 하지만 산홍 따위의 기생은 상상도 할 수 없는 금액이었던 것이다.

그러나 산홍은 눈썹 하나 까딱 않고 이지용의 청을 거절해 버렸다. 이지용은 기가 막히다 못해 멍해지고 말았다. 조선의 멸망과 함께 낡아 빠진 신분제도도 역사 속

조선 후기 기생의 모습

으로 사라져 버렸다고는 하지만 기생은 여전히 사회의 밑바닥 인생에 속했다. 따라서 이 정도 금액이면 양귀비가 아니라 양귀비의 할머니가 살아온다 해도 넘어가지 않고는 못 배길 것이라고 자신했다. 그런데 일언지하에 거절해 버리다니!

"도대체 이 돈을 왜 안 받겠다는 거냐?"

이지용의 어조는 다소 격앙되어 있었다. 그러나 산홍은 여전히 흔들림 없는 모습이었다. 한참만에야 그녀의 대답이 이어졌다.

"대감, 정말 이 돈을 왜 안 받는지 몰라서 그러시는 것이옵니까? 세상 사람들은 대감을 가리켜 매국적賣國賊이라고 합니다. 어떤 이는

오적五賊 중 한 사람이라고 욕을 퍼붓기도 합니다. 천한 기생에 불과
하지만 소녀라고 귀가 없는 것은 아닙니다. 아무리 천금이 귀하기
로서니 어찌 돈에 팔려 역적의 첩 노릇을 할 수 있겠습니까?"

산홍 시 현판
논개의 공덕을 기리는 사당인 의기사 한
편에 산홍의 시가 현판에 적혀 걸려 있다.

千秋汾晉義 雙廟又高樓
羞生無事日 笳鼓干漫遊

역사에 길이 남을 진주의 의로움
두 사당에 또 높은 다락 있네
일 없는 세상에 태어난 것이 부끄러워
피리와 북소리 따라 아무렇게 놀고 있네

산홍을 어떻게 해볼 욕심에 묵묵
히 듣고 있던 이지용은 역적이라는
말이 들려온 순간 참고 참았던 분노
를 폭발시키고 말았다.

"이런 천하디 천한 기생 년이 누구더
러 역적 운운이란 말이냐?"

자리를 박차고 일어난 이지용은
닥치는 대로 주먹을 휘둘렀다. 그
바람에 산홍은 피를 철철 흘리며 쓰러졌다. 그러나 그뿐, 이지용은 무
지막지한 주먹세례를 퍼붓는 것 외에는 산홍에게 아무 짓도 할 수 없
었다.

산홍은 비록 기생 신분이었지만 나라를 먼저 생각하는 의기였다.
그렇다고 산홍이 남다른 데가 있었던 것은 아니다. 그저 매국노 이지
용을 사람답게 보지 않았던 것뿐이다.

그러고 보면 기생은 단순히 몸만 파는 사람은 아니었던 모양이다.
계월향桂月香이나 이 책에서 이미 소개한 송강 정철의 소첩 강아江娥,

충기忠妓 논개論
介 같은 이들을
보면 알 일이다.

논개 영정
윤여환 교수가 새롭게
제작하여 2008년 2월
4일 국가표준영정 제79
로 지정된 논개 영정.

의기사(義妓祠)
임진왜란 때 촉석루에서 왜장을 껴안고
남강에 투신한 의기(義妓) 논개의 영정과
위패를 모신 사당.

| 이지용의 가계 |

사도세자

- 정조 대왕
- 은언군
- 은신군 — 남연군
  - 흥녕군 — 완림군(이재원)
  - 흥완군 — 완림군 (이재원 양자 감)
  - 흥인군 — 완영군 – **이지용** (이재긍)
  - 흥선 대원군 — 완흥군(이재면) 고종황제 – 순종황제
- 은전군

· 흥선 대원군의 종손 (형제의 손자들)
· 고종 황제의 종질 (당질 5촌)
· 순종 황제의 재종형제지간 (6촌)

● 을사오적은 누구를 가리키는가

관작	성명	비고
참정대신	한규설	보호조약에 결사 반대함. 일본인들에 의해 감금되었고, 남작의 작위마저 받지 않았음.
내부대신	이지용	을사오적. 고종 황제의 종질(당질)
외부대신	박제순	을사오적. 관향 반남 박씨 경기도 용인 출신. 친일파의 대표였지만 유림의 대표로도 있었다.
군부대신	이근택	을사오적. 명성 황후가 음성에 피신하였을 때 신선한 생선 몇 마리를 올리고 벼슬을 얻음.
학부대신	이완용	을사오적. 본관은 우봉 이씨. 을사오적이면서 끝까지 일제의 앞잡이가 됨. 무덤은 익산에 있음.
농산부대신	권중현	을사오적. 충청도 영동 출신. 일본 정부로부터 작위를 많이 받음.
법부대신	이하영	친일을 하였으나 오적에서 제외됨.
탁자부대신	민영기	보호조약에 결사 반대함. 경기도 여주 출신. 한규설과 함께 조약에는 반대했으나 일본이 주는 작위는 받았다.
궁내부대신	이재극	매국노였으나 오적에서 제외됨. 예조판서 연응의 아들(왕족). 철저한 친일파 세력가.

권중현   이근택   박제순   이완용   이지용

을사오적(乙巳五賊)

제2부

아름다운 블루

성종 임금은 조위의 상소문을 읽고 크게 웃었다. 그리고 도리어 칭찬하는 비답을 보냈다.
"과인이 다 보았노라. 사람이 사람의 힘으로 한 목숨 구한다는 것이 얼마나 아름다운 일이냐.
아무 걱정 말고 학문이나 열심히 닦을 지어다."
조위는 엎드려 상감이 있는 쪽을 향해 사은숙배하고 다시 책을 폈다.
그 풍모에서 범접할 수 없는 위엄이 우러나고 있었다.

아름다운 불륜!

어느 모로 보나 앞뒤가 맞지 않는 표현이다. 그럼에도 굳이 이러한 제목을 붙인 것은 이번 글에 등장하는 조위와 신종호, 홍순언의 불륜에는 가슴 뭉클한 감동이 있고, 인간에 대한 진정한 사랑과 존중이 깔려 있기 때문이다. 그것이 설사 죄악이라 해도 이들의 불륜은 아름답다.

저자의 말에서 이미 밝혔듯 '불륜의 한국사' 에서 다루는 불륜은 성적 일탈만을 의미하지 않는다. 인간의 도리에서 벗어난 행위 전체를 테마로 한다. 궁녀를 범함으로써 강상의 죄를 지었으며 임금의 권위에 도전한 불측한 신하로 몰린 조위, 그런 조위를 탄핵하였으나 성종 임금의 시험대에 올라 불륜을 저지르고 만 신종호, 그리고 나라의 재산을 일개 기생에게 내줌으로써 죄인이 되었으나 이 때문에 나라를 위기에서 구할 수 있었던 역관 홍순언. 이들의 이야기는 성적 일탈이 아니라 인간의 도리란 과연 무엇인가 하는 점을 하나의 화두처럼 우리에게 던져 주고 있다.

신종호와 조위는 인재를 두루 등용함으로써 조선의 제반 체제를 완성 단계로 끌어올린 성종 임금 시기의 인물들이다. 그런가 하면 홍순언은 임진왜란이 코앞으로 닥친 선조 임금 때의 역관이었다. 이들 세 사람은 분명 씻지 못할 불륜을 저질렀으나 개인적 욕망에 치우친 다른 이들의 불륜과 분명히 다르다. 무엇이 어떻게 다른지, 그들의 불륜이 아름답게 느껴지는 이유는 무엇인지 함께 살펴보기로 하자.

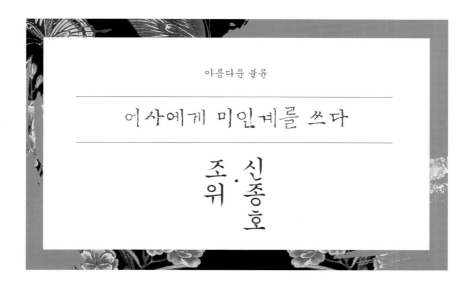

아름다운 불륜

어사에게 미인계를 쓰다

조위 · 신종호

잠행 중 만난 두 청년 선비

조선 제9대 임금 성종은 밤중에 민심을 파악하기 위해 편복 차림으로 한양성을 자주 순회하였다. 그렇게 시작한 야행은 곧 잠행으로 변했다.

그 무렵 장래가 촉망되는 두 청년 선비가 있었는데 한 사람은 조위曺偉였고, 다른 한 사람은 신숙주의 손자 신종호申從濩였다. 이 두 사람은 풍채와 문장이 쌍벽을 이루어 우열을 가리기

조위 초상 (경북 김천)

어려울 정도였다.

그날도 성종은 궐내를 순시하고 있었다. 그런데 조금 걷다 보니 깊은 밤인데도 어디선가 글 읽는 소리가 낭랑했다. 대체 누굴까. 성종은 궁금한 마음이 되어 소리 나는 쪽으로 천천히 다가갔다.

가까이 가서 보니 조위의 직소(숙직 장소)였다. 성종은 문밖에 이르러 방 안의 동정을 살폈다. 밝은 촛불 앞에 단정히 앉아 글을 읽는 조위는 참으로 아름다워 보였다.

궁녀(宮女)
왕족을 제외한 궁중 모든 여인의 총칭.

그런데 성종 임금이 조위를 위로해 주려고 문을 막 열려 할 때였다. 홀연 앞문이 살며시 열리며 어여쁜 궁녀가 들어와 조위의 책상머리에 마주 앉는 것이 아닌가. 성종 임금은 기척 없이 뒷걸음질 쳐 물러나 방 안을 유심히 살폈다.

조위는 앞에 앉은 궁녀는 거들떠보지도 않고 글만 계속 읽었다. 궁녀 또한 아무 말 없이 앉아 있기만 했다.

얼마나 지났을까. 조위는 읽던 책을 덮으며 궁녀에게 나직이 물었다.

"너는 어떤 여자인데 깊은 밤 남자가 있는 곳에 왔느냐?"

조위의 준엄한 목소리에 궁녀는 얼굴이 홍당무처럼 달아오르고 아미가 살며시 수그러졌다. 이어 옥구슬 구르는 듯한 고운 목소리가 부끄러움을 타고 새어나왔다.

"소녀는 나인 처소에서 심부름 하는 계집이옵니다. 궐내에서 잔치가 벌어질 때마다 공자의 늠름하신 풍채를 뵈옵고 연모의 정이 샘솟듯 하였사오나 기회를 얻지 못하여 연연한 정을 풀 길 없더니 이제는 사념이 병으로 되었사옵니다. 그리하여 부끄러움을 무릅쓰고 당돌히 이 자리까지 왔사옵니다."

연모의 정이 간절해서였을까. 붉어진 얼굴을 감추지 못하면서도 궁녀는 거침이 없었다. 그러나 궁녀는 말이 끝나자마자 다시 얼굴을 푹 수그리고 한숨을 쉬었다.

조위는 흠칫 놀라며 주변을 살폈다. 만약 누군가 자신의 방에서 벌어지는 광경을 본다면 일이 벌어져도 크게 벌어질 터였다. 나인 처소에서 심부름하는 계집이라 하지만 엄연한 궁녀 신분이니 임금의 여자 아니던가. 그런데 조위에게 연모의 정을 느낀다니! 이것은 씻어내기 어려운 불충이요, 도리에서 한참 벗어난 사건이 아닐 수 없었다.

조위는 두려움을 감당하기 어려웠으나 애써 태연한 척하며 점잖게 궁녀를 꾸짖었다.

"무엄하구나. 사가에서도 이리 못할진대 하물며 궐내에서 당돌하게 외간 남자의 방에 들다니! 네 신분은 궁녀 아니더냐. 궁녀는 궁에 들어올 때 이미 우리 전하와 혼례를 치른 것이나 진배없는 몸! 요망스럽다. 어서 물러가거라!"

궁녀가 고개를 들었다. 두 눈에서 새파란 불꽃이 튀었다. 조위는 그 눈길을 피하지 않고 다시 조용조용 타일렀다.

"내 오늘 일은 꾹 덮어 둘 터이니 없었던 일로 알고 물러가거라."

목숨보다 정이 더 중요했다

은장도(銀粧刀)
평복에 차는 노리개의 하나. 여성
은 장식용이나 호신용으로 사용.

조위의 꾸지람이 끝나자 궁녀는 품 안에서 파란색 은장도를 꺼내 들었다. 연모의 정으로 이글거리는 눈빛에 살기마저 등등하게 어려 있었다.

"소녀는 근심하면서 죽느니 임이 보시는 앞에서 천한 목숨 끊으렵니다."

궁녀는 은장도로 자신의 가슴을 겨누고 있었다.

이때까지 방 안의 광경을 묵묵히 지켜보던 성종 임금은 등골이 오싹했다. 아차 실수 한번이면 꽃다운 궁녀가 목숨을 잃을 순간이었다. 성종의 손에서 땀이 찐득하게 배어났다.

그런데 어느 한순간이었다. 조위가 재빠르게 몸을 날리더니 궁녀의 손을 비틀고 은장도를 빼앗아 던져 버렸다. 그 동작이 어찌나 빠른지

연약한 선비의 행동은 아닌 듯하였다.

　은장도를 빼앗아 내던진 조위의 얼굴이 일순 일그러졌다. 아무래도 궁녀에게 측은지정을 느낀 모양이었다.

　그러나 조위는 이내 괴롭게 고개를 가로저으며 탄식했다.

　"네가 나를 죽이려 드는구나. 신하 된 처지에 전하를 성심껏 모시지는 못할망정 궁녀와 상관을 하다니! 한번 물어나 보자꾸나. 네가 나를 연모하고, 내가 그 마음을 받아들여 동침하는 것이 가한 일이라고 생각하느냐? 우리 전하께는 죄를 짓는 일이요, 가문과 개인에게도 결코 씻을 수 없는 죄가 된다는 것을 왜 모른단 말이냐?"

　"소녀는……, 소녀에게는 공자가 세상의 전부이옵니다. 이미 제 마음 공자께 밝혔으니 받아들여지지 않는다면 죽음이 있을 따름이옵니다."

　궁녀는 결연했다. 은장도가 아니라면 혀를 깨물고라도 죽고 말리라는 눈빛이요, 태도였다. 조위는 한숨을 푹 내쉬었다. 신하 된 도리를 지키자니 궁녀의 생명이 위태롭고, 궁녀를 받아들이자니 임금의 여자를 빼앗는 격이었으니 말이다.

　"이 일을 어찌한단 말인가. 네가 정녕 나를 죽이고 싶어서 이러느냐?"

　조위는 조금 전에 한 말을 다시 되풀이하며 궁녀를 측은하게 바라보았다.

遠上寒山石逕斜
白雲深處有人家
停車坐愛楓林晚
霜葉紅於二月花

성종의 글씨

여전히 문틈으로 방 안을 지켜보던 성종은 일순 입가에 미소를 머금었다. 신하 된 도리와 궁녀의 생명 중 어느 것을 취해야 옳은가 궁리하고 갈등하는 조위의 모습에서 인간다운 따뜻한 품성을 읽어 낸 탓이었다.

'조위가 오늘 귀한 생명을 하나 구하겠구나.'

성종은 이렇게 중얼거리며 흐뭇하게 고개를 끄덕였다.

그런데 바로 그때였다. 성종의 중얼거림을 듣기라도 한 것처럼 한순간 조위가 궁녀 앞으로 다가앉으며 달래기 시작했다.

"아무리 다시 생각해 보아도 전하께 충성하는 것보다 사람의 목숨이 더 중한 것 같으니 어쩔 도리가 없구나. 다시 한 번 묻겠다. 정녕코 이리 해야만 네 소원이 풀리겠느냐?"

조위의 마음이 돌아섰다는 것을 눈치챈 까닭일까. 궁녀가 온 얼굴에 홍조를 띠며 가만히 고개를 끄덕였다. 조위는 다시 한 번 한숨을 길게 내쉬었다.

"좋다. 네 소원을 들어 줄 터이니 다시는 부질없는 짓 말거라."

마침내 조위가 여인의 옥수를 이끌어 옆에 다가앉힌 다음 옷을 벗기고 촛불을 껐다.

성종 임금이 더 좋아하였다

조위가 감히 궁녀를 사사로이 범하고 있었건만 성종 임금은 조금도 불쾌하지 않았다. 오히려 조위의 착한 마음씨가 성종의 마음을 감동시켰다. 곧 환궁한 임금은 내시를 시켜 자신이 덮는 비단 이불을 두 사람이 잠든 사이에 몰래 덮어 주게 하였다.

이윽고 춘몽에 취하여 깊이 잠들었던 조위가 깨어 일어났다. 아니나 다를까 조위는 한순간 흠칫 놀라고 말았다. 그윽하게 방 안을 채운 향내와 자신과 궁녀의 몸에 덮인 비단 이불 때문이었다. 조위는 크게 놀라고 말았다.

'성상께서 궐내 순시를 하다가 나의 일거일동을 모두 보시었구나. 나의 불충을, 나의 불륜을 어쩌면 좋단 말인가!'

조위는 크게 깨우치고 자신의 경솔한 행동을 백 번 천 번 후회했다. 그러나 때는 이미 늦었다. 조위는 궁녀를 깨워 일찍 돌려보내고 날이 밝기를 기다렸다가 성종 임금에게 상소를 올렸다. 죽을죄를 지었으니 벌을 내려 달라는 대죄의 상소였다. 성종 임금은 조위의 상소문을 읽

신종호 묘 (경기도 구리 아차산)

고 크게 웃었다. 그리고 도리어 칭찬하는 비답을 보냈다.

"과인이 다 보았노라. 사람이 사람의 힘으로 한 목숨 구한다는 것이 얼마나 아름다운 일이냐. 아무 걱정 말고 학문이나 열심히 닦을 지어다."

조위는 엎드려 상감이 있는 쪽을 향해 사은숙배하고 다시 책을 폈다. 그 풍모에서 범접할 수 없는 위엄이 우러나고 있었다.

신종호의 고변

그런데 이튿날 강연을 파하고 난 다음이었다. 뜻밖에도 신종호가 임금 앞으로 와서 부복하며 말문을 열었다.

"상감마마, 무엄한 신하 조위에 대해 아뢰올 말씀이 있사옵니다. 어젯밤 조위는 궁녀와 몰래 음란한 행위를 했사옵니다. 그런 자에게는 중한 율을 내림이 마땅하니 금부에 영을 내리시어 정배의 형벌로 다스리심이 가한 줄로 아뢰오."

뜻밖의 일이라 성종 임금은 신종호를 바라보며 깜짝 놀랐다. 한편으로는 궁금하기도 하였다.

"소년 옥당 신종호는 어떻게 그 사실을 알았느냐?"

신종호가 다시 한 번 절하면서 수정처럼 맑고 앳된 목소리로 아뢰었다.

"신이 입직하여 글을 읽다가 의심나는 구절이 있사옵기에 조위에게 물으려 했사옵니다. 신이 조위의 방문 앞으로 다가가 달빛에 살핀즉 궁녀 같은 여인이 조위의 처소에서 나오는 것을 보았사옵니다."
"거짓이 아니겠지?"

임금은 넌지시 신종호를 떠보면서도 이 일을 그냥 덮고 넘어갈 생각이었다.

"분명 귀신은 아닐 터인즉 궁녀와 상간한 것은 틀림없사옵니다."

"그러하면 너는 날 새도록 글을 읽었다 그러한 말이로구나?"

성종 임금은 조위의 사건을 이미 아는지라 소년 옥당 신종호가 날
이 새도록 글을 읽다가 막힌 구절이 있어 새벽녘에야 조위를 찾아가
글귀를 물으려 했다는 그 야귀찬 열성이 더 놀랍고 가상하였다.

"기특하도다. 이 나라에 너 같은 옥당이 있으니 과인의 마음이 든
든하구나."

임금의 말을 들으면서 신종호는 좀 이상하게 여겼다. 조위가 궁녀
와 상간하였다는데 벌을 내릴 생각은 아니하고 자기를 칭찬하니 이같
은 동문서답이 어디 있단 말인가. 신종호의 눈치를 알아챈 성종 임금
이 부드럽게 일렀다.

"과인도 그 일을 몸소 보았노라. 사람의 목숨에 관계되는 일은 오
히려 그렇게 함이 아름답고 잘한 일이니라."

성종 임금의 말을 듣고도 신종호는 더욱더 단호하게 조위의 문죄를
주장하며 뜻을 굽히지 않았다. 신종호는 이 사건이야말로 어전 상간
이라고 주장하며 목숨 보존조차 어려운 죄를 지은 조위의 일을 그냥
덮어 두고 넘어갈 수 없다 버텼다.

다부지게 물고 늘어지는 신종호의 성품을 가상히 여긴 성종 임금은

그 젊은 기상을 꺾지 않으려고 뜻을 받아 주는 척하였다.

"네 말이 진정 옳도다. 장차 상당한 벌을 내릴 터이니 오늘은 그만 물러가라."

이렇게 신종호를 보내고 나서 성종 임금은 해결책을 마련하고자 곰곰이 생각에 잠겼다.

어사에게 기생 수청을

그로부터 4~5일 후 성종 임금은 갑자기 마패와 수의繡衣를 신종호에게 내렸다. 신종호를 평안도 어사로 임명한 것이다. 평안도 각 읍을 순행하며 탐관오리를 숙청하고, 어진 백성을 돕도록 하라는 어명과 함께였다. 임금은 다시 용안에 웃음을 가득 띠며 넌지시 말했다.

"평안도는 본래 미색 뛰어난 여자가 많은 곳으로 유명하다. 여간해서는 탈선치 않을 수 없을지니 각별히 조심하라."

마패(馬牌)
역마(驛馬)의 지급을 규정하는 패. 발마패(發馬牌)라고도 한다.

수의록(繡衣錄)
조선 후기 암행어사의 서계를 모아 놓은 책

신종호는 성종 임금의 타이름과 각별한 후의에 감사하며 평안도로 길을 떠났다.

한편 성종 임금은 평안 감사에게 비밀리에 하교를 내렸다.

"평안도 감사는 무슨 계책을 쓰든지 이번에 내려가는 어사에게 기생 하나로 하여금 수청을 들게 하라. 만약 그만한 묘계가 없을 것 같으면 일도 방백으로서 자격이 없다고 보아 벌을 내리겠노라."

하교를 받은 평안 감사는 필시 어사가 여색과 담을 쌓은 사람일 것이라고 확신했다. 기가 막혔다. 먹지 않으려고 버티는 말에게 열 사람이 달려들어 먹이를 먹이려 애써 봐야 헛수고 아니던가. 이와 마찬가지로 어사가 싫다는 일을 어떻게 성사시킨단 말인가. 평안 감사는 아무리 생각해도 난감했다. 그런데 이 모습을 지켜보던 수청 기생 옥란이가 한 가지 꾀를 내었다.

"기생은 각 고을마다 있은 즉 감사에서는 각 고을 수령에게 명을 내려 여럿의 힘으로 성사케 하면 될 줄로 아옵니다."

옥란의 말을 들은 평안 감사는 비밀리에 산하 각 수령에게 통지하여 공을 이루는 사람이 있으면 큰 상을 주리라 약속했다.

그 무렵 평안남도 동남부 성천군에는 옥매향이라는 기생이 있었다. 성천 부사의 이야기를 들은 옥매향은 자신이 어사를 낚아 보리라 자원하고 나섰다.

"소첩이 비록 재주는 없지만 남정네들의 심중이야 능히 헤아릴 수 있사오니 이번 일을 맡아 볼까 하옵니다."

성천 부사는 크게 기뻐하며 옥매향으로 하여금 어사를 홀리게 하였

평안도 성천부 지도

다. 그때 옥매향의 나이는 스물 미만으로 인물이 절묘하였고 슬기 또한 출중하였다.

옥매향의 계략

신종호는 암행어사가 아닌 임시 어사였다. 먼저 어느 고을로 가겠노라 통지하고 다니는 어사이므로 노문 어사라고도 하였는데 그러다 보니 가는 곳마다 대접이 융숭하였다.

융숭한 대접을 받으면서도 신종호는 여색을 일체 가까이 하지 않았다. 기생은 물론 시중드는 사람도 여자는 들이지 말라고 하였으므로 남자 관속들만이 주변에 머물렀다. 그리하여 각 고을 관속들은 어사가 떠난 뒤에 내관 어사니 부처님 어사니 하며 쑥덕거렸다.

강선루(降仙樓)
평안남도 성천군 성천면 상부리에
있는 고려 시대의 누정.

부용당(芙蓉堂)
아름다운 주위 환경과 잘 어울려 한때 해서팔경(海西
八景)의 하나로 일컬어졌으나, 6·25 때 소실되어 돌
기둥과 주춧돌만 남아 있다. 사진은 불타기 전의 모습.

    어렴풋이 이 사실을 알면서도 신종호는 눈 하나 깜짝하지 않았다.
상금이 걸린 기생 수청을 성공하지 못한 각 고을 수령들은 아쉬워하
면서도 어사의 목석같은 태도에 혀를 내둘렀다.

    평양을 떠나 여러 고을을 순시하던 어사 신종호가 드디어 성천에
도착하였다. 성천은 본래 아름다운 고장으로 강선루와 부용당 등은
평안도 제일의 경치를 자랑했다. 신종호는 그러나 그곳에서도 여색을
멀리하고자 하는 강한 뜻을 조금도 물리지 않았다.

한편 성천 기생 옥매향은 어사에게 접근할 계략을 치밀하게 세워 나갔다. 통인 중 약삭빠른 자를 골라 금전으로 매수하는 등 수단 방법을 가리지 않고 신종호를 자신의 거처로 끌어들일 계략을 짜낸 것이다. 옥매향이 어떠한 계략을 썼는지 살펴보기로 하자.

어사 신종호가 성천에 도착한 날 밤이었다. 객사의 쓸쓸함을 달래고자 신종호는 밤늦도록 책을 보고 있었다. 옆에는 매향에게 매수 당한 통인이 시침을 뚝 떼고 앉아 어사의 눈치를 살피는 중이었다.

그런데 삼경이 되었을 때였다. 사위는 정적에 휩싸인 채 고요히 잠들었는데 어디선지 산새 울음소리가 처량하게 들렸다. 거기에 섞여 방향조차 분간 못할 곳에서 여인의 울음소리가 애간장을 녹이며 들려오기 시작했다.

신종호는 여인의 울음소리를 대수롭지 않게 여겼다. 이내 잦아들리라 생각한 것이다. 그러나 시간이 아무리 흘러도 처량한 흐느낌은 그치지 않았다. 이에 따라 신종호의 신경은 벼린 칼날 끝처럼 날카로와졌다. 여인의 울음소리는 마디마디 원한을 머금은 듯하였다. 마침내 신종호는 눈을 스르르 감으며 사념에 빠졌다.

이 적막강산이 무르익은 밤에 웬 여인이 저토록 한 맺힌 울음소리를 내는지 신종호는 궁금하여 못 견딜 지경이었다. 한동안 눈을 감고 있던 신종호가 마침내 머뭇머뭇 보던 책을 덮었다. 바야흐로 여인의 울음소리는 진할 대로 진해져 거의 숨이 넘어갈 지경이었다.

신종호가 참지 못하고 옆에 앉은 통인에게 넌지시 물었다.

"누가 무슨 까닭으로 저토록 슬피 우느냐?"

목석같이 앉아 있던 통인이 이때다 싶어 능청맞게 대답했다.

"저 여인은 나이 열아홉에 남편을 여의었고, 의지할 부모와 친척도 없습니다. 그런 사정이다 보니 외로움을 이겨내지 못하고 먼저 떠난 남편을 생각하며 밤마다 저렇게 울음으로 지새는 것입니다."

통인의 대답을 들은 신종호는 측은한 마음이 들어 잠이 오지 않았다. 한 여인의 기구한 운명을 접하고 연민의 정이 가슴 저미도록 솟아나는 것만은 신종호로서도 어쩔 도리가 없었다.

그 다음날 밤에도 여인의 처량한 울음소리는 신종호의 가슴에 까닭 모를 울림을 남기며 파고들었다. 신종호는 얼마간 시간이 지난 후에 차마 그 울음을 못 듣겠던지 통인에게 일렀다.

"저렇게 날마다 울기만 하면 필경 울다가 기진하여 쓰러져 죽을 것 같구나. 인생이 가련하지 않느냐. 내가 사리를 타일러 조금이라도 위로를 해야겠으니 네가 그 여자를 가서 불러오너라."

통인이 기다렸다는 듯 능청을 떨며 입을 열었다.

"수절 과부로서 외간 남자의 부름에 응할 리가 없습니다. 어사께서 저 여자를 불쌍히 여기고 도울 생각이시라면 여기서 집이 가깝사오니 잠깐 행차하심이 좋을까 하옵니다."

통인의 말을 듣고 보니 그도 그럴 듯하였다. 그러나 친히 가서 알아듣도록 타이르는 것 또한 심히 난처한 일이었다. 그러나 신종호는 곧 어사의 직분을 생각하였다. 백성의 어려움을 덜어 주고, 탐관오리를 발본색원하는 것이 어사의 직분 아니던가.

"그래, 가자. 가서 타이를 터이다."

어사의 측은지정

마침내 신종호가 통인을 앞세워 여인의 집을 찾아 나섰다. 잠시 후 여인의 집에 당도해 보니 집은 초가로 형상이 없었다. 먼저 통인을 들여보내어 어사가 친히 사연을 물으러 왔음을 알리라 하였다.

그러나 통인이 들어가고 나서 한참을 기다려도 여인의 울음소리는 그치지 않았다. 게다가 통인마저 나오지 않았다. 이상하게 여긴 신종호는 기다리다 못해 문을 열고 방 안으로 들어갔다.

도배가 된 벽이며 살림살이들이 의외로 깨끗했다. 신종호는 밝은 등불이 켜진 방 한가운데 소복한 채 앉은 여인을 물끄러미 내려다보았다. 여인은 옥 같은 얼굴을 손으로 받치고 앉아 여전히 애끓는 소리를 내고 있었다.

통인이 울음을 그치라고 일렀으나 여인은 그런 말이 숫제 들리지 않는 모양이었다. 신종호가 여인을 내려다보니 아름다운 두 뺨으로 눈물이 주르륵 흘러내렸다. 그저 가엾을 따름이었다. 신종호는 부드러운 말로 여인을 타이르기 시작했다.

"무슨 연고로 이토록 슬피 우는고. 나는 임금의 명을 받드는 어사로 이틀 밤이나 그대의 울음을 듣고 측은지정이 나서 이렇게 찾아왔으니 그 사정을 말하라. 내 힘닿는 한 도우리라."

그러자 여인이 울음을 뚝 그치고 눈물을 닦더니 고운 입술을 살짝 열어 쟁반에 옥 굴리듯 이야기를 늘어놓았다.

"첩은 일찍이 남편을 여의고 그를 쫓고자 하오나 부모가 물려주신 목숨을 칼이나 수건으로 끊기는 차마 못 하옵고 이처럼 울다가 죽으려 하옵니다. 왕명을 받드신 어사께옵서 이런 누추한 곳에 행차하시어 고마우신 말씀을 내리시니 무엇이라고 사뢰어야 좋을지 모르겠사옵니다. 벌써 두 달 동안 이렇게 우는 것이오니 죽기를 작정한 첩에게 다시는 높으신 말씀 마시옵기 바라나이다."

이야기를 끝마치자 여인은 다시 울기 시작했다.

어사 신종호의 마음은 흔들리고

신종호는 여인의 말을 듣고 더욱 애틋한 정이 일어나 다시 타이르기 시작했다.

"부모가 물려준 목숨을 울어서 마치려 함이 무엇이며, 의탁할 곳이 없다면 적당한 자리를 골라 금실 좋게 살면 되는 것이지 무엇 때문에 귀한 목숨을 끊으려 하는고?"

여인은 신종호의 말을 듣고 나긋나긋 대답했다.

"말씀은 옳사오나 사람을 따르자니 혹 용렬한 자를 만날까 두렵사옵고, 수절로 한평생 마칠까 하여도 가냘픈 여자 홀몸이라 욕을 당하기 쉬워 아무래도 이것이 상책인가 하옵니다."

여인의 말을 들은 신종호는 다시 봐도 아름다운 얼굴과 고운 마음씨가 아까워 죽으라고 내버려 두고 싶지 않았다. 그리하여 여인을 향해 말했다.

"내가 별로 용렬을 벗어나지 못하였으나 부랑패는 아니어든 나를 받들어 목숨을 보존함이 어떻겠는고?"

신종호가 순순히 이르는 말에 여자는 좀 놀라는 눈으로 쳐다보다가 한참 생각하는 눈치더니 화답하여 말했다.

"저 같이 미천한 것에게 그런 말씀을 해 주시니 너무나 기뻐 감히 믿을 수가 없사옵니다. 그러나 한편으로는 어사님 같은 어른이 허언을 하시지는 않을 줄 믿사옵고 감사드리옵니다."

여인은 순식간에 갠 하늘처럼 울음을 싹 거두더니 일어나 넙죽이 절까지 했다. 신종호는 이제 됐다 싶어 회심의 미소를 지었다. 기실 그는 목숨을 건져 주었으니 적당히 얼버무릴 생각이었다.

"오늘은 할 일이 바쁘니 그냥 돌아가기로 하고 훗날 다시 와서 너를 데리고 갈 터이니 두어 달 동안만 기다려라."

덫에 걸린 어사

그러나 여인은 신종호의 말을 듣지 않았다. 화사한 얼굴을 파르르 떨기까지 했다.

"누구를 노리개로 아시나요? 감언이설로 과부를 꼬여 놓고 별안간 딴 말씀을 하시다니요. 인간지사 내일을 어떻게 믿고 두 달이나 기다리라 하시나이까? 너무하십니다. 아이고, 분해라. 이제 뭇 사람들이 알고 나를 더러운 년이라 욕할 것입니다. 아니 되어요. 정히 그러시다면 저는 거리에 나가서 어사가 나를 꼬였으나 넘어가지 않겠노라고 내 순결을 밝히거나 하고 죽으렵니다. 여기 계시는 통인이 증인이 되어 주시겠구요."

여인의 말에는 독기가 서려 있었다. 표정 또한 쌀쌀하기가 얼음장 같았다. 여자의 말대로 된다면 큰일이 아닐 수 없었다. 신종호는 풀이 죽었다. 그냥 가자니 금방 난리가 날 것 같고, 머물러 있자니 여인과 몸을 나눠야 할 것 같으니 말이다.

신종호는 하는 수 없이 통인더러 물러가라고 하였다. 통인은 엉거주춤 물러나며 여인에게 눈으로 무슨 말인가 건넸다. 그러나 신종호로서는 이 두 사람의 계교를 알 리 없었다.

그나저나 목석으로 널리 이름난 신종호가 성천 수청 기생 옥매향에게 덜미를 잡혔으니 장차 어찌될 것인지 지켜볼 일이었다.

임금에게 뒤통수를 맞다

결국 신종호는 단꿀을 빠는 나비처럼 춘몽에 묻혀 매향과 하룻밤을 보내고 말았다. 이튿날 아침, 헤어지기에 앞서 신종호는 공사를 마치는 대로 데리러 오겠다는 약속까지 매향에게 하였다. 매향에게 빠져

어사에게 미인계를 쓰다 | 조위·신종호 |

125

도 어지간히 빠졌던 모양이다. 매향은 헤어지면서 별로 섭섭한 기색
도 없이,

"하시는 대로 따르겠나이다."

하며 실룩샐룩 웃었다.

옥매향은 신종호가 떠난 뒤 현령에게 간밤 있었던 일을 고했으며
신바람이 난 현령은 성천 부사에게 이 소식을 득달 같이 알렸다. 성천
부사 또한 기쁨을 감추지 못하며 매향에게 약속한 상금을 내렸다. 이
어 성종 임금에게 봉서를 주달하였더니 비답에 명하기를 그 기생을
치장시켜 한양으로 올려 보내라 하였다. 이리하여 옥매향은 급히 한
양으로 올라가게 되었다.

한편, 그 무렵 신종호도 평안도 일대를 두루 순방하고 한양으로 돌
아와 있었다. 성종 임금은 신종호의 노고를 치하하고 백성의 사정을
모두 듣고 나서 잔치를 베풀었다. 모두들 흥겹게 마시고 놀 때 성종
임금이 신종호에게 물었다.

"평안도는 색향이라 거기에 내려간 소년 관원들이 색을 범하지
않은 자 없다고 들었는데 그대는 어찌 했는고? 본래 색에는 범연
한 사람이니까 다른 사람 같지는 않았을 터이지?"

신종호는 저지른 일을 낱낱이 아뢰지 않을 수 없었다.

일월오악도(日月五岳圖)
임금의 초상인 어진(御眞)을 모신 진전(眞殿)이나 혼전(魂殿) 등에도 비치되었다.

"인명에 관계된 일이 있사와 기생이 아닌 여염집 과부와 상관한 일이 있사옵니다. 벌을 내리시옵소서."

이 말과 함께 신종호가 성천에서 일어났던 일을 세세히 아뢰었다. 그 자리에는 조위도 끼어 있었다.

성종 임금은 신종호의 말을 끝까지 듣더니 박장대소하며 손을 들어 해와 달이 그려진 병풍을 치우게 하였다. 그러자 조위가 상관한 궁녀와 신종호가 상관한 과부가 곱게 차리고 있다가 사뿐사뿐 걸어 나왔다. 신종호가 깜짝 놀라 올려다보니 매향은 부끄러워서 고개를 들지 못했다.

성종 임금의 신하 길들이기

성종 임금은 코를 깊이 내리고 부복한 신종호에게 물었다.

"네가 상관한 사람이 분명 저 여자가 틀림없느냐? 너는 기생이 아니라고 하더라만 과부는 계집이 아니더냐?"
"상감마마, 계집인 줄 삼가 아뢰옵니다."

신종호가 대답하자, 성종 임금이 기다렸다는 듯 입을 뗐다.

"너는 인명을 버릴 수 없어 상관했다 그런 말인고? 그리하면 조위의 경우와 무엇이 다른고?"

신종호는 비로소 성종 임금의 뜻을 알고 얼굴이 붉어졌다.
성종 임금은 그제야 영문을 몰라 멍하니 있는 제신들에게 그간의 자초지종을 들려주기 시작했다. 제신들은 모두 입을 가리고 웃음을 참느라 힘든 모습이었다.
이어서 성종 임금이 조위와 신종호에게 부드럽게 일렀다.

"이 두 여자는 너희 주인에게 각각 맡길 터인 즉 서로 화목하게 지냄으로써 중매를 선 과인으로 하여금 무색하지 않도록 하라."

임금은 두 여인에게 후하게 상금을 내렸다.

성종 임금은 가슴이 넓은 군주답게 매사를 처리함이 이와 같았다고 하니 조정과 백성은 항상 편안했고, 희망이 있었을 것이다.

조위와 신종호는 서로 마주 보았다. 신종호는 전날 성종 임금에게 고변한 일이 부끄러워 조위에게 깊이 사과했고, 조위는 만약 사정이 바뀌었다면 자신도 그렇게 했을 것이라며 미안함을 표시했다. 이와 함께 나라에 더욱 충성하자고 다짐했다. 이렇게 흐뭇한 광경을 지켜보던 성종 임금과 제신들은 장차 나라의 충신이 될 그들을 높이 치하하였다.

역사는 성종 임금을 가리켜 성군이라 하며, 조위와 신종호 역시 모자람 없는 신하로서 할 일을 열심히 하다 세상을 떠난 사람들이라고 적고 있다.

남은 이야기

임금의 전폭적인 믿음과 관심 속에서 배필을 맞이한 신종호와 조위는 어떤 사람들이며, 이후 어떻게 살았는지 알아보는 것 또한 유익하리라 생각한다. 두 사람의 일생을 간략하게 더듬어 보기로 한다.

평안도 의주부 지도

순천부 지도

점필재집(佔畢齊集)
조선 전기의 문신 김종직의 문집.
1493년 제자 조위에 의하여 편집
되었고, 1497년 정석견에 의하여
최초로 간행되었으나 무오사화로
세상에 전하여질 수 없었다.

조위는 1454년(단종 2)에 태어나 50세 때인 1503년(연산군 9) 의주에서 순천으로 유배되었다가 배소에서 죽은 아까운 인재이다. 천하의 폭군 연산 시절에 제대로 목숨을 부지한 신하는 그리 많지 않다는 사실을 조위가 다시 한 번 증명해 보인 셈이었다.

조위의 본관은 창녕이고, 현감 조계문의 아들로 자는 태허太虛, 호는 매계梅溪, 시호는 문장文莊이며 관직은 호조 참판이었다.

1474년(성종 5)에 무년문과에 병과로 급제, 1476년(성종 7)에 사가독서를 한 뒤 1479년(성종 10)에 영안도(현 함경도) 경차관이 되었다. 여러 차례 시제에서 장원하여 문명을 떨쳤고, 성종의 극진한 총애를 받아 검토관, 시독관 등으로 경연에 나갔다. 1485년 노모를 봉양하려고 사직을 원했으나 허락받지 못했다. 고향의 수령인 함양 군수로 나가 선정을 베풀어 수차 임금으로부터 상을 받기도 했다.

1491년(성종 22)에 동부승지, 도승지를 역임했다. 1493년(성종 24) 나

이 40세 되던 해 호조 참판이 되고, 이어 충청도 관찰사로 나갔다. 1495년(연산군 1)에 대사성으로 지춘추관사가 되어 '성종실록'을 편찬할 때 사관 김일손이 그들의 스승인 김종직이 쓴 조의제문弔義帝文을 사초에 수록하여 올리자 원문대로 받아들여 편찬케 했다.

　이어 동지중추사로 부총관을 겸직하고 1498년(연산군 4) 성절사로 명나라에 갔다가 귀국 도중 때마침 일어난 무오사화로 의주에서 잡혀 투옥되었으나 이극균의 극간으로 선왕 성종의 총신이라 하여 죽음을 면하고 순천으로 이배된 후 배소에서 죽었다.

　성리학의 대가로서 당시 사림 대학자로 추앙되었고, 김종직과 더불어 신진사류의 지도자였다. 박학 여문의 문사로서 문하에 제자가 많았다고 역사는 기록하고 있다. 또한 조위는 개인적으로 김종직 선생의 처남이 된다. 조위의 작품으로는 조선 시대 유배 가사의 효시인 「만분

사씨남정기(謝氏南正記)
조선 후기에 김만중이 지은 고전소설.

신숙주 초상

가」萬憤歌가 있다. 이 작품은 숙종 때 서포 김만중의 「구운몽」九雲夢과 「사씨남정기」謝氏南征記에 큰 영향을 주었다.

한편 조위 못지않은 총애를 성종으로부터 받은 신종호는 1456년(세조 2) 태어나서 조위와 마찬가지로 1497년(연산군 3) 42세의 젊은 나이로 세상을 떠난 사람이다. 본관은 고령이고, 영의정 신숙주의 손자이며, 신주의 아들이다. 자는 차소次韶, 호는 삼괴당이다.

동국여지승람(東國輿地勝覽)
조선 성종 때 편찬한 관찬 지리서.

1474년(성종 5)에 성균관시에 수석 합격, 1480년(성종 11) 문과에 장원급제 후 부응교가 되고 다시 중시(3년 간격으로 보던 가장 격이 높은 시험)에 장원급제하였다. 이처럼 연거푸 급제한 일은 세상에서 과거가 시작된 후 일찍이 없던 일이라 했다.

대사헌에 있을 때 북호(오랑캐)의 변경 침범 사건으로 논쟁하다가 영의정을 모욕했다 하여 파면되기도 하였다. 당시 동지중추부사, 병조, 예조 참판을 거쳐 경기도 관찰사가 되어 한발로 흉년을 맞아 굶어 죽는 백성의 구호에 노력했다. 다시 예조 참판, 동지춘추관사가 되었다. 1497년(연산군 3)에 병을 무릅쓰고 하정사로 명나라에 갔다가 돌아오던 길에 개성에서 죽었다.

문장, 시, 글씨에 모두 일가를 이루었던 사람이다. 성종 17년 '여지승람'을 김종직과 함께 편찬한 공으로 상을 받았고, 성종의 명으로 요동에서 한어를 습득한 명문장이기도 하였던 사람이다.

신종호의 혈통, 고령 신씨

고령 신씨의 역사는 아주 오래되었다. 그 연원을 캐 들어가다 보면 대가야국을 만나게 되기 때문이다. 즉, 고령 신씨의 시조가 대가야국의 호족이자 신라의 공족 출신이라는 것이다.

그러나 이는 어디까지나 그럴싸한 추측에 불과할 뿐 문헌상 기록이 남아 있는 고령 신씨의 시조는 고려 중엽, 고종 때 향리로 문과에 급제하여 검교 군기감에 오른 신성용이다.

신성용 이전에는 대대로 고령에서 지내며 호장(아전)을 지내왔으므로 그의 후손들이 본관을 고령으로 하고 있다. 시조 1세 신성용부터 대대로 문과에 급제해 일약 명문으로 등장했다. 조선조 전반기에는 고령 신씨가 전성기를 누리기도 하였다.

고령 신씨를 명문으로 이끈 성용의 4세 손 신덕린은 당대 제일의 명필가였으며 절대 권력을 잡고 난무하게 놀던 신돈의 잘못을 여러 차례 지적하고 공민왕에게 간하기도 한 사람이다. 그러나 공민왕은 신

신덕린(申德隣)의 글씨
조선 중기의 문신. 보물 제526호.

덕린의 말에 귀 기울이지 않았다. 모든 일에 희망이 없음을 깨달은 신덕린은 아들 포시를 데리고 숨어 살았다. 썩어 빠진 고려의 정치에 염증을 느낀 탓이었으리라.

그러나 이성계가 역성혁명으로 세상을 바꾸려 할 때 신덕린은 협력하지 않고 동지 50여 가구와 함께 두류산(지리산)으로 숨어들었다. 후에 그는 다시 광주 서석산으로 옮겨 가 살았다.

신용개 초상

야은 길재, 목은 이색, 포은 정몽주, 도은 이숭인, 교은 정이오와 함께 고려 말 6은으로 불리었다. 호촌이라 불린 아들 포시와 함께 두문동 72현에도 꼽혔다. 신덕린은 글씨에 뛰어나 그의 글자 체를 덕인체라 했으며 해동필첩에도 명필가로 실려 있다.

호촌 포시는 장, 평, 제 아들 3형제를 두었는데 이들로부터 고령 신씨 3대 파가 형성된다.

맏아들 신장은 초대 집현전 제학으로 세종의 총애를 받은 집현전 학사들의 스승이기도 했고, 초서와 예서에서는 당대 제일 명필가라는 소리를 들었다. 그는 슬하에 맹주, 중주, 숙주, 송주, 말주 5형제를 두었다. 이들은 모두 문과에 급제한 영광을 얻었다.

이로부터 숙주를 포함한 숙주의 손자 신용개, 신익상 3정승과 3문형(대제학), 이외에도 91명의 문과 급제자를 배출한 축복받은 씨족이다.

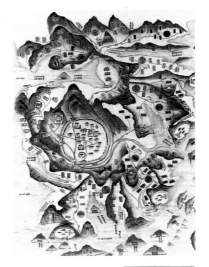
흥양현(고흥) 지도

포시의 둘째 아들 신평은 사간원의 정언으로 있다가 요절한 아까운 문재였다. 그의 셋째 딸이 함안 윤씨 윤기견에게 출가하여 연산군의 생모 윤비(폐비 윤씨)를 낳았다. 당쟁에 희생되어 윤비가 사약을 받자, 외가인 고령 신씨들도 죄인 아닌 죄인이 되어 많은 집안이 벼슬을 버리고 향리에서 은둔 생활을 했다.

셋째 아들 신제는 사헌부 감찰을 지냈는데 그의 손자 석이 무오사화를 피해 전라도 고흥으로 들어가 자리를 잡았다.

신장 묘비 (경기도 파주)

후손 여량, 여극이 무과에 진출해 무인 가문의 전통을 세우고 한 파를 이루었는데 감찰공파가 바로

석북집(石北集)
조선 후기의 문인 신광수의 문집.

그들이다.

조선조에서 고령 신씨를 반석 위에 올려놓은 인물은 역시 보한재 신숙주이다. 그는 1417년(태종 17) 나주 오룡동에서 암헌공 신장의 셋째 아들로 태어나 22세에 문과에 급제하고 27세에는 통신사 변효문의 서장관으로 일본에 다녀와 국익에 큰 보탬을 주었다.

미인도(美人圖)
조선 후기의 화가 신윤복이 그린 대표적 미인도. 비단 바탕에 수묵 담채.

당대를 살면서 정치적인 비난을 받아 곤경에 처한 일도 많았지만 빼어난 학자며 문사로서 세종과 세조의 특별한 사랑을 받기도 하였다.

그 외에도 성종 때 이조 참판을 지낸 신숙주의 넷째 아들 정澂 대사헌을 지낸 다섯째 준浚 등 수많은 벼슬관을 배출했다. 특히, 조선 영조 때 석북 신광수는 거작 '관산융마關山戎馬(공령시功令詩(과거 때 쓰는 시체). 등악양루탄관산융마登岳陽樓歎關山戎馬를 자유 리듬에 얹어 부른 노래로 악량루에 올라 탄식한 시인 두보의 글귀가 많이 인용되어 있다)를 지어 중국의 대학자 백거이에 비견되던 대시인이었다.

신채호(申采浩)
1880(고종 17)~1936. 조선
말기 일제강점기의 역사가,
언론인, 독립운동가.

신채호 선생의 친필

　신광수의 동생 광연과 광하 그리고 여동생 부용당도 문장에 뛰어나 4남매 시인으로 유명하다. 풍속화를 그린 유명한 신윤복과 실학자 신경준도 두드러진 인물이었다.

　근대 인물로는 독립운동가 신규식과 사학자 신채호 등을 들 수 있다. 이들은 나라의 반석이 되어 준 사람들이다. 물론 자기 직분을 다하지 못해 국가에 큰 피해를 준 신성모 같은 사람도 있다.

| 신종호의 가계 |

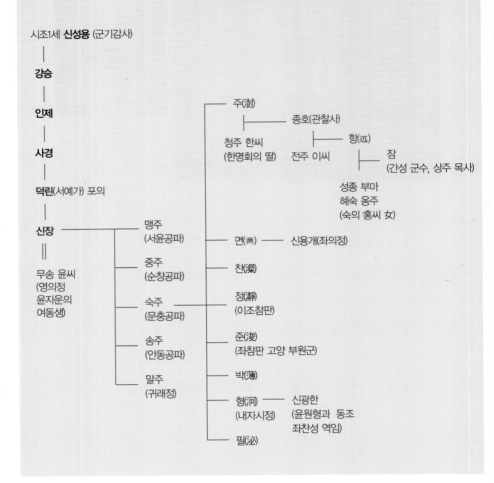

시조1세 **신성용** (군기감사)
|
강승
|
인제
|
사경
|
덕린(서예가) 포의
|
신장 ── 맹주 (서윤공파)
‖   ── 중주 (순창공파)
무송 윤씨   ── 숙주 (문충공파)
(영의정   ── 송주 (안동공파)
윤자운의   ── 말주 (귀래정)
여동생)

주(澍) ── 종호(관찰사)
청주 한씨   ┬── 항(沆)
(한명회의 딸) 전주 이씨   ── 잠
                          (간성 군수, 상주 목사)
                성종 부마
                혜숙 옹주
                (숙의 홍씨 女)

── 면(沔) ── 신용개(좌의정)
── 찬(澯)
── 정(瀞) (이조참판)
── 준(浚) (좌참판 고양 부원군)
── 박(薄)
── 형(泂) ── 신광한
   (내자시정) (윤원형과 동조 좌찬성 역임)
── 필(泌)

옥당 소년 신종호의 묘소를 찾아서

11월로 접어들면서 눈에 띄게 바람 끝이 차가워졌다. 그러나 차창문을 열어 놓았음에도 필자의 얼굴에 와 닿는 가을바람은 훈풍인 양포근하기만 했다.

오늘은 옥당 소년이라 불리며 성종 임금에게 아낌없는 사랑을 받은삼괴당三魁堂 신종호 선생의 묘소를 찾아 나선 길이다. 사람을 가리켜감정의 동물이라고 했던가. 삼척동자도 이미 다 아는 말을 새삼스레꺼내는 이유는 여느 때와는 비교도 되지 않을 정도로 역사 기행에 나서는 필자의 마음이 가벼운 까닭이었다.

사실 역사에 오점을 남기며 모진 인생을 살다가 돌아간 옛사람의묘소를 찾아갈 때면 필자의 마음도 덩달아 거칠어지거나 무거워지곤했었다. 그런데 오늘은 깃털처럼 가볍기만 하다. 충성스러운데다 곧

고 강직하며 인간다운 삶을 산 신종호 선생을 만나러 가는 길이라 그런 모양이었다.

선생의 묘소가 있는 경기도 구리시 교문동 절골은 서울 사람들이 나들이 삼아 잠깐 다녀올 만한 거리였다. 필자는 어느새 가을 옷으로 모두 갈아입은 산천의 단풍과 오른쪽으로 보이는 시원한 한강을 눈요기 삼아 이따금 기웃거리며 천천히 자동차를 몰았다.

선생은 천하 명당에 앉아

워커힐을 지나 구리시를 바라고 한동안 가다 보니 신종호 선생의 묘소 입구임을 알리는 표석이 나타났다. 신종호 선생에 이어 내일 새벽에는 경상도 김천 땅에 유택을 마련한 조위 선생을 만나고 올 생각이었다. 왕명을 어겨 가면서까지 보잘것없는 궁녀와 기생의 목숨을 구하고자 불륜을 저지른 두 사람의 생애를 돌이켜 생각해 보는 사이 자동차는 묘소로 올라가는 길 앞에 도착해 있었다.

묘소 전경을 담을 사진기와 자료 기록용 수첩 및 필기구를 챙겨들고 필자는 서둘러 산을 오르기 시작했다.

얼마나 걸었을까. 푸른 곰솔 숲을 등진 채 아담하게 자리한 선생의 묘소가 나왔다. 묘는 남쪽을 향하고 있었으며 봉분 측후방으로는 큼직한 사성이 있었다. 봉분에는 대나무와 난초 등을 새긴 호석을 둘러쳤고, 봉분 앞에는 묘비가 대좌 위에 가지런히 놓여 있었다. 묘 바로

앞에 고태스러운 묘갈이 자리를 지키
고 있었는데 500년 남짓한 세월 때문
인지 마멸이 심하여 글씨를 잘 알아볼
수 없을 정도였다.

신종호 묘비

필자는 선생의 흔적을 모두 담았다.

묘갈 바로 앞에 혼유석, 상석, 향로
석이 있었는데 혼유석은 같은 크기의
돌을 좌우로 두 개 놓았고, 정방형으로
된 네 개의 받침석 위에 걸방석이 놓였
으며, 상석은 그 위에 육중하게 얹혀
있었다. 안타깝게도 상석 앞에 있는 향로석은 최근의 석물이었다.

팔작지붕형의 지붕돌을 올린 키 작은 장명등 옆에 서서 묘소를 살
피던 필자는 무덤 양쪽에 세워진 망주석과 문인석까지 모두 둘러본
다음에야 1541년(중종 36)에 세웠다는 묘비 쪽으로 다가가 안에 적힌
내용을 읽어 보았다.

가선대부예조참판겸동지경연춘추관사예문관제학세자우부빈객신공
정부인이씨합장지묘

嘉善大夫禮曹參判兼同知經筵春秋館事藝文館提學世子右副賓客申公
貞夫人李氏合葬之墓

묘비에 적힌 내용 그대로 신종호 선생과 배위인 전주 이씨의 합장

묘였다. 필자는 상석 우측에 우뚝 솟은 또 하나의 묘비를 살폈다. 1987년에 후손이 세웠다는 그 묘비에 적힌 내용 또한 크게 다를 바가 없었다.

묘소와 석물들을 모두 둘러보고 나서 필자는 봉분 앞으로 가서 섰다.

'군신 간의 관계가 최고의 가치로 통용되던 그 시대에 선생과 저 멀리 김천 땅에 유택을 마련한 조위 선생은 생명 존중의 높은 가치를 몸소 실천한 위대한 분들입니다. 참으로 선생이 존경스럽고, 그 빛나는 정신을 대대손손 이어가야 하겠다는 마음뿐입니다. 편히 쉬십시오.'

경건한 마음으로 참배를 마친 필자는 돌아서서 묘 주변의 경치를 둘러보았다. 그런데 다음 순간 "아!" 하는 탄성이 필자의 입에서 저절로 나왔다. 풍수에 대해 잘은 모르지만 이곳이야말로 명당이 분명하다는 생각이 든 까닭이었다.

한강은 500년 후에도 유유히 흐르리

뒤로 아차산을 등지고 앞으로는 한강이 굽이치듯 흘러가니 전형적인 배산임수의 지형이었다. 게다가 대부분의 명당이 그러하듯 묘소에 가만히 서 있으려니 몸과 마음이 저절로 편안해 지면서 정신마저 맑아졌다.

필자는 삼괴당 신종호 선생이
머물기에 손색이 없는 장소라고
여기며 천천히 걸어가 한강이 훤
히 내려다보이는 장소에 섰다.

조위 묘 주변 풍경 (배산임수 지형)

2008년을 기준으로 선생이 이
승에서의 삶을 마감한 지도 511
년째를 맞고 있다. 선생은 숨을
거둘 때 511년 후에 이처럼 이름 없는 후세인 하나가 찾아와 자신을
우대하며 그 빛나는 삶을 추억해 주리라 예상하지 못했을 것이다. 사
람이 세상에 태어나 이름을 길이 남긴다는 것은 어느 모로 보나 영광
스러운 일이 분명하다.

그러나 간절하게 원한다고 해서 누구나 영광스러운 이름을 역사에
남길 수는 없는 일이다. 그걸 알기에 최소한 역사에 오점을 남기는 삶
만은 살지 말자는 것이 필자의 평소 지론이었다.

100년 후, 500년 후에도 저 앞에 보이는 한강은 유유하게 흘러갈 것
이다. 그 시대의 주인공들인 우리 후세에게 보잘 것 없는 선현이라는
평가를 받아서는 안 되겠다는 생각이다.

그러자면 인간 된 도리를 철저하게 지켜나가는 길을 생각하자. 그
리고 인륜을 알고 도리를 지키는 사람이 되자. 필자는 주문을 외우듯
중얼거리며 서둘러 산을 내려오기 시작했다. 내일은 새벽같이 신종
호 선생과 쌍벽을 이룬 조위 선생의 혼령을 찾아 뵙기 위해 떠나야 하
기에.

충신 석학 조위의 혼령을 찾아

장난꾸러기처럼 한데 어우러져 놀던 촉촉한 이슬과 짙은 물안개가 부챗살같이 퍼진 햇살에 쫓기듯 사라져 가는 이른 아침 경부고속도로. 다소 가당찮아 보이지만 경부고속도로의 나이를 굳이 따져 본다면 2008년 기준으로 마흔두 살이 되었다. 그간 수억만 대의 차량이 지나다닌 까닭인지 상처 난 곳이 한두 군데가 아니었다. 그러나 경부고속도로는 아직도 우리나라 산업의 동맥 역할을 무난히 수행하고 있었다.

필자는 경부고속도로를 주행할 때면 항상 감회가 깊어진다. 국위

베트남에서 필자 (사진 중앙)

선양과 이익 증대라는 국가 시책에 따라 필자는 1967년 백마 부대 소속으로 베트남에 파병된 바 있었다. 이때 흘린 필자의 젊은 땀과 피가 이곳 경부고속도로 어디쯤엔가 젖어 있다고 생각하니 감회가 남다를 수밖에 없었다.

오늘은 충신이자 석학으로 이름 높았던 조위 선생의 혼령과 체백이 경상도 김천에 머물고 있다 하여 590리 길을 나선 참이었다. 김천은

조선 태종 때에는 김산金山이라 했고, 후에 김산 · 개령 · 지례를 합하여 지금의 이름을 얻었다.

추풍령 노래비
경부선 국도 4호선 추풍령 고개 정상에 있는 추풍령 노래비.

몇 시간 달리다 보니 충북 황간이라는 안내판이 보였다. 충북 영동으로 들어선 셈이었다. 필자는 추풍령秋風嶺을 바라고 내처 달려갔다.

추풍령은 경상도와 충청도의 경계를 짓는 소백산맥에 딸린 재인데 높이는 200미터에 불과하지만 지정학적으로는 매우 중요한 곳이다. 필자만의 느낌인지는 몰라도 추풍령이라는 이름만 들으면 마음이 스산해지곤 한다. 추풍秋風이라니! 그런데 옛사람들은 추풍령을 두고 허기진 고개라 하였다. 먹는 것이 충분하지 않았던 시절 200미터나 되는 고개를 넘다 보면 속이 금방 꺼지기도 했을 것이다.

역사 속에 나타난 추풍령의 이름을 살펴보면 「대동여지도」에는 추풍秋風이라 했고, 「신동국여지승람」에는 추풍역秋風驛으로 되어 있다. 한편 고대 진한 · 마한 · 변한 · 신라 · 백제 때에는 이곳이 국경으로 된 적도 있었는데 지금은 경부고속도로의 최고 지점으로 측후소測候所까지 설치되어 있었다. 차에서 잠시 내려 천천히 거닐다 보니 여행객들이 한숨 돌려 가는 휴게소에서는 추풍령의 애환과 한스러움을 엮어 지은 노래가 끝없이 흘러나오고 있었다.

매계구거 현판

구름도 자고 가고 바람도 쉬어 가는

추풍령 굽이마다 한 많은 사연

흘러간 그 세월을 뒤돌아보며

주름진 그 얼굴에 이슬이 맺혀

그 모습 흐렸구나 추풍령 고개

기적도 숨이 차서 목메어 울고 가는

추풍령 굽이마다 싸늘한 철길

떠나간 아쉬움이 뼈에 사무쳐

거칠은 두 뺨 위에 눈물이 어려

그 모습 흐렸구나 추풍령 고개

조위 선생 집 마당에 있는 배롱(백일홍) 나무

　추풍령을 병풍 삼으며 따뜻한 남쪽을 향해 자리 잡은 김천은 사방 어느 곳을 보아도 축복 받은 땅이 분명했다. 토질이 비옥한데다 숲은 울창하고 공기마저 맑은 고장이니 말이다.

　필자는 김천에 도착하자마자 조위 선생의 후손을 만났다. 그의 안내로 묘소를 둘러보기로 했던 것이다. 바쁜 시간을 쪼개 안내를 해주겠다고 나선 그분에게 얼마나 미안했는지 모른다.

　수인사가 끝나고 그와 함께 처음 찾아간 곳은 매계 조위 선생이 옛날에 기거했다는 집이었다. 매계구거梅溪舊居란 현판이 붙은 것을 보니 매계 선생의 숨결이 피부에 와 닿는 것만 같았다.

　집은 지은 지 오래되진 않았지만 꼿꼿하기 이를 데 없는 매계 선생의 정신을 이어 놓은 듯 매우 간결하면서도 운치가 있었다. 필자는 마당에 심어 놓은 배롱(백일홍)나무가 참으로 절묘하다고 생각하며 천천히 다가갔다.

간간히 불어오는 가을바람이 선선했다. 배롱나무 밑은 이런저런 생각에 잠기기 딱 알맞은 장소였다. 이곳에서 매계 선생은 충신의 길을, 석학의 길을 걸어가고자 촌음을 아끼며 정진했으리라.

우리 민족의 미래라고 할 젊은이들이 이 집에 많이 찾아와 일찍이 인생 경영의 큰 뜻을 세운 선생의 정신을 배워 갔으면 좋겠다는 생각이 들었다.

계절이 계절인 만큼 낮 길이가 짧아 음산한 바람과 함께 어둠이 금방 내렸다. 매계 선생의 자취가 서린 집을 둘러보고 나서 다른 곳으로 이동하려 하였지만 오늘의 기행은 여기서 접는 수밖에 없었다. 2008년 11월 2일 일요일이 서서히 기울어 가고 있었다.

이튿날 아침, 필자에게 매계 선생의 후손이 다시 찾아왔다. 오늘도 안내를 해주겠다는 말에 필자는 미안하기도 하고 고맙기도 하여 몸 둘 바를 몰랐다. 그러나 선생의 후손은 안내를 해주는 것이 당연하다는 태도였다.

"우리 할아버님을 뵈오려고 손님께서 찾아오셨는데 저희가 모시는 것이 당연하지요."

창녕 조씨 명문가의 후손은 어디가 달라도 다르구나, 하는 생각을 해보며 필자는 매계 선생의 묘소를 찾아 길을 떠났다.

묘소로 가는 동안 궁금한 것들이 참으로 많았다. 특히 지역 명을 정확하게 몰라 답답했는데 안내를 받는 입장에 이것저것 캐물을 수가 없어 그냥 지나쳐야만 했다.

그런데 묘소 1킬로미터 전방 낮은 언덕에 이르니 선생의 묘소를 알리는 표석이 우람하게 서 있었다. 비록 잘 다듬어 놓지는 않았지만 생전 선생의 풍채만큼이나 우람하고 곧은 오석(검은 돌)이 참으로 아름다워 보였다. 필자는 표석 앞에 서서 예서체로 새겨 놓은 글씨를 살펴보았다.

매계 조위 선생 묘역

문장공매계조선생묘역 文莊公梅溪曺先生墓域

예서체라서 그런지는 몰라도 정감이 가는 글씨였다. 그런데 그 옆에 작은 글씨로 '십오대 손 익환 입석十五代孫翊煥立石'이라고 적어 놓은 것을 확인한 순간 필자는 눈살을 찌푸렸다. 필자의 상식으로는 '代' 대신 '世'로 표기하는 것이 옳아 보였기 때문이다.

묘소와 묘비를 살펴보았더니

묘소는 멀리 남쪽 산자락을 안산으로 하고 있었다. 제일 상단에는

조위 선생 어머니 묘비   조위 선생 부인 묘비

선생의 아버지 조계문曺繼門의 묘비가 서 있었다. '증가선대부이조참판행울진현령창녕조공휘계문지묘계좌'라 적힌 현대식 묘비였는데 아무리 다시 봐도 오래된 묘비보다는 품위가 떨어지는 것 같았다.

바로 옆 언덕엔 '정부인문화유씨 지묘貞夫人文化柳氏之墓'라 새겨 놓은 선생의 어머니 묘비가 있었다. 그런데 이 묘소에는 좀 특이한 역사가 있다고 한다. 부인의 사후 580여 년이 지난 지금에 와서야 묘지명이 발견되었다고 하니 말이다. 당시에는 벼슬아치들도 묘지명이 없는 경우가 많았는데 유씨 부인은 그것이 있었다 하니 매계 선생의 효심이 얼마나 지극했는지 알 것 같았다.

매계 선생의 묘소는 아버지 계문의 묘하에 바로 있었다. 고태스런 옛 비는 우측, 또 한쪽에는 오석으로 만든 묘비가 있었는데 '문장공매계조선생휘위지묘文莊公梅溪曺先生諱偉之墓'라 했고, 바로 아래쪽에는 '정부인평산신씨지묘貞夫人平山申氏之墓'라 적힌 부인의 묘가 있었다. 그리고 묘 봉분 바로 앞에는 늙은 빗돌 하나가 이제는 할 일을 다 했다는 듯 편안하게 누워 있었다.

부관참시를 당하다

때를 잘못 만난 탓에 부관참시剖棺斬屍를 당한 선생의 혼령이 억울함을 호소하는 까닭인지 묘소 근처에는 쌀랑한 가을바람이 간단없이 일고 있었다. 필자는 묘소를 살펴보고 나서 잠시 매계 선생의 일생 중 어두운 부분만 가려내어 더듬어 보았다.

조의제문(弔義帝文)
조선 성종 때 세조의 왕위 찬탈을 풍자해 김종직이 지은 글.

점필재 佔畢齋 김종직金宗直이 매계 조위 선생의 자형 姉兄이라는 것은 세상이 다 아는 사실이다. 선생은 김종직의 제자이기도 했는데 1498년(연산군 4)에 성절사聖節使로 명나라에 다녀오던 중에 무오사화가 일어나자 목숨을 위협받는 신세가 되었다. 김종직이 지은 조의제문弔義帝文이 문제였다. 김종직의 시고詩稿를 수찬한 장본인이 선생이라는 사실을 알고 격노한 연산군은 선생이 사신 의무를 끝내고 압록강을 도강하면 즉시 처단하라는 어명을 내렸다.

그러나 재상 이극균李克均이 이에 반대하고 나섰다.

> "선왕께서 가장 아끼고 사랑하던 충신을 처형하는 것은 도리가 아닌 줄 아옵니다. 전하, 통촉하여 주옵소서."

전라도 순천부 지도

이처럼 이극균이 극구 간언하는 바람에 선생은 죽음을 면하고 한양까지 압송되었으며 장형杖刑을 받은 뒤에 다시 의주로 유배 가게 되었다. 그 후 1500년(연산 6) 의주에서 전라도 순천으로 유배지가 옮겨졌고 그곳에서 피를 토하듯 글을 쓰고, 억울함을 토로하다가 1503년에 이르러 숨을 거두었다.

억울하게 죽임 당한 원혼들이 널려 있다시피 한 연산 시절이었지만 매계 조위 선생의 죽음이야말로 조선의 크나큰 손실이 아닐 수 없었다. 그런데 매계 선생의 고난은 그게 다가 아니었다. 이듬해 12월에 갑자사화가 일어나자 전일의 죄를 추록한다고 하며 선생의 무덤을 파헤쳐 부관참시 했으며, 찢긴 시신을 묘 앞에 뿌려 놓고는 3일간 장사 지내지 못하게 하였던 것이다.

선생의 비참한 말년을 떠올려 보는 사이 필자는 뭉클하게 밀려든

매계 조위 선생 묘비　　　　　　　　　조위 선생 옛날 묘비 (경북 김천)

비통함을 이겨내지 못하고 기침을 연거푸 토해냈다. 선왕 성종 시절
에는 조선의 살아 있는 석학으로 인정받으며 충성된 길만을 걸어온
선생이었다. 그쯤 되면 자만에 빠져들어 안하무인이 될 만도 하건만
본문에서 이미 확인했듯 선생은 한낱 이름 없는 궁녀의 목숨을 구하
고자 임금의 권위에 도전하며 궁녀와 상간함으로써 씻을 수 없는 강
상죄를 저질렀다. 인간의 생명, 인간의 존엄성보다 중한 것은 없다는
선생의 따뜻하고 빛나는 정신은 수백 년 세월이 지난 지금까지도 퇴
색되지 않고 있다.

　필자는 선생의 묘소를 떠나기 전, 묘전에 서서 조용히 눈을 감았다.
그리곤 선생의 명복을 빌면서 그 빛나는 정신이 후세에도 이어져 사
람들 사이에 정이 흐르는 참세상이 하루빨리 도래하기를 간절한 심정
으로 빌었다.

조위 선생이 세상에 남긴 작품들

만분가(萬憤歌)

이름난 석학이었던 만큼 매계 조위 선생은 생전에 많은 글을 지었다. 그러나 무오사화를 겪으면서 선생의 유고는 거의 다 인멸되고 현재 남은 것은 『매계집』 5권뿐이다. 1, 2, 3권은 시이고, 4권만 문文이며, 나머지 한 권은 선생에 관련된 친교 간의 작품들이다. 아래에 소개할 글들은 매계 선생이 순천 유배지에서 지은 작품들이다. 선생의 시는 현재 300수 정도가 남아 있는데 그중 주옥같은 작품 3수를 엄선하여 소개하는 것으로 이번 기행을 마무리할까 한다.

❶ 만분가萬憤歌

만분가는 1498년(연산군 4) 매계 조위 선생이 무오사화에서 간신히 죽음을 면하고 전라도 순천으로 유배되었을 때 지은 가사歌辭이다. 슬픔과 원통함을 선왕 성종에게 하소연하는 심정을 읊었는데 이것은 한국 최초의 유배가사流配歌辭이기도 하다.

작품 속의 지은이는 천상에 사는 사람이었는데 죄 아닌 죄를 짓고 간신히 죽음을 면한 뒤 하계로 추방되었다. 지은이는 귀양살이하는 원통함을 옥황상제로 비유된 상왕 성종에게 하소연하고 있다. 작품의 가의歌意를 살펴보면 송강 정철의 사미인곡에 영향을 주었으리라 추측된다.

만분가는 임을 잃은 여성을 서정적 자아로 설정하여 충신연군지사忠臣戀君之辭의 형상을 취하는 한편 만분가라는 제목에서 알 수 있듯 유배 당한 현실에 대한 발분의 정서를 아울러 표출하고 있다.

여기서 우리가 주목해야 할 사항은 당시의 지배 체제이다. 당시 절대 권력을 휘두르는 이는 임금이었고, 백성 된 자들은 왕권에 순응할 때만 고통에서 벗어날 수 있었다는 점이다. 따라서 유배가사라 할지라도 왕권에 도전하는 내용은 없었다. 오히려 왕의 신임을 얻거나 은총을 회복하려는 노력의 일환으로 지은 것이 유배가사라고 보아야 한다. 유배가사의 효시라고 일컬어지는 만분가도 여기서 크게 벗어나지 않는다. 만분가를 함께 감상해 보기로 하자.

천상 백옥경 십이루 어디맨고. 오색운 깊은 곳에 자청전이 가렸으니 구만리 먼 하늘을 꿈이라도 갈똥말똥. 차라리 죽어서 억만 번 변하여 남산 늦은 봄에 두견의 넋이 되여, 이화 가지 위에 밤낮으로 못 울거든 삼청동리에 저문 하늘 구름 되어, 바람에 흘리날아 자미궁에 날아올라 옥황 향한 전에 지척에 나아 앉아, 흉중에 쌓인 말씀 실컷 사뢰리라. 아아 이내 몸이 천지 간에 늦게 나니. 황하수 맑다마는 초객의 후신인가 상심도 가이없고 가태부의 넋이런가. 한숨은 무슨 일고. 형강은 고향이라 십년을 유락하니 백구와 벗이 되어, 함께 놀자 하였더니 어르는 듯 파는 듯 남 없는 임을 만나, 금화성 백옥당의 꿈조차 향기롭다.
옥색 실이 이음 짧아 임의 옷을 못하여도, 바다 같은 임의 은혜 추호나
갚으리라. 백옥 같은 이내 마음 임 위하여 지키고 있었더니, 장안 어젯
밤에 무서리 섞여 치니 일 모 수 죽에 취수도 냉박하다. 유란을 꺾어 쥐
고 임 계신 데 바라보니 약수 가로놓여 구름길이 허마구나. 다 썩은 닭
의 얼굴 첫맛도 채 몰라서, 초췌한 이 얼굴이 임 그려 이리 되었구나.
천층랑 한가운데 백 척간에 올랐더니, 무단한 양각 풍이 환해 중
에 억만장 못에 빠져 하늘 땅을 모르겠도다. 노나라 흐린 술에 한
단이 무슨 죄며, 진인이 취한 잔에 월인이 무슨 탓인가.
성문 모진 불에 옥석이 함께 타니, 뜰 앞에 심은 난이 반이나 이울
었구나. 오동 저문비에 외기러기 울고 갈데, 관산 만 리 길이 눈에
암암 밟히듯 첨염시 고쳐 읊고 팔도 한을 스쳐보니 화산에 우는
새야 이별도 괴로워라.
망부산전에 석양이 거이로다. 기다리고 바라다가 안력이 다했던
가. 낙화는 말이 없고 벽창이 어두우니 입 노란 새끼 새들 어미도
그리는구나. 팔월 추풍이 떠 집을 거두니, 빈 깃에 쌓인 알이 수화
를 못 면하도다. 팔월 추풍이 떠집을 거두니 입 노란 새끼 새들 어
미도 그리는구나. 팔월 추풍이 떠집을 거두니 빈 깃에 쌓인 알이
수화를 못 면하도다. 생리사별을 한 몸에 혼자 맡아, 삼천장 백발
이 일야에 길고도 길구나. 풍파에 헌 배 타고 함께 놀던 저 무리들
아, 강 천지는 해에 주즙舟楫이나 무량한가.
밀거니 당기거니 염예티를 겨우 지나, 만리 붕정을 머얼리 견주더니.

바람에 다 부치어 흑룡강에 떨어진 듯. 천지 가이없고 어안이 무정하니, 옥 같은 면목을 그리다가 말련는고. 매화나 보내고자 역로를 바라보니, 옥량 명월을 예 보던 낯빛인 듯. 양춘을 언제 볼까 눈 비를 혼자 맞아, 벽해 넓은 가에 넋조차 흩어지니. 낭의 긴소매를 누굴 위하여 적시는고.

태상칠위 분이 옥진군자 명이시니, 천상남루에 생 적을 울리시며, 직하북풍의 사명을 벗기실까. 죽기도 명이요 살기도 하나리니. 진채지액을 성인도 못 면하며, 누설비죄를 군자인들 어이하리. 오월비상이 눈물로 어리는 듯. 삼년 대한도 원기로 되었도다. 초수남관이 고금에 한둘이며, 백발환상에 서러운 일도 하도 많다. 건곤이 병이 들어 혼돈이 죽은 후에, 하늘이 침음할 듯 관색 성이 비치는 듯.

고정 의국에 원분만 쌓였으니, 차라리 할미같이 눈감고 지내고자. 창창막막 하야 못 믿을 손 조화로다. 어러나 저러나 하늘을 원방할까. 도척도 성히 놀고 배이도 아사하니. 동릉이 높을 손가 수양산이 낮은 걸까. 남아 삼십 편에 의론도 또한 많구나. 남가의 지난 꿈을 생각하면 싫고도 미워라. 고국송추를 꿈에 가 만져 보고 선인들의 구묘를 깬 후에 생각하니.

구곡간장이 굽이굽이 끊어졌구나. 장해 음운에 백주에 끊어지니, 호남 어느 곳이 귀역의 연수런지. 이매망량이 실컷가에, 백옥은 무슨 일로 청승의 깃이 되고. 북풍에 혼자 서서 가없이 우는 뜻을, 하늘같은 우리 임이 전혀 아니 살피시니. 목란추국에 향기로운 탓이런가, 첩여 소군이 박명한 몸이런가. 군 은이 물이 되어 흘러가도 자취 없고. 옥안이 꽃이로되 눈물 가려 못 보겠구나.

이 몸이 녹아져도 옥황상제 처분이라. 녹아지고 죽어지어 혼백조차 흩어지고, 공산에 촉루같이 임자 없이 굴러다니다가, 곤륜산 제일봉에 낙랑장송 되어 있어, 바람비 뿌린 소리 임의 귀에 들리려나. 윤회 만겁하여 금강산 학이 되어, 일만이천 봉에 마음껏 솟아 올라. 가을달 밝은 밤에 두어 소리 슬피 울어. 임의 귀에 드리기도 옥황상제 처분이라. 한이 부리 되고 눈물로 가지 삼아, 임의 집 창밖에 외나무 매화 되어, 설환에 혼자 피어 참변에 이우는 듯. 월중소영이 임의 옷에 빛이거던. 어여뿐 이 얼굴을 너로구나 반기실까. 동풍이 유정하여 암향을 불어올려.

고결한 이내 생 게 죽림에나 부치고저. 빈 낚싯대 비껴 들고 빈 배를 혼자 띄워 백구 건너 저어 건덕궁에 가고 지고. 그래도 한마음은 위궐에 달려 있어. 내몸은 누역 속에 임 향한 꿈을 깨어, 일편 장안을 일 하에 바라보고. 외로 머뭇거리며 옳이 머뭇거리며. 이 몸의 탓이련가 이 몸이 전혀 몰라. 전도 막막하니 물을 길이 전혀 없다. 복희씨 육십사괘 천지만물 섬긴 뜻을, 주공을 꿈에 뵈어 자세히 여쭙고저. 하늘이 높고 높아 말 없이 높은 뜻을, 구름 위에 나는 새에 네 아니 알겠더냐. 아아 이네 가슴 산이 되고 돌이 되어 어디어디 쌓였으며, 비가 되고 물이 되어 어디어디 울며 갈까. 아무나 이네 뜻 곧 알이 있으면, 백세교유百世教諭 만세상강萬世霜降 하리이다.

❷ 반월성半月城

彎彎半月蚊川曲	만만반월문천곡	굽이진 반월성엔 문천내가 둘렸는데
廢城正對南山麓	폐성정대남산록	무너진 옛 성터는 남산 기슭 마주보네
羅王宮殿盡爲盡	라왕궁전진위진	화려한 신라 궁전 먼지 되어 사라지고
碧草芊芊走芊勒	벽초천천주천륵	푸른 풀 우거진 데 사슴 떼만 놀아나네
林雅啼散夕陽紅	림아제산석양홍	숲속에 갈가마귀 석양빛에 흩어지고
潺潺溪流咽寒玉	양양계류인한옥	시냇물 찰랑찰랑 찬 옥일듯 얼어에네
我來彷徨雙涕垂	아래방황쌍체수	내 어이 여기 와서 눈물지며 방황하나
獨立東風凝遠目	독립동풍응원목	동풍에 홀로 서서 그 옛날을 응시하네
陽山白馬去無踪	양산백마거무종	백마는 양산 아래 알을 낳고 가러비고
閼井神龍不再浴	알정신룡부재욕	알영정 계룡신은 다시 목욕 아니 오네
拾七萬戶隋飛烟	십칠만호수비연	옛 서울 십칠만 호 연기처럼 사라지고
六祖雲仍不可錄	육조운급불가록	육촌조 후예들은 기록조차 못 찾겠네
千年王氣漠然消	천년왕기막연소	아득한 천년 왕기 광음 속에 사라지고
地老天荒但陵谷	지노천황단능곡	땅 늙고 하늘 변해 다만 등록 남아 있네
欲弔江山擧酒盃	욕조강산거주배	이 강산 조상코자 술잔 들어 달래나니
激烈悲歌震林木	격렬비가진림목	터지는 슬픈 노래 나무 숲도 흐느끼네
嗚嗚齊唱後庭花	명명제창후정화	후정화 함께 불러 노래 소리 구슬픈데
檀板瑤箏雜豪竹	단판요쟁잡호죽	쟁 치고 장단 치고 피리 불어 흥 돋구네
歸來還過五陵路	귀래환과오릉로	되돌아오는 길에 오릉 무덤 지나는데
似聽蕭蕭鬼夜哭	사청소소귀야곡	밤 귀신 울음소리 구슬프게 들리는 듯

❸ 밀대상춘密臺賞春 (을밀대 봄 구경)

荒臺峨峨錦繡山	황대아아금수산	거친 언덕바지 금수산은 높이 솟고
斷崖斗絶臨江灣	단애두절임강만	우뚝한 낭떠러지 강 허리에 멈춰섰네
一夜東風花似錦	일야동풍화사금	하룻밤 샛바람에 꽃은 피어 비단인 체
烟光草色春班班	연광초색춘반반	내걷힌 풀밭에는 봄빛이 아롱졌네
流光鼎鼎如飛鳥	류광정정여비조	세월은 흘러흘러 날새처럼 지나가고
滿眼韶華十分好	만안소화십분호	봄 운치 눈에 가득 흐뭇토록 좋을시고
明朝携酒擬重尋	명조휴주의중심	새 아침 술을 걸러 다시 찾는 이 강산은
却恐花殘春己老	각공화잔춘기노	아마도 꽃은 지고 봄도 이미 늙을세라

❹ 부벽완월浮碧玩月 (부벽루 달 구경)

半空高棟翔虹霓	반공고동상홍예	반공에 솟은 기둥 무지개가 걸려 있고
俯瞰大野群山低	부감대야군산저	넓은 들 굽어보니 먼 산은 나직하네
憑欄正値桂輪上	빙난정치계륜상	난간에 의지하여 둥근달을 바라보니
倒浸萬頃靑波藜	도침만경청파려	만상은 유리 속에 거꾸로 잠겼어라
空明上下樣寒碧	공명상하양한벽	싸늘한 물 아래도 밝은 하늘 펼쳐 있고
金影閃剡蘆花白	금영섬섬노화백	금 물결 번쩍이고 여뀌꽃은 희였도다
夜深不禁風露寒	야심불금풍로한	밤에도 궂지 않고 바람 이슬 차가운데
更咽飛仙吹鐵笛	경인비선취철적	신선의 피리 소리 다시 불어 목메이네

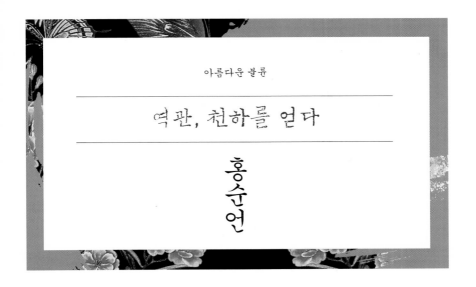

아름다운 블룸

역관, 천하를 얻다

홍순언

우리 민족의 생명의 끈을 이어 준 사람

세계 역사를 아무리 살펴보아도 가장 혹독하고 잔인했던 전쟁은 지금으로부터 417년 전에 이 강토를 피로 물들인 임진왜란 아닌가 싶다.

때는 1592년 4월 14일 새벽, 잔잔하고 평화롭던 부산포 앞바다에 해적 집단 왜인들이 메뚜기 떼처럼 몰려들었다. 당황한 조선 조정은 좌왕우왕 정신을 차리지 못했다. 국력이 날로 쇠약해져 가는 상황에서 맞이한 전란이었기에 조선은 애초부터 왜군과 맞서 싸울 힘이 없었다. 이를 증명하듯 부산포에 발을 디딘 왜군은 온 강토를 피로 물들이며 한양을 향해 파죽지세로 밀고 올라왔다. 이에 선조 임금은 부랴부랴 한양을 버리고 피눈물을 흘리며 임진강을 건너 몽진 길에 올랐다.

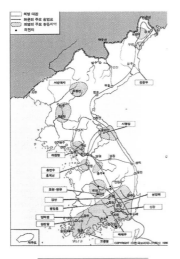

임진왜란 때 의병 항쟁 지역

이런 상황에서 조선의 장수들은 미력하나마 전열을 가다듬어 대항했고, 힘없는 백성 또한 나라를 구하고자 의병이 되어 맞섰다. 그러나 이들의 힘만으로는 전쟁에 이력이 난 왜인 집단을 물리칠 수 없는 상황이었다. 보다 못한 조선 조정에서는 명나라에 구원을 청하기에 이르렀다.

그러나 청나라는 자국의 이해에 따라 들은 척도 하지 않았다. 그렇다고 손을 놓고 앉아 있을 수는 없는 일이라 급한 대로 요동(남만주 요하 동쪽 지방)에 주둔 중인 명나라 장군들에게 속히 들어와 구원해 달라고 졸랐다.

신점 묘비 (경기도 안산)

이때 마침 명나라에 들어가 있던 신점申點(조선 중기 문인)은 왜란이 발발하여 임금이 피난했다는 소식을 듣고는 즉각 명나라 조정에 알렸다. 그러나 앞에서 이미 밝혔듯 명나라는 상국임을 자처하면서도 조선을 구원해 주려 들지 않았다. 여진족이라고도 일컬어지는 후금 세력이 서서히 세를 모아 가는 상황이었기 때문이다. 어찌 보면 국력 손실로 이어질 것이 뻔한 파병 문제에 난색을 표하는 것이 당연했다. 조선이 아무리 다급한 처지에 빠졌다고 해도 말이다.

그런데 아무도 돌아봐 주지 않는 조선의 처지를 자기 일처럼 여기며 적극적으로 파병 문제를 제기함으로써 우리 민족을 위기에서 구한 사람이 있었다. 바로 명나라 병부상서(국방부 장관) 석성石星이었다. 기실 명나라 황제와 그 신하들은 조선을 원조하는 대신 국경 지대인 압록강 이북 지역만 든든하게 지키면 된다고 생각했다.

이런 상황에서 임진왜란 소식을 전해 들은 석성은 명나라 황제와 신하들의 결정을 정면으로 반박하며 조선 파병의 당위성을 주장하였다. 왜국 군사들이 요동 지역까지 쳐들어올 날이 머지않았다는 주장이었다. 병부상서의 주장이었던 까닭에 허술하게 들어 넘길 수 없었던 명나라 황제는 한참만에야 고개를 끄덕이며 파병을 허락해 주었다.

위에서 본 것처럼 석성은 명나라의 대군을 좌지우지할 정도로 막강한 힘을 지닌 벼슬자였다. 그런 그가 무슨 이유로 작은 나라 조선을 적극 두둔하고 나섰던 것일까. 조선의 일개 역관에 불과했던 홍순언에게 은혜를 갚기 위해 그리했다고 하면 좀처럼 믿기 어려울 것이다. 그러나 역사는 분명하게 이야기하고 있다. 다른 사람도 아닌 역관 홍순언의 나라, 조선을 구하고자 석성이 그처럼 적극적으로 조선 파병을 주장했다고.

임하필기林下筆記 제24권에 실린 홍순언에 관한 평을 잠시 살펴보면 '기상이 호협하고 의리를 좋아하였다'고 되어 있다. 호협하고 의리를 좋아했다는 그가 석성과 무슨 일로 어떻게 인연을 맺게 되었는지 궁금하기만 하다.

임하필기(林下筆記)
조선 말기의 문신 이유원의 수록류(隨錄類)를 모아 엮은 책

나랏돈으로 여자를 사다

성호사설(星湖僿說)
조선 후기의 학자 이익(李瀷)이 쓴 책.

강원도 통천부 지도
통주란 강원도(북한) 통천군의 고려 시대 이름.

성호사설星湖僿說 제9권을 읽다 보면 홍순언에 관한 흥미로운 내용이 나온다. 홍순언이 명나라 심양에 갔을 때 양한적養漢的에게 후한 뇌물을 주고, 한 아름다운 창녀를 얻었다는 내용이 바로 그것이다. 여기서 양한적이란 창녀를 길러 값을 받고 파는 사람이라고 보면 된다.

그런데 한 가지 분명하게 짚고 넘어가야 할 사항이 있다. 홍순언은 창녀를 얻었을 뿐이지 결코 취하지 않았다는 점이다. 3백 냥이나 되는 돈을 내주었으면서 홍순언은 대체 무슨 사연이 있어 창녀를 취하지 않았던 것일까.

자못 흥미진진한 이번 이야기는 선조 즉위 초년에 역관 홍순언이 정사正使를 따라 북경으로 가던 중 통주通州에 이르러 하룻밤 쉬게 된 때로 거슬러 올라간다. 홍순언은 고향을 떠난 지 월여月餘일이 넘어 객고가 심했다. 외모는 물론 성격마저 호탕하고 방탕했던 홍순언은 통주 뒷골목의 청루(기생집)를 찾았다. 이 집 저 집 두리번거리다가 청운관靑雲館이라는 곳에서 아름다운 여성이 청초하게 앉아 있는 것을 보게 되었다.

"하오 간디 구냥(호간적고랑 好看的姑娘) 잘생긴 여자로구나."

중국말을 조선말보다 잘하는 역관 홍순언은 이렇게 소리치며 그 집으로 들어섰다. 주인인 뚜쟁이 매파가 어서 들어오라고 반가이 맞아 주었다.

이윽고 2층 넓은 방에 이르자 여러 기생이 하나씩 얼굴을 선뵈고 물러갔다. 그때 홍순언의 눈에 들어온 여자가 있었다. 조금 전, 청운관으로 들어설 때 홍순언이 목격한 바로

소아론(小兒論)
청학역관(清學譯官)을 기르기 위한 청어(清語) 곧 만주어(滿洲語) 교재.

그 여자였다. 여인은 청순하고 아름다운 외양을 갖추었을 뿐 아니라 무슨 사연이 있었는지 소복을 하고 있었다. 홍순언은 소복 차림의 이 여인에게 필경 무슨 사정이 있는 듯하여 앉게 한 후 조용히 말을 건네 보았다.

"여보시오, 색시. 당신은 무슨 사연이 있기에 얼굴에 그리 수심이 가득하오? 게다가 소복 차림이라니. 무슨 연고인지 알고 싶구려."
"죄송하오이다."

여인은 홍순언의 물음엔 대답이 없고 그저 살포시 고개를 숙인 채 죄

송하다는 말만 간신히 토해냈다. 홍순언은 다시 한 번 물었다.

"왜 이런 곳에 나오면서까지 소복을 하였소?"

그제야 여인이 힘겹게 고개를 들며 홍순언을 살폈다.

"소녀는 본래 남쪽 절강성 사람인데, 아버지께서는 북경에서 낮은 벼슬을 하다가 수일 전에 세상을 떠나셨습니다. 어머니와 같이 올라와 아버지의 영구를 모시고 가려던 중 어머니마저 세상을 떠나시고 말았습니다."

여인은 말을 끝맺기도 전에 흐느껴 울었다. 본래 정이 많고 따뜻한 심성을 지닌 홍순언은 부드러운 말로 달래며 어서 더 얘기해 보라고 채근했다. 한참만에야 다소 진정이 되었는지 여인이 말을 이어 갔다.

"스스로 생각하기에도 소녀의 사정은 딱하기 짝이 없사옵니다. 그래서 생각다 못해 이 길을 택한 것이지요. 부모님의 영구를 고향 절강성으로 모셔 가려면 몸을 청루에 파는 수밖에 없었습니다."
"부모에 대한 효심이 극진하오. 그대는 진정 훌륭한 효녀의 표상이오."

홍순언은 감탄을 금치 못했다. 여인이 고개를 가로저었다.

"소녀가 무슨 효녀입니까. 그저 부모님의 유해를 고향 선산에 안
치코자 할 뿐입니다."

홍순언은 문득 궁금해졌다. 여인이 몸값으로 얼마를 받았는지. 하
여 다소 어렵게 물었더니 소녀가 아무리 생각해도 별 이상한 사람을
다 보겠다는 듯 눈을 동그랗게 떴다.

"그런 것을 어찌 알려고 하십니까?"
"그냥 궁금해서 그런다오. 얼마나 받으셨소?"
"한 3백 냥 받긴 하였습니다만……."
"음, 그렇게 되었구려."

홍순언은 생각보다 많다는 표정을 지었다.
주인 매파가 새로 나온 기생이 있다고 선전하며 비싸다고 너스레를
떨던 것이 생각났다.

"그럼, 부모의 장사는 치렀소?"
"아직 돈이 다 되지 않아 모시고 가지 못했나이다."
"그대가 받은 3백 냥만 매파에게 돌려주면 다시 옛날 처녀로 돌아
가 부모의 영구를 모시고 갈 수 있겠소?"
"그 돈이면 넉넉하오이다. 헌데 참 이상하군요. 왜 그런 걸 자꾸
물으시는지……."

홍순언은 어린 여인 곁으로 다가가 머리를 가만히 쓰다듬어 주었다. 순간 여인의 향기가 훅 끼쳐 왔다. 아찔한 느낌에 사로잡힌 홍순언은 새삼 여인의 얼굴을 뜯어보았다. 경국지색이라는 말이 딱 어울릴 정도로 빼어난 미인이었다.

청초한 한 떨기 꽃이 아침 이슬을 머금은 듯 여인은 양쪽 눈에 눈물을 매달고 있었다. 이미 결혼하여 자식까지 둔 처지였으나 홍순언은 객고를 풀고자 이곳에 왔으며 지금이라도 마음만 강하게 다져 먹는다면 이 여인을 하룻밤 품을 수도 있었다. 젊은 몸속에 잠들어 있던 욕망이 들끓듯 일어나 충동질을 했다. 여인을 취해 버리라고. 그러나 홍순언은 이내 안 될 일이라고 생각하며 어린 여인 곁에서 한 발짝 물러섰다.

불귀의 객이 되어 버린 부모님 장례식을 치르고자 자신의 몸을 내던진 이 어린 여자는 얼마나 아름다운가. 또 얼마나 정의로운가. 한순간 홍순언의 가슴 한편이 울컥 저려 왔다. 세상에 남자로 태어나 이런 여자를 돕지 않는다면 어찌 사내대장부라고 할 수 있겠는가.

"그대에게 돈 3백 냥을 줄 터이니 곧 돌아가 부모님의 영구를 모시도록 하시오."

때마침 홍순언의 품에는 공금 3백 냥이 들어 있었다. 그 돈을 망설임 없이 내주자 여인이 놀라며 말했다.

"대인, 내 몸값을 주시는 것이오? 그럼, 나를 데리고 가실 심산이오?"

"아니오. 그냥 주는 것이니 부모님에 효도하도록 하오. 아무리 불한 당이라 한들 어찌 그대 같이 심성 고운 효녀를 건드릴 수 있겠소."

그제야 홍순언의 뜻을 알아차린 여인은 자리에서 일어나 큰절을 올렸다. 그러고는 홍순언에게 물었다.

"대인은 누구시기에 이렇게 많은 돈을 미천한 소녀에게 아무 조건 없이 주시는 겁니까? 훗날 혹시 소녀에게도 좋은 날이 와서 이 큰 은혜를 갚고자 한다면 대인의 성함 정도는 알고 있어야 하지 않겠습니까."

여인은 이름을 가르쳐 달라고 졸랐다.

"이름은 알아 뭐 하겠소. 나중에 돌려받을 생각이었다면 애초에 돈을 주지도 않았을 거요. 그러니 이름 따윈 묻지 말아 주시오."

홍순언은 이렇게 이야기하며 자리에서 일어섰다. 그러자 여인이 달려들어 홍순언을 붙잡고 놓아주지 않았다.

"대인이 성함을 밝히지 않으신다면 소녀는 이 돈을 받지 않겠나이다. 사람이 은혜를 입었으면 고마운 분의 성함 정도는 아는 것이 도리 아니옵니까."

여인은 단호했다. 홍순언은 입맛을 쩝 다셨다.

"정 그러면 조선에서 들어온 홍 역관인 줄만 아시오."
"감사하옵니다, 대인. 소녀는 류씨 성을 쓰는 사족의 부녀이옵니다. 훗날 기회가 닿는다면 소녀의 모든 것을 걸고서라도 은혜를 갚도록 하겠습니다."

여인은 그제야 홍순언을 놓아 주었다.

탄핵을 받고 감옥에 갇혔으나

청루를 나선 홍순언은 밤거리를 휘적휘적 걸으며 너털웃음을 터뜨렸다.

"내가 사람 된 도리를 두 번이나 어겼구나. 아내를 두고 외국에서 불륜을 저지르려 하였으니 첫 번째 죄요, 귀한 돈을 명나라 여자에게 줘 버렸으니 나라에 불충한 죄로다. 이 일로 내 일신이 편치 않겠구나. 허나 꽃다운 여자의 정절을 구했으며, 부모에게 효도하려는 착한 마음을 구했으니 이 또한 의로운 일 아닌가. 이것이 죄가 된다면 그냥 죗값을 받기로 하자."

이렇게 중얼거리며 숙소에 이른 홍순언은 실로 오랜만에 깊고 단
잠에 빠져들었다.

그런데 이튿날 아침이었다. 청루에서 하룻밤을 보내고 숙소로 돌아
온 동료들이 약속이나 한 듯 성을 내며 홍순언을 비웃었다.

"대체 어쩌자고 그런 짓을 저질렀소? 창녀에게 3백 냥이라니, 제
정신이오?"

"뒷수습을 어찌 하려고 저러는지……, 쯧쯧."

홍순언은 비아냥거리는 동료들의 말을
들으면서도 태연했다. 죗값을 치르리라 마
음먹은 뒤끝이라 이상할 정도로 편안했던
것이다. 그렇다 해도 따르는 역관들에게 미
안한 마음이 드는 것은 어쩔 수 없었다. 공
금을 탕진하는 바람에 일행은 겨우겨우 끼
니만 이어가게 되었던 것이다.

홍순언을 포함한 사신 일행이 한양에 도
착한 것은 그로부터 달포가 훨씬 지난 다음

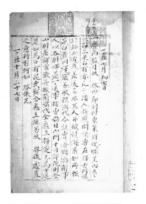

역관상언등록(譯官上言謄錄)
조선 시대 역관의 제도와 인사
등에 관한 글을 모아 놓은 책

이었다. 예상했던 대로 홍순언은 공금을 유용한 죄목으로 옥에 갇히
는 신세가 되었다.

그러나 홍순언은 후회하지 않았다. 백번 다시 생각해 보아도 류씨
성을 쓰는 그 여자를 돕는 것이 옳았다는 판단이었다.

홍순언을 풀어 주라!

조선 시대에 가문의 세계世系(조상으로부터 대대로 내려오는 계통)는 목숨만큼이나 중요한 것으로 인식되었다. 일반 사족의 세계가 그러할진대 임금의 세계는 두 말할 필요도 없었을 것이다.

이인임 영정
이인임(?~1388) 영정. 경상북도 유형문화재 제245호.

그런데 태조 이성계李成桂의 세계가 명나라 『태조실록』과 『대명회전大明會典』에 엉뚱하게 기록되어 있어 조선 조정이 발칵 뒤집혔다. 이성계가 고려의 권신 이인임李仁任의 아들이라고 기록되어 있었으니 말이다. 이 때문에 200년 가까이 시정을 요구하는 조선과 이를 무시하는 명나라 사이에 불편한 관계가 지속되었다. 태조 이성계를 포함한 역대 조선 임금들은 자신들의 세계가 상국 명나라의 기록에 엉뚱하게 기록되어 있으니 않으나 서나 불만이었고, 어떤 희생을 치르더라도 바로잡고 싶었을 것이다.

기실 이성계의 세계가 잘못 기록된 것은 윤이尹彝와 이초李初 때문이었다. 이성계의 정적이었던 이들은 1390년(공양왕 2) 명나라로 도망가서 이성계를 해하려는 목적으로 이태조의 선조는 이인임이라고 주장했다.

그러자 명나라에서는 두 사람의 말만 믿고 『태조실록』과 『대명회전』에 그대로 기록해 놓았다. 이성계가 권신 이인임의 후손이라면 조선 왕통의 정통성은 모래알처럼 허물어질 수밖에 없는 상황이었다. 이에 따라 조선에서는 1394년 6월 황영기黃永奇를 명에 보내 시정을 요구한 것을 시작으로 누차에 걸쳐 사신을 파견하였다.

그러나 1581년(선조 14)에 김계휘金繼輝를 주청사로 파견할 때까지도 명에서는 별다른 움직임이 없었다. 대명회전에 적힌 내용은 명 태조의 말이니 조상의 말씀을 함부로 고칠 수 없다는 것이 명나라의 일관된 태도였다. 다만 조선에서 종계변무를 지속적으로 요구하자 조선 사신들이 그런 요구를 한 적이 있다는 사실만 주註로 달아 주겠다고 마지못해 알려왔을 뿐이었다.

그런데 1584년(선조 17)에 이르러 명나라에서 대명회전과 태조실록을 다시 편찬한다는 소식이 들려왔다. 다시없는 기회라고 여긴 선조 임금은 종계변무사를 파견하기에 앞서 엄중한 분부를 내렸다.

"벌써 2백 년 가까이 내려오며 종계변무가 끝나지 않았으니 이는 역관들이 주선을 잘못해서 그렇게 된 것이다. 이번에 또 그대로 돌아오면 수역首譯(역관의 대표)의 목을 베겠다. 모두들 생각해 보라. 그간 여러 번에 걸쳐 공물을 상납하면서까지 온갖 방법으로 종계변무를 요구했으나 허사 아니었는가. 이번에는 생명을 내걸고 일을 꼭 성사시키도록 하라."

역관들은 누구라고 할 것 없이 목을 움츠렸다. 기실 종계변무를 해

황정욱 신도비 (경기도 파주)

결하고자 역관들은 그동안 다방면에 걸쳐 주선도 해보고 애를 썼다. 하지만 명나라는 꿈쩍도 하지 않았다. 아무리 생각해도 안 될 일이었던 것이다.

그랬기에 역관들은 이번에는 어떡하든 종계변무사와 동행하는 것을 피하고자 눈치를 보았다. 자칫 멋모르고 따라갔다가는 목이 달아날 판이었으니 말이다.

이런 사정이다 보니 모두 수역으로 가기 싫어 발뺌을 했다. 이에 따라 정사 황정욱黃廷彧과 함께 명나라로 들어갈 역관은 쉬 정해지지 않았다.

이때까지도 홍순언은 옥살이를 하고 있었는데 역관들은 아무리 생각해도 홍순언이 가장 만만해 보였다. 옥살이를 하느라 세상 돌아가는 형편을 잘 모를 뿐더러 그러면 혹 종계변무를 성사시킬 만한 수완을 발휘할는지도 모른다고 여긴 것이었다. 급기야 공론이 이렇게 정해지자 나이 많은 역관 표헌表憲이 여러 사람으로부터 돈을 거두어 지난날 홍순언이 탕진한 공금을 물어 주었다.

덕분에 옥사를 면하게 된 홍순언은 역관들이 수역 가기 싫어 자신을 구해 주었다는 사실을 알면서도 싫은 내색 한번 하지 않았다. 사정이야 어찌 됐든 자신이 수역을 가기로 결정된 만큼 사력을 다해 일을 성사시켜야 하리라는 생각뿐이었다.

마침내 홍순언은 정사 황정욱을 따라 길을 떠났다. 4~5년간이나 옥중에서 고생한 탓에 건강이 좋지 않았던 홍순언은 심회가 남달랐다. 몸이 좀 허한 것이 탈이었지만 이제야 사람 사는 것 같아 홀가분했던 것이다.

그런데 북경이 가까워짐에 따라 이상하게도 이번에 홍 역관이 오느냐고 묻는 사람이 많았다. 홍순언은 고개를 갸웃거리며 자신이 바로 홍 역관이라고 대답하곤 하였다.

이윽고 명나라 국경을 통과한 홍순언이 일행과 함께 조양문朝陽門 근처에 당도했을 때였다. 웬 사람이 말을 타고 마주 달려오며 소리소리 질러댔다.

"혹시 홍 역관 님 계십니까?"

다예大爺(아버지)!

홍순언은 물론이고 정사 황정욱마저 깜짝 놀라며 말을 멈추었다. 잠시 후 예의 그 사내가 말에서 펄쩍 뛰어내리더니 다시 소리쳤다.

"홍순언이 어느 분이시오? 예부의 석 시랑石侍郎(육부와 육조의 상서 다음 가는 정4품 벼슬관)께서 홍순언이라는 분이 오신다는 말을 듣고 부인과 함께 성문 밖에서 기다리고 계십니다."

홍순언은 이게 무슨 일인가 싶었다. 석 시랑이라는 벼슬관이 어찌 조선의 일개 역관에 불과한 자신을 기다린단 말인가. 홍순언은 황정욱과 눈길을 주고받은 후에 앞으로 나섰다.

"내가 홍 수역洪首易 순언이오."

그러자 사내가 홍순언 앞으로 달려오더니 예를 갖춰 인사를 올렸다. 그리고는 함께 몰고 온 좋은 말을 내놓으며 공손하게 이야기했다.

"석 시랑께서 홍 역관님을 기다리신 지 오래입니다. 어서 가시지요."

홍순언은 명나라 사람이 정사 황정욱도 있는데 자신에게만 좋은 말을 내주며 공손하기 이를 데 없는 태도를 보이자 민망하여 견딜 재간

이 없었다. 하여 황정욱에게 말을 양보하려 하였지만 어림없었다. 명
나라 사람이 황정욱은 거들떠보지도 않고 홍순언에게만 어서 말을 타
고 가자고 채근했던 것이다.

> "홍 역관, 돌아가는 일이 아무래도 심상치 않아 보이니 어서 가 보
> 도록 하라."

황희 정승의 후손이기도 한 황정욱은 이
정도 일에 시샘을 할 정도로 그릇이 작은 인
물은 아니었다.
황정욱마저 어서 말을 타라며 등을 떠미
니 홍순언은 귀신에 홀린 듯한 기분이었다.

황정욱 초상

> "뭘 잘못 알고 오신 것 아니시오? 석 시
> 랑께서 작은 나라 역관 따위를 어찌 알
> 고 기다리신단 말이오?"
> "저는 홍순언 역관을 모셔 오라는 분부를 받았을 뿐입니다."

홍순언은 하는 수 없이 그가 몰고 온 말에 올랐다.
이윽고 조양문 앞에 당도해 보니 비단 장막이 바람에 휘날리는 가
운데, 젊고 아름다운 부인 하나가 10여 명의 여종을 거느린 채 초조하
게 기다리는 모습이 보였다. 석 시랑이 대체 어디 있다는 이야긴가 궁

금하여 홍순언은 주변을 두리번거렸다. 그런데 이게 웬일인가.

"다예大爺(아버지)!"

여종들을 거느린 조금 전의 그 아리따운 귀부인이 홍순언에게 달려오며 이렇게 외쳐댔다. 홍순언은 흠칫 놀라 말에서 내렸다.

"다예!"

다시 한 번 아버지라고 외치며 다가온 귀부인은 눈물까지 글썽이며 홍순언의 손을 잡았다.

"부, 부인……. 사람을 잘못 보신 것 같습니다. 전……."

분명 명나라 말로 이야기하고 있었건만 부인은 홍순언의 말을 들었는지 말았는지 그저 눈물을 흘리며 죽었다 살아 돌아온 아버지를 반기듯 좋아 어쩔 줄을 몰랐다.

"다예, 자초지종은 저기 보이는 장막 안으로 들어가서 하기로 해요. 어서 이리로……."

홍순언의 손을 꼭 그러쥔 채 귀부인이 고급 비단 장막 쪽으로 한사코 끌어당겼다. 홍순언은 어리둥절하며 안으로 따라 들어갔다.

장막 안에는 말 탄 사내가 이야기하던 석 시랑이 점잖게 앉아 있었다. 그러나 그 또한 홍순언이 나타나자마자 부리나케 자리에서 일어서며 공손하게 읍하는 것이 아닌가. 홍순언은 당황하여 석성에게 얼른 중국식으로 인사를 올렸다.

"왜들 이러시는지 도통 모르겠습니다. 사람을 잘못 보신 듯하니 그저 민망할 따름입니다."

"아닙니다. 귀하는 지난날 청루에서 어린 소녀에게 베푼 일을 잊었단 말입니까?"

홍순언은 아차 싶어 귀부인을 돌아보았다. 그때의 그 어린 소녀가 자신이라는 듯 귀부인이 고개를 끄덕이며 웃고 있었다. 그러고 보니 경국지색이라는 말이 딱 들어맞을 정도로 아름답던 소녀의 모습이 귀부인의 얼굴에 그대로 남아 있었다. 홍순언은 웃어야 할지 말아야 할지 모를 정도로 반가우면서도 왠지 모르게 어색했다.

그때 석성이 다시 말문을 열었다.

"귀하가 구해 주신 여인이 나의 계실(둘째 부인)이 되었소. 그때 그대가 구해 주시지 않았다면 나의 오늘은 없었을 겁니다. 진심으로 감사드립니다."

"부인께서 이처럼 훌륭한 어른을 만나 행복하게 살고 계시니 한

량없이 기쁠 따름입니다. 하지만 그때 제가 행한 일은 은혜라고 할 것도 없습니다. 부모님을 생각하는 부인의 마음이 하도 애절하여 약간의 재물을 내드린 것뿐이니까요."

"홍 역관, 그 일 때문에 그대가 옥살이까지 했다는 것을 알고 있습니다. 어찌 은혜가 아니란 말씀이십니까. 어서 이리 올라오시지요."

석성이 상좌를 가리키며 어서 앉으라고 권했다. 그러나 안 될 일이었다. 어찌 자신이 상석에 앉는단 말인가. 하여 극구 사양했지만 석성이 강제로 끌어다 앉히니 어쩔 도리가 없었다.

"홍 역관, 오늘은 우리 안사람이 보은報恩하는 절을 올릴 터이니 민망타 사양치 말아 주십시오."

깜짝 놀란 홍순언은 부인에게 받는 절만은 사양할 생각이었다. 그러나 부인이 틈도 주지 않고 다가와 절을 하는 바람에 어정쩡하게 맞절을 하고 말았다.

부인의 절이 끝나자마자 바로 계속하여 보은연報恩宴이라고 이름 붙인 연회가 열렸다. 그 자리에는 명나라의 높은 벼슬관들이 빠짐없이 다 모였다.

그런데 술자리가 어느 정도 무르익었을 때였다. 석성이 돌연 홍순언을 돌아보며 큰 소리로 물었다.

"홍 역관께서 이번에는 무슨 용건으로 우리나라에 오셨소?"

석성의 목소리가 워낙 커서 그랬는지 좌중의 시선이 홍순언에게 모여들었다.

이때만 해도 홍순언은 눈치채지 못했다. 홍순언이 명나라에 온 까닭을 석성이 훤히 알고 있었다는 사실을.

"제가 명나라에 온 것은 종계변무 때문입니다."

홍순언이 차분하게 대답하자, 석성의 말이 바로 이어졌다.

"아, 그것 말이오? 그 일은 마침 내 소관이랍니다. 그러니 역관께서는 염려하지 말고 우리 집에서 며칠만 묵어 주십시오. 조선의 2백 년 숙원을 풀어 드리리다."

석성은 명나라 관리들의 반대를 염두에 두고 이처럼 모두 모인 자리에서 보은연을 베풀고, 홍순언에게 종계변무를 해결해 주리라 약속한 것이었다. 홍순언의 미담을 전해 들은 관리들은 어느 한 사람도 종계변무를 반대하지 않았다.

보은단報恩緞에 아로새긴 부인의 정성

2백 년 조선의 숙원이 하루아침에 해결될 상황이니 황정욱을 위시한 조선의 사신들은 그야말로 축제 분위기에 휩싸였다. 조선의 은인이니 만큼 석성이 원하는 일이면 무엇이든 들어 주어야 할 상황이었던 것이다.

그러나 홍순언은 자신의 집에서 묵어 달라는 석성의 청을 두 번 세 번 거절하였다. 대접이 너무 융숭하여 옥하관玉河關(사신이 묵는 곳)에 서 지내는 것이 편하다는 이유에서였다. 그러나 류씨 부인의 간절한 소원이니 거절하지 말라는 석성의 거듭된 요구를 끝내 물리칠 수가 없었다. 하여 홍순언은 첫날만 옥하관에서 묵고 이튿날부터는 거처를 석성의 집으로 옮겼다. 한 달 남짓 석성의 집에 머무는 동안 류씨 부 인은 지극 정성으로 홍순언을 보살폈다.

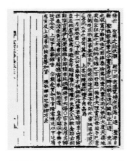

선조실록 17년 갑신(1584, 만력 12) / 11월 1일(계유)
종계변무사 황정욱과 홍순 언 등이 『회전(會典)』 가운데 개정한 전문(全文)을 받아 가지고 돌아오자 죄인을 사 면하고 상을 내렸다는 내용 이 실려 있음.

마침내 그토록 소망하던 종계변무가 성사 되고 홍순원 일행이 조선으로 돌아가는 날이 되었다. 작별 인사를 할 때 류씨 부인은 섭섭 함이 지나쳐 눈물마저 글썽이며 명나라에 다 시 방문할 일이 있으면 자신의 집에서 묵어 달라고 간청했다. 홍순언은 류씨의 정성에 감복한 나머지 그러마고 대답했다.

"이것은 지난날 제가 다예의 은혜를 생각하며 손수 짠 비단입니다. 보잘것없지만 받아 주십시오."

류씨 부인이 홍순언에게 자개가 박힌 작은 함 열 개를 선물로 주었다. 홍순언은 극구 사양하였다. 그러나 부인이 사람을 시켜 압록강 국경까지 옮겨다 주는 바람에 어쩔 수 없이 열 개의 자개함을 조선으로 가져왔다.

한양으로 돌아와 열어 보니 함마다 각각 좋은 비단이 열 필씩 들어 있고, 비단 끝에는 보은이라는 두 글자가 아로새겨져 있었다. 기실 이 비단은 류씨 부인이 해마다 봄이면 누에를 기르고 손수 길쌈을 하여 짠 것이었다. 지난날 자신에게 베푼 홍순언의 은혜를 잊지 않으려는 부인의 정성과 바른 마음이 애틋하기만 했다.

통문관지(通文館志)
조선 시대 사역원의 내력과 고대로부터 외국과의 통교에 관한 사적 및 의절 등의 사실을 수록한 책

한편, 홍순언은 종계변무를 완수한 공으로 광국공신光國功臣에 녹훈되었으며 당릉군唐綾君(당나라 홍씨계 후손이었기에 당릉군이라 함)에 봉해지는 영광을 안았다.

이처럼 흥미롭고 따뜻한 홍순언에 관한 일화는 통문관지通文館志에 자세히 실려 있다.

나라가 풀지 못한 매듭 역관이 풀었다네

봉작을 받은 당릉군은 거의 해마다 북경에 들어가 석성의 대접을 받았다. 임진란이 나던 해에도 그는 명나라에 들어가 있었는데 때마

공신 이름	책록된 해와 공적	등급			
		1등	2등	3등	4등
광국공신	종계변무의 공 1590년(선조 23) 책록	윤근수尹根壽	홍성민洪聖民	기대승奇大升	
		황정욱黃廷彧	이후백李後白	김주金澍	
		유홍俞泓	윤두수尹斗壽	이양원李陽元	
			한응인韓應寅	황림黃琳	
			윤섬尹暹	윤탁연尹卓然	
			윤형尹泂	정철鄭澈	
			홍순언洪純彦	이산해李山海	
				유성룡柳成龍	
				최황崔滉	

침 왜란이 발발했다는 소식을 듣고는 마침 병부상서로 있던 석성에게 원병을 청하였다. 그러자 석성이 이같이 말했다.

"귀국에 왜병이 쳐들어와 임금이 피난까지 했다고 하여도 우리 조정에서는 조금도 급하게 생각하지 않으니 참으로 딱한 일이오."
"그래도 어찌하겠습니까. 대인의 힘으로 구원하도록 해 주세요."

홍순언은 간절하게 매달렸다. 그 모습을 가만히 지켜보던 석성이 다시 말을 이었다.

"좋소. 구원을 요청해 보도록 하겠소. 조선에서도 사신을 다시 보

정곤수(鄭崑壽) 묘역 (경기도 파주 민통선 內)

정곤수 영정

　내 청병해야 할 것이오."

　일이 이렇게 돌아가자 조선 조정에서는 부랴부랴 대사간(언론을 왕에
게 상주하는 관리. 정3품) 정곤수鄭崑壽를 구원 사신으로 보냈다. 이에 석
성이 적극적으로 주선하고 정곤수가 명나라로 달려와 울며 졸라대니
요동 부총병 조승훈祖承訓과 선봉장 사유史儒를 조선으로 보내 주었다.
　전국시대를 거치면서 군사적으로 막강한 힘을 갖춘 일본의 총공격
이었기에 조선은 바람 앞의 등불이나 진배없는 상황이었다. 이때 만
약 중인 계급에 불과한 홍순언이 닦아 놓은 인연이 없었더라면 조선

이라는 나라는 지도상에서 사라졌을지도 모를 일이었다. 당시 명나라에서는 조선으로 군사를 파병하는 일을 놓고 의견이 분분했다. 그러나 공교롭게도 병부상서를 맡은 석성의 강력한 주장으로 원병을 파견하기에 이르렀던 것이다.

원병이 도착하면서 임진왜란은 새로운 국면으로 접어들었고, 결국 조선은 절체절명의 위기를 가까스로 극복할 수 있었다.

그러나 홍순언을 위해 조선을 적극적으로 두둔했던 석성에게 오래지 않아 불행이 찾아왔다. 임진왜란 당시 조선을 돕느라 병력과 국력을 소모한 결과 중국 대륙에서 새롭게 일어선 청나라와의 전투에서 패함으로써 명나라는 역사 속으로 사라지게 되었던 것이다. 명나라 조정에서는 이에 앞서 국력 소모와 패전의 책임을 물어 석성을 옥에 가두었다. 이때 석성과 가까이 지내던 사람들은 조선 조정으로 달려와 석성을 구원해 달라고 간청했다. 그러나 당쟁이 날로 심화되어 가던 시절이라 조선에서는 석성을 미처 구원할 수 없었고, 그 결과 석성은 그만 옥사하고 말았다.

불륜도 때론 아름답다

사랑이 무엇이냐고 물으면 대부분의 사람들은 가족이나 연인에 대한 사랑을 떠올린다. 이웃이나 국가, 인류에 대한 사랑은 그 다음이다. 이렇게 대상을 먼저 떠올린 후에 사람들은 저마다의 사랑관을 피력할 것이다.

자제력이 있고 상황 판단 능력이 뛰어났던 역관 홍순언은 처음 청루에 들렀을 때는 노독도 풀고 여인의 향기에 맘껏 취해 보려는 욕망에 사로잡혀 있었다. 그러나 홍순언은 류씨 부인의 안타까운 사연을 접하고는 사람이 사람을 위할 줄 아는 진정한 사랑을 실천에 옮겼다.

국당배어(菊堂排語)
조선 중기의 문신 정태제(鄭泰齊)의 잡록. 역관 홍순언에 관한 일화가 실려 있다.

커다란 연못 둑을 한 삽의 흙으로 막는다고 했던가. 매번 선행이 또 다른 선행으로 돌아오지는 않지만 홍순언의 고결한 사랑은 조선의 오랜 숙원이었던 종계변무 해결과 전란에 휩싸인 조국 구원이라는 결과로 이어졌다.

기실 홍순언은 아름다운 류씨 부인을 청루에서 만났을 때 갈등했을 것이다. 역관 처지에 경국지색이라 할 만한 여인을 언제 또 품어 볼 것인가. 그리하여 그는 그녀의 사정쯤은 무시해 버리고 일신의 쾌락부터 챙기고 싶었을 것이다.

그러나 그의 양심은 불륜 행각을 용납하지 않았다. 그것은 자신에게 화가 되어 돌아오더라도 류씨 부인을 구해야 한다는 양심의 울림 같은 것이었다.

양심의 울림을 외면하지 않고 선행을 베푼 그에게는 나랏돈을 탕진했다는 손가락질이 기다리고 있었다. 세상 사람들의 눈으로 보면 그는 신하 된 도리를 저버린 죄인이었다.

앞에서 우리는 불륜에 대해 정의 내린 바 있다. 사람으로서 마땅히 지켜야 할 도리에서 벗어난 행위를 불륜이라고 하였다. 그렇다면 홍순언은 한 집안의 가장으로서 불륜을 저지를 뻔하였으며, 국가의 중요한 업무를 맡은 역관으로서 씻을 수 없는 불륜을 저지른 셈이었다.

그러나 그의 불륜은 얼마나 아름다운가!

잃어버린 선현의 혼백을 찾아서

언젠가 기억상실에 걸린 사람을 본 적이 있다. 거울에 나타난 자신의 형상만 볼 수 있을 뿐 그가 기억하는 지난날은 하얀 백지처럼 아무것도 없었다. 단순하게 생각하면 과거의 기억이 단절되었다 해도 일상생활에는 별반 장애가 없을 것처럼 보였다.

과거에 집착하기보다 앞만 보고 달려가는 것이 요즘 사람들이 이야기하는 올바른 처세일 테니 말이다. 그러나 그는 현재의 생활에도 몰입하지 못했고, 장차 자신이 어디로 무엇을 위해 가야 하는지도 몰랐다. 그저 허공에 붕 뜬 사람처럼 허우적거릴 뿐이었다.

우리나라, 우리 민족의 과거는 역사라는 이름으로 기록되어 있으며 문화유산의 형태로 우리가 살아가는 공간 속에 존재하고 있다. 그것들은 우리의 현재와 미래를 든든하게 받쳐 주는 버팀목이다. 역사 기록과 문화유산이 곧 우리가 기억해야 할 과거이기 때문이다. 그것을 잃었을 때 우리는 기억상실에 걸린 사람처럼 현재의 생활에 몰입하지 못하고, 허공에 붕 뜬 사람처럼 허우적거리며 살아갈 수밖에 없다.

그런데 주변을 둘러보면 우리 역사, 우리 문화를 홀대하다 못해 현실적 이익을 위해 깔아뭉개거나 없애 버리려고 으르렁거리는 사람들을 자주 발견하게 된다. 그간 개발이라는 미명 하에 희생시킨 문화유산이 얼마이며, 우리의 무관심과 부주의로 인해 잃어버린 정신적 유산이 얼마나 많았던가.

그나마 다행인 것은 우리 역사, 우리 문화의 중요성이 날이 갈수록 높아지고 있다는 점이다. 그러나 아직은 많이 부족하다. 우리 모두의 자각과 분발이 필요한 때인 것이다.

필자는 이틀 전 조선 시대 최고의 역관 홍순언 선생을 만나 보고자 기행 길에 올랐다. 그날 필자는 우리 문화유산 보존 실태의 심각성을 새삼 느꼈으며, 이곳저곳 묘소를 찾아 헤매다가 울분만 가슴 가득 안고 돌아와야 했다.

세상 천지에 우리처럼 자신의 과거를 부정하고 업신여기는 민족은 다시없을 터였다. 잃어버린 선생의 혼백을 찾아내고자 좌충우돌 헤매고 다닌 필자의 분투기를 읽으면서 역사와 문화유산을 대하는 우리의 자세를 다시금 돌아보는 기회가 되었으면 좋겠다는 바람이다.

선생의 묘소는 어디로 사라졌을까?

필자는 기행을 떠나기 전, 남양 홍씨 화수회에 연락하여 묻기도 하였고 조선왕조실록과 각종 문헌들을 이 잡듯 뒤지며 홍순언 선생의 묘소 위치를 알아내고자 애썼다. 그러나 모두 수포로 돌아갔다. 뚝섬에 묘소가 있었다는 말만 전해질 뿐, 확실한 위치를 끝내 찾아낼 수 없었던 것이다.

이럴 경우 묘소를 꼭 찾아가야 할 사연이 있다 하더라도 대부분의 사람들은 체념해 버리기 십상이다. 그러나 필자는 어쩔 수 없이 포기해야 할 상황에서도 고집스레 찾아다닌 결과 세상 사람 아무도 알지 못하던 선현의 묘소를 여러 차례 찾아낸 바 있었다.

이번에도 복잡한 미로에 빠진 순간처럼 암담했지만 필자는 입술을 꾹 다물며 길을 나섰다. 필자가 거주하는 삼선동에서 뚝섬까지는 30분이 채 걸리지 않았다. 선생의 묘소를 기필코 찾아내리라 다짐에 다짐을 거듭하며 자동차 속도를 너무 낸 까닭인지도 몰랐다. 이윽고 뚝섬유원지에 자동차를 댄 필자는 보무도 당당하게 걷기 시작했다.

그러나 필자는 열 걸음도 가지 못해서 우뚝 멈춰서고 말았다. 뚝섬 일대가 유원지로 변모했다는 사실은 이미 알고 있었다. 그런데 직접 와서 보니 그 규모가 얼마나 큰지 지레 기가 죽고, 저 차갑고 단단한 콘크리트 바닥에 선생의 유해가 묻혔을지도 모른다는 불길한 생각이 들었다.

바람이 한결 선선해진 초가을의 휴일 오후. 뚝섬유원지에는 아이들

옥갑야화(玉匣夜話)
『열하일기』에 수록된 박지원
이 지은 한문 소설. 여기에
도 홍순원의 의협적인 행동
에 대한 일화가 실려 있다.

을 데리고 나들이 나온 사람들로 복잡하기
이를 데 없었다. 필자는 공연히 심술 난 아이
마냥 오가는 사람들을 불쾌하게 노려보았다.
조선조 200년 숙원이었던 종계변무를 해결하
였으며, 전란에 휩싸인 나라를 구하는 데 결
정적 역할을 한 선현의 묘가 이곳에 묻혀 있
을는지도 모르는데 너나 할 것 없이 히히거
리며 돌아치는 모습이 얄밉게 느껴진 까닭이
었다.

　　"이걸 어쩐다."

　필자는 이러지도 저러지도 못하고 발만 동동거리다가 다시 한 번
입술을 꾹 깨물었다. 어딘가에 선생의 묘소가 있다면 찾아내지 못할
이유가 없으리라 생각한 것이다.

뚝섬의 유래

　뚝섬유원지는 말 그대로 뚝섬에 조성해 놓은 현대인의 휴식처였다.
필자는 수영장과 게임장, 선착장, 인공 암벽을 따라 남쪽으로 천천히
걸어가다가 다시 걸음을 멈추고 말았다. 아무리 둘러봐도 선현의 묘

소가 숨어 있을 만한 곳은 없었다. 북쪽으로 가 보아도 상황은 크게 다르지 않을 것 같았다. 이곳이 깊은 산중이라면 희망을 가지고 헤매 보기라도 하겠으나 애초에 가능성이 손톱 끝만큼도 보이지 않았던 것이다.

그래도 필자는 잠실대교 북단을 바라고 시름없이 걷기 시작했다. 주말을 맞아 축구장에서 공을 쫓으며 소리소리 질러대는 직장인들, 자연학습장이랍시고 인공적으로 꾸며 놓은 꽃밭에서 손을 꼭 잡은 채 이리 기웃 저리 기웃 하는 부모와 자식들…….

문득 저들 중에 이곳 뚝섬의 역사를 대강이나마 아는 이가 있을까 궁금해졌다. 아마 뚝섬이 왜 뚝섬인지도 모르는 이들이 대부분일 것이다. 이곳 유원지 어느 한 켠에 그런 내용을 정리하여 일반인들이 볼 수 있도록 해 놓았을 수도 있겠으나 필자가 보기에는 그 정도 정성의 손길이 미쳤을 것 같지는 않았다. 하여 필자는 보잘 것 없는 졸고에나마 뚝섬의 역사를 밝혀 놓아야겠다고 마음먹었다.

고릿적에는 한양 동쪽에 있다 하여 이곳 뚝섬 일대를 동교東郊라고 불렀다. 즉, 동쪽에 있는 들판이라는 뜻이었다. 그러다가 조선 시대에 이르러 임금의 사냥터로 자주 이용되면서 독도라는 이름을 얻었다. 보통 임금이 군사를 사열하거나 사냥을 나가면 호위 병사들이 독纛이라는 커다란 깃발을 세웠는데 사람들이 이를 보고 뚝섬 일대를 독도라 부르게 된 것이었다. 그런데 육지와 연결된 지역을 어찌 섬이라 부르게 되었던 것일까. 예나 지금이나 크게 달라지지 않았기에 지도를 보면 알 일이지만 이곳 일대는 중랑천과 한강에 삼면이 둘려 쌓여 있다. 이를 보고 사람들이 섬이라는 호칭을 갖다 붙이면서 '독기를 세웠던 섬' 즉 독도가 된 것이었다. 헌데 독纛은 우리말 발음에 따라 뚝으로 변하여 뚝도라고 불리다가 오늘날의 뚝섬으로 굳어졌다.

원래 뚝섬은 경기도 고양군 뚝도면에 속해 있었다. 그러던 것이 서울로 정식 편입된 때는 1949년이었다. 한때 뚝도 정수장이 있었고, 서울 경마장이 개장되기도 하였으나 2003년 뚝섬 숲 조성 계획에 따라 서울의 숲이 조성되어 현재에 이르고 있다.

흐르는 강물에 염원을 담아

어느덧 필자는 잠실대교가 빤히 바라보이는 곳에 이르러 있었다. 사방 어디를 둘러봐도 묘소의 흔적은 보이지 않았다. 왼편으로는 자양2동 주택단지가 광활하게 펼쳐지고, 오른편으로는 한강이 흐르고 있었기에 상황은 절망적이었다.

"홍순언 역관의 묘소는 뚝섬에서, 아니 서울 땅에서 완벽하게 사라져 버렸다!"

뚝섬 일대를 서너 시간 헤매고 다닌 끝에 필자가 내린 결론이었다. 기실 이곳은 큰물이 지면 강물이 범람할 가능성이 농후했다. 그렇다면 선생의 유택은 빗물에 휩쓸려 간 것일까? 그게 아니라면 사람들의 부주의가 귀중한 문화유산을 삼켜 버린 것이 틀림없었다.

역관은 한 곳에 머물지 않고 이곳저곳 떠도는 사람이었다. 생전 선생의 생애가 그랬던 것처럼 거역할 수 없는 운명이 선생의 천년 유택마저 앗아가 버렸는지도 모를 일이었다. 그것이 사실이라면 선생의 영혼은 이곳저곳 떠돌며 급격하게 변해 가는 산천을 구경하고 있으리라.

어느덧 저녁 해가 소리 없이 흐르는 한강을 붉게 물들이고 있었다. 필자는 강변에 붙박인 듯 멈춰 서서 흘러가는 강물을 지켜보았다. 저 막힘없는 강물처럼 산천을 주유하고 있을 선생의 영혼에 축복이 깃들기를 간절하게 바랐다.

홍순언 선생의 출생지를 찾아서

선생의 묘소를 찾고자 뚝섬에 갔다가 허탕을 친 이후로 필자는 한동안 무력감에 빠져 지냈다. 역사를 소홀히 하고, 선현의 업적을 보듬어 가꾸어 나갈 줄 모르는 민족치고 번영을 누린 예는 없다. 반짝이처럼 일정 기간 부흥기를 맞을 수는 있겠지만 뿌리 없는 민족의 저력이란 모래 위에 세운 성곽과 흡사하여 역사 속으로 허무하게 명멸해 가기 마련이었다.

사람들은 이야기한다. 반만년 유구한 역사를 자랑하는 우리 민족이라고. 정말 그런 것일까? 조국을 위해 위대한 업적을 남긴 선현의 묘소 하나 제대로 보존하지 못하는 민족이 반만년 유구한 역사를 지녔다고 스스로 자랑해도 좋은 것일까?

부끄러웠다. 부끄럽다 못해 분통이 터졌다. 이런 이유로 필자는 며칠 동안 스스로에게 화를 내며 무력감에 빠져들어 있었다.

그러던 어느 날, 필자는 자리를 박차고 일어났다. 남양 홍씨 후손들에게 전화하여 분풀이라도 하지 않으면 못 견딜 지경이었기 때문이다.

그런데 남양 홍씨 후손과 전화를 하는 과정에서 뜻밖의 성과를 얻었다. 선생은 강남구 청담동 출신인데 청담공원내에 그 자취가 남아 있으며, 역관 시절 거주했던 서울 중구 태평로 1가 180번지, 현재의 롯데호텔 동남쪽 인근에도 보은단과 관련된 중요한 표지석이 있다는 정보가 바로 그것이었다.

게다가 필자는 위의 두 가지 정보보다 훨씬 반가운 소식 하나를 연이어 접했다. 홍순언 선생의 묘소를 뚝섬에서 전라도 광주로 이장한 바 있다는 후손의 설명을 들은 것이다.

"아하! 그렇군요. 그렇다면 홍순언 선생님의 묘소는 광주 어디쯤
인가요?"
"그런데 그것이……."

얼마나 놀라고 반가웠던지 필자의 목소리는 가늘게 떨리고 있었다. 그런데 이어진 후손의 대답은 실망스럽기 그지없는 것이었다.

광주로 이장하기는 하였으나 실전失傳되어 알 수 없다는 것이었다. 한순간 맥이 빠진 필자는 후손과 이런저런 이야기를 주고받다가 전화

를 끊었다.

사실 전화를 끊고 났을 때 필자의 가슴엔 두 가지 생각이 오락가락
하고 있었다. 선생의 묘소가 뚝섬에서 범람한 강물에 유실되거나 무
지한 후손에 의해 훼손되지 않았으니 불행 중 다행이라는 생각이 첫
째였고, 실전되었다고는 하나 광주 땅 어딘가에 선생의 묘소가 방치
되어 있을 것이 분명하니 언제고 짬을 내어 탐사해 보리라는 각오 섞
인 생각이 둘째였다.

마음 같아서는 지금 당장 광주로 내려가 열흘이고 한 달이고 선생의
묘소를 찾아다니고 싶었으나 원고 마감 일자가 코앞인 상황이라 홍순
언 선생의 자취가 남은 태평로와 청담동을 다녀오는 것으로 아쉬움을
덜 수밖에 없었다.

11월도 하순으로 접어든 때라 서울의 공기는 싸늘하기만 했다. 태
평로 1가 180번지. 주소를 다시 한 번 상기하며 전철에 오른 필자는
30여 분만에 을지로입구역에 도착했다.

잠시 후 롯데호텔 앞에 당도한 필자는 별 어려움 없이 '고운담골'
이라고 적힌 표석을 찾아낼 수 있었다.

고운담골

임진왜란 때 역관 홍순언이 명나라에 갔을 때
여인을 도와준 일로 보은단이란 글씨를 수놓은 비단을 받았다 하여
보은단골이 고운담골로 변음되었다고 한다.

고은담골 (서울 중구)

　마침내 선생의 생전 흔적이 서린 유서 깊은 장소에 도착했다는 생각에 필자는 한동안 감회에 사로잡혀 있었다. 그러다가 부랴부랴 표석을 사진기에 담고 선생의 혼백과 약속했다. 광주에서 실전되었다는 선생의 묘소를 기필코 찾아내겠다고. 그리하여 선생의 생전 위업이 보다 많은 이에게 알려지고, 참배객의 발길이 그 묘소에 이어지게 하겠다고.

　필자는 곧바로 청담공원을 바라고 길을 떠났다. 한 시간 남짓 헤맨 끝에 공원에 도착한 필자는 다소 실망했다. 고운담골 표석과 크게 다를 바 없는 표석에 누구나 다 아는 선생에 관한 이야기가 간략하게 적혀 있었을 뿐이기 때문이다.

　필자는 표석을 사진기에 담고 허탈한 마음을 달래고자 하늘을 올려다 보았다. 무심한 구름이 둥둥 떠다니고 있었다. 필자의 입에서는 고운담골에서 선생의 혼백과 약속했던 말이 저절로 새어나오고 있었다.

"선생님, 다시 한 번 약속 드립니다. 실전된 선생님의 묘소를 기필코 찾아내겠습니다."

효불효 다리

한 여인의 운명

충청도 음성현 지도

세상에는 실제로 있었던 일이 흔적 없이 묻혀 버리기도 하고, 존재하지 않았던 일이 전설이나 기록으로 남아 떠돌기도 한다. 그렇다고 이제부터 소개할 전설 같은 이야기가 말짱 거짓말이라는 뜻은 아니다. 어찌 됐든 이곳 서울에서 330리 떨어진 충청도 음성에서는 '효불효 다리' 라는 전설 같은 이야기가 현재까지 구전되어 내려오고 있다.

유교가 모든 가치 판단의 기준이었던 조선조 어느 때였다. 넉넉하지는 않지만 단란하게 살아가는 일가족이 있었다. 그런데 그 일가족에게 하루아침에 불행이 닥쳤다. 어느 가정이나 마찬가지일 테지만 가장이 죽자 먹구름이 몰려온 것이다.

무엇보다 어머니는 아들 삼형제를 남겨 놓고 덜컥 세상을 달리한 남편이 원망스러웠다. 그러나 산 사람은 어떡하든 살아가는 모양이었다. 어머니는 아들 삼형제를 보살피며 힘겹게나마 가정생활을 꾸려가고 있었다. 낮이면 남의 집 품팔이에 허리가 휘고, 저녁이면 집안 살림과 자식들 뒷바라지를 하느라 잠시도 짬을 낼 수 없는 생활이었다.

그런데 정신없이 바쁜 농사철이 지나고 가을도 깊어져 초겨울의 문턱으로 들어선 어느 날이었다. 문득 돌아보니 가난과 싸우며 자식 성육에 매달린 지난 세월이 아득하기만 하였다. 어머니는 농한기가 찾아오자 이런저런 생각이 많아졌다. 특히, 군불을 지펴 놓고 따뜻한 아랫목에 누워 잠을 청하려 할 때면 팔다리가 괜스레 뻐근해지면서 남정네의 저돌적인 힘과 손길이 그리워지곤 하였다.

"괜한 생각 말자. 과부로 살아가는 것이 내게 주어진 운명인데 어쩌자고 자꾸 번잡한 생각에 사로잡힌단 말이냐."

이렇게 중얼거리면서 어머니는 가슴 저 밑바닥에서 울려나오는 듯한 신음을 끄응, 내뱉었다.

새벽은 밝아 오건만

그런데 그로부터 여러 날이 지난 어느 새벽이었다.

방이 하나뿐인 집이라 네 모자는 나란히 누워 잠을 자곤 했는데, 한 순간 방문이 조용히 열리는 것이었다. 초겨울이라 아직 얼음이 얼 정 도는 아니었지만 열린 문틈으로 새어든 새벽바람은 정신이 번쩍 날 정도였다. 그 서슬에 잠이 깬 맏아들은 스르륵 눈을 뜨고 방을 살폈 다. 놀랍게도 어머니가 밖에 나갔다가 돌아온 모양이었다.

아들은 모르는 척 다시 눈을 감으며 생각에 잠겼다.

'농한기라 일거리가 없으니까 밤에 품 파는 일을 찾으신 모양이구나.'

농한기에도 마음 편히 쉴 수 없는 어머니가 불쌍하여 맏아들은 눈 물을 삼켰다. 힐끗 눈을 뜨고 어린 동생들 쪽을 살피니 모두가 새벽잠 에 취해 있었다. 그사이 막내 동생 옆으로 가서 누운 어머니는 곤했던 지 가늘게 코를 곯았다.

"어머니……."

맏아들은 어머니를 소리 죽여 부르다가 다시 눈을 감고는 잠을 청 했다.

그런 일이 있고 나서 다시 며칠이 지났다. 밤이 이슥해지자 어머니 는 여느 날과 마찬가지로 곯아떨어진 아이들을 가만히 살피다가 방을 나섰다. 문이 닫히자 자리에서 스르륵 일어나 앉은 맏아들은 어머니 처럼 동생들을 살피고 나서 부리나케 밖으로 나갔다.

맏아들은 어머니가 품팔이 하는 곳이 어디인지, 집에서 얼마나 떨어져 있는지 몹시 궁금했다. 혹 어머니가 하는 품팔이를 도울 수만 있다면 뒤따라가서 돕고 싶은 마음 간절했다.

어머니는 맏아들이 뒤를 밟는다는 사실을 아는지 모르는지 달빛에 젖은 밤길을 바쁘게 걸어가고 있었다. 아들은 어머니에게 들키지 않으려고 일정한 거리를 유지하면서 조심조심 걸었다.

이윽고 낮은 언덕을 넘어선 어머니가 실개천 앞에서 걸음을 멈췄다. 아무래도 저 개천을 건너가야 하는 모양이었다.

"개천엔 다리도 없고, 물이 무척 찰 텐데……."

나무 뒤에 몸을 숨긴 아들은 공연히 애태우며 어머니에게서 시선을 떼지 못했다.

바로 그때 어머니가 짚신을 벗어 들더니 치마를 무릎 위까지 끌어올리고는 조심조심 개천을 건너기 시작했다. 달빛을 받아 파르스름하게 드러난 어머니의 두 다리가 몹시 시려 보였다.

맏아들은 어머니의 시린 다리보다 더 큰 아픔을 느끼고 있었다. 자식들을 먹여 살리기 위해 저처럼 을씨년스러운 밤길과 차가운 물을 마다 않는 어머니의 사랑이 가슴을 저미는 듯해서였다.

그런데 이게 웬일이었을까. 개천을 건넌 어머니가 불도 켜지지 않은 조그만 오두막으로 들어가는 것이 아닌가. 품을 팔려면 부잣집으로 가야 할 텐데 저런 오두막에 무슨 일거리가 있다고 저처럼 서둘러 달려가는지 모를 일이었다. 그러나 맏아들은 개천가에 멈춰선 채 연기처럼 꾸역꾸역 올라오는 의혹을 말끔히 지워내려 애썼다.

오두막으로 들어간 어머니는 먼동이 트려는 시각까지도 나오지 않고 있었다. 기다리다 못한 맏아들이 개천을 건너보려고 하는데 저만치에서 인기척이 들려왔다. 어머니였다.

아들은 얼른 나무 밑으로 달려가 몸을 숨겼다. 그러고는 숨죽이며 기다리다가 어머니가 개천을 다시 건너려 할 때 집으로 먼저 달려가 아무것도 모르는 척 잠자리에 누웠다.

얘들아, 돌다리를 놓아 드리자

그날 이후로도 어머니는 밤만 이슥해지면 집을 나서곤 하였다. 그 모습을 지켜보면서 맏아들은 까닭 모를 상실의 아픔 같은 것을 느꼈다. 기실 맏아들이 겪는 아픔의 실체는 어머니가 멀리 떠나가 버릴지도 모른다는 불안에서 기인했다.

그러한 불안 속에서도 맏아들은 얼음처럼 차가운 물에 다리를 담그곤 하는 어머니가 걱정되었다. 급기야 어머니의 고통을 알면서도 모르는 척하는 것은 자식 된 도리가 아니라고 생각한 맏아들은 깊은 밤이었으나 동생들을 흔들어 깨웠다.

"얘들아, 어머니는 요즘 매일 밤 냇가를 맨발로 건너곤 하신단다.

무엇 때문인지는 모르겠지만 우리 어머니를 위해 다리를 놓아 드리기로 하자."

그제야 어머니가 집에 없다는 사실을 안 동생들은 불안한 얼굴을 감추지 못하면서도 맏아들을 따라나섰다.

이윽고 개천에 도착한 삼형제는 넓고 평평한 돌을 주워와 징검다리를 놓았다. 그런데 다리를 만들다 말고 철없는 두 동생이 좋아라 하며 내를 건너는 것이 아닌가. 그러고는 어머니가 들어갔다는 오두막으로 다가가더니 문틈으로 안을 들여다보았다. 딴에는 어머니가 보고 싶기도 했을 것이다.

멀리서 동생들이 하는 양을 지켜보던 맏아들은 이유 없이 가슴이 덜컥 내려앉았다. 아니나 다를까, 잠시 후 동생들이 이쪽으로 달려오는데 펑펑 울고 있었다.

"형님, 어머니가……. 어머니가……."

동생들이 무슨 말을 하려는지 듣지 않아도 알 것 같았다. 맏아들은 서둘러 동생들의 입을 막았다. 그러고는 그들을 달래며 징검다리를 계속 놓았다.

그런데 동생들이 다리를 놓지 않겠다고 버티는 것이었다. 밤마다 외간 남자와 알몸으로 뒤엉키고 싶어서 내를 건너는 것인데 그런 어머니를 위해 어찌 다리를 놓겠느냐는 것이 동생들의 주장이었다.

맏아들은 잠시 말문이 막혔다. 그러나 맏아들은 곧 사정이야 어찌 되었든 정성껏 받들어 모셔야 할 분이 어머니 아니겠느냐고 소리치며 다시 다리를 놓기 시작했다. 잠시 멀뚱멀뚱 서서 눈물을 훔치던 두 동생도 말없이 허리를 숙이더니 다리 놓는 일을 도왔다.

한편, 오두막에서 과부의 한을 달래듯 밀애를 즐기다 밖으로 나온 어머니는 냇가에 놓인 다리를 보고는 깜짝 놀랐다. 삼형제는 일을 마치고 모두 집으로 돌아간 뒤였기에 누가 이런 일을 해 놓았는지 어머니로서는 알 길이 없었다.

고개를 갸웃거리며 징검다리를 밟아보니 얼마나 야무지게 놓았는지 조금도 흔들리지 않았다. 참 별일도 다 있다 생각하며 어머니는 찬물에 발을 담그지 않은 채 내를 건넜다.

그 시각, 집으로 돌아간 삼형제는 돌다리의 이름을 짓는 일로 의견이 분분했다. 맏아들은 '효孝 다리'가 좋겠다고 주장했으며 두 동생은 불륜에 빠진 어머니만 생각할 것이 아니라 아버지도 함께 생각해야 하기 때문에 '불효不孝 다리'라 정해야 한다고 버텼다.

이처럼 의견이 팽팽하다 보니 다리 이름은 끝내 정해지지 못했다. 이에 따라 맏아들은 그 징검다리를 평생 '효 다리'라 불렀으며, 동생들은 '불효 다리'라고 불렀다.

때에 따라 '효 다리'라고도 불리고 '불효 다리'라고도 불리던 그 징검다리가 제대로 된 하나의 이름을 얻은 것은 공교롭게도 삼형제가 모두 세상을 뜨고 나서였다. 돌다리 이름을 이렇게도 부르고 저렇게도 부르는 것이 번거롭다고 생각한 후세인들이 어머니와 아버지를 생각하는 삼형제의 뜻이 모두 반영되도록 다리 이름을 짓자고 입을 모은 것이다. 그리하여 그때부터 돌다리는 '효불효 다리'라고 불리게 되었다.

효불효 다리는 어디에 있는가

효불효 다리 (충북 음성)

충청북도 음성군 북부에는 부용산에서 발원한 웅천, 북쪽으로 흐르는 청미천淸渼川, 그리고 서부에는 부용산에서 발원한 미호천美湖川이 여러 지류들을 합치면서 남서류하고 있다. 또한 중부 산악 지역에는 초평천草坪川이, 동부에는 음성천陰城川이 있는데, 효불효 다리는 중부 산악 지역인 초평천에 있는 다리이다.

제3부

뜻밖의 한국사

베개 밑에서 찾아낸

왕실 자손, 불륜으로 지다 | 서산군 · 구지 |

후궁의 불륜과 임금 살해 사건 | 공민왕 |

공민왕은 나라 일을 신돈, 이인임, 최영 등에게 일임하다시피 하고 방 안에 홀로 멍하니 앉아 있을 때가 많았다.

이런 사정이다 보니 더더욱 노국 공주의 환상에 사로잡히게 되는 모양이었다.

그러던 어느 날이었다. 공민왕은 느닷없이 대관의 아들 중 나이 젊고 얼굴 아름다운 자를 10여 명 뽑아 자제위子弟衛라 칭하였다.

바야흐로 공민왕의 기행이 시작되려는 순간이었다.

자제위로 말미암아 후궁의 불륜이라는 치욕스러운 역사가 만들어졌고, 왕 자신의 생명 또한 꺾이고 말았으니 말이다.

베갯밑송사 때문에 나라 사정이 어지러워진 예를 찾자면 한두 가지가 아닐 것이다. 그러나 이번 이야기는 여인네들의 베갯밑송사를 다루고자 하는 것은 아니다.

조선 제4대 임금 세종의 즉위 과정과 고려 제31대 임금 공민왕의 몰락 과정을 살펴보면 역동逆動의 기운이 넘쳐나고 있었음을 알 수 있다. 세종의 그것은 태종의 장자 양녕 대군이 폐세자가 되어 가는 과정을 이름이고, 공민왕의 그것은 왕이 도리를 잃고 파행을 거듭함으로써 조선 개국의 빌미를 제공한 일련의 사건을 이름이다.

양녕 대군은 역동의 기운이 넘쳐나는 그 시기에 설 자리를 잃은 채 여인들과의 애정 행각에 몸을 맡겨 버린 사람이었다. 그런가 하면 공민왕은 노국 공주의 죽음이 몰고 온 충격에서 헤어나지 못하고 동성애에 사로잡혔는가 하면 후궁과 신하들로 하여금 강상의 죄를 범하게 만들었다. 그것이 결국 자신의 몰락과 고려의 패망으로 이어지리란 사실을 공민왕은 꿈에도 몰랐으리라.

그들로 하여금 파행을 선택하게 만든 요인은 과연 무엇일까. 그것이 역동의 기운인지, 개인의 성격 탓인지 규정하는 것은 상당히 어려운 일이다. 어쨌든 그들의 끔찍한 불륜 행각은 조선 사회를 뒤흔들 만한 충격파를 던져 주었다. 그런데 그 은밀한 이부자리 속에 뜻밖의 한국사가 숨어 있었을 줄이야.

베개 밑에 숨은 은밀한 한국사가 무에 그리 대단하다고 이렇듯 많은 지면을 할애했느냐고 반문할 사람들도 있을지 모르겠으나 조선 초기 왕권의 향방과 이를 원인으로 발생한 개인의 불륜 행각, 그리고 그것이 몰고 온 결과를, 복잡하게 이어지는 인과 관계의 틀 속에서 파악해 보려는 노력을 기울인다면 한결 의미 있는 역사 읽기가 되리라고 확신한다. 공민왕의 불륜과 죽음, 고려의 몰락 과정 또한 같은 이유에서 진지한 일독을 권하는 바이다.

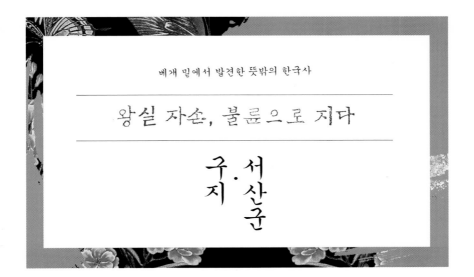

아들의 애첩을 취하니 초목도 비웃는다

태조 이성계에게는 여덟 명의 아들이 있었
는데, 이들은 일찍이 살육전을 불사하며 왕위
쟁탈전에 뛰어들었다. 그 피비린내 나는 싸움
에서 최종 승리자가 된 이는 주지하다시피 조
선 제3대 임금 태종이었다.

태종은 1400년 11월에 즉위하였고, 그로부
터 4년 후에 첫째 아들 제를 왕세자로 책봉했
다. 그러나 제는 태종의 임종이 4개월여 앞으
로 다가온 1418년 6월 3일에 폐위되었다. 폐위

**태종실록 18년 무술(1418,
영락 16) / 6월 3일(임오)**
세자 이제를 폐하고 충녕
대군을 왕세자로 삼다.

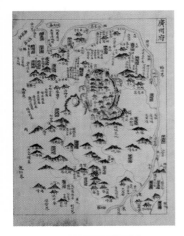

경기도 광주부 지도

되자마자 광주로 추방 당한 양녕 대군 이제는 폐위 전과 마찬가지로 기행을 일삼으며 자유 분방하게 세상을 살아갔다.

그런데 그는 풍류객처럼 전국을 떠돌다가도 왕실에 중대한 문제가 생기면 바람처럼 나타나 조선 역사에 적지 않은 영향을 끼치기도 했다. 특히, 세조의 왕위 찬탈을 적극적으로 옹호하였으며, 단종을 죽여야 한다고 주장한 일화는 오늘날까지도 많은 이들의 입에 오르내리고 있다. 비록 대권 경쟁에서 밀려나 변두리 인생이 되었지만 마음만은 왕실에 머물고 있었다는 반증인지도 모르겠다.

양녕 대군에 대해 적어 놓은 세간의 글을 살펴보면 대부분 양녕 대군이 세자 시절에 행한 파격적인 행동과 폐위의 원인이 자세하게 알려지지 않았으므로 모른다고만 기술되어 있다. 정말 그럴까?

태종실록 5년 을유(1405, 영락 3) / 9월 14일(병오)
세자가 글을 암송하지 못하자 학문에 열중하도록 독려하다.

조선왕조실록 태종 편을 보면 왕세자의 인간적 고뇌가 곳곳에 스며들어 있다. 그중 일부를 살펴보면 공부에 소홀하다는 이유로 태종에게 꾸중을 들은 것이 한두 번이 아니었다. 심지어는 글을 암송하지 못하자 태종이 직접 명하여 왕세자 측근 환관들의 볼기와 종아리를 때렸다는 일화가 태종 5년 9월 14일과 10월 21일자 기사에 서술되어 있다. 이것이 왜 자신들의 죄가 되는 것이냐고 항변하는 환관들에게 왕세자는 아무 대답도 하지 못했다. 당시 12세에 불과했지만 왕세자의 좌절을 어느 정도 읽어낼 수 있는 대목이다.

기실 양녕 대군은 대권을 이어받을 왕세자로서 능력이 부족하다는 자각 아래 스스로 폐위의 길을 재촉하였다는 의견이 지배적이다. 왕위를 이어받고자 욕심을 부렸다면 양녕 대군은 목숨을 부지하기 어려웠을 것이다. 부왕 태종의 선택에 의해, 혹은 정적을 옹호하는 적대 세력에 의해. 어쨌든 양녕 대군이 스스로 폐위의 길을 재촉한 것은 살기 위한 발버둥이었다고 보는 편이 가장 타당할 듯하다.

양녕 대군은 사냥용 매를 궁중에서 기르지 말라는 태종의 어명에 맞서 누차에 걸쳐 문제를 일으켰다. 이 때문에 태종이 대노하여 측근 인사들에게 벌을 가한 적도 있었다. 그러나 그 무엇보다 태종에게 절망을 안겨 준 것은 양녕 대군이 벌인 일련의 엽기적 애정 행각이었다.

호귀응렵도(豪貴鷹獵圖)
매사냥을 묘사한 김홍도의 호귀응렵도. 매사냥은 고려 시대부터 특히 귀족층 사이에서 성행하여 조선 시대까지 이어졌으며, 일제 하에서는 거의 전국적으로 행해졌다.

1414년(태종 14) 10월 26일 밤, 태종의 맏딸 정순 공주의 집에서 연회가 열렸다. 부마 청평군 이백강이 아버지 이거이의 상을 끝내자 그간의 노고를 위로하고자 여러 대군이 마련한 연회였다. 그런데

정순 공주 묘소 (경기도 용인)

이거이 묘비 (충북 진천)

그 자리에서 양녕 대군은 정종 임금이 총애하던 기생 초궁장을 끼고 앉아 음탕하게 놀아났다. 흐느적거리며 초궁장의 몸을 더듬는가 하면 정순 공주가 거처하는 방문 앞 대청마루로 그녀를 끌고 가 질펀하게 즐기기까지 하였다.

이러한 사실을 뒤늦게 보고 받은 태종은 불같이 화를 냈다. 그러나 그는 다음과 같은 말로써 양녕 대군을 저버릴 뜻이 없음을 분명하게 밝혔다.

"세자는 여러 동생들과 비할 바가 아니다. 헌데 어찌하여 이같이 방종하게 즐긴단 말인가?"

비록 자신은 형제들의 피를 보며 임금이 되었으나 이후로는 다툼 없이 장자가 왕권을 이어 가야 한다는 의지가 확고한 태종이었다. 그러나 태종은 어느 모로 보나 뛰어난 충녕 대군과 맏아들 양녕 대군을 잣대 위에 올려놓고 갈등했을 것이 틀림없다. 왕세자로 책봉된 뒤에 보여 준 양녕 대군의 행각이 성에 차지 않았기 때문이다.

양녕 대군이라고 해서 부왕의 이러한 고뇌를 몰랐을까?

"충녕은 보통 사람이 아니다."

기생 초궁장과 질펀하게 놀아나던 바로 그날 밤, 양녕 대군이 정순 공주 앞에서 한 말이다. 이것이야말로 충녕 대군에 대한 양녕의 가장 솔직한 심정이 아닐까 사료된다.

이제라도 왕세자다운 면모를 보임으로써 어떡하든 자리를 지켜내는 것이 옳은가, 아니면 아우 충녕에게 모든 것을 양보해야 하는가. 갈등하던 양녕 대군은 마침내 그 모든 것을 버리고 자유분방한 삶을 살고자 결심하기에 이른다. 그러나 그때까지만 해도 부왕 태종의 마음이 양녕 대군 쪽으로 기울어 있었다는 것이 문제라면 문제였다. 생각다 못한 양녕 대군은 기생 초궁장 사건을 계기로 엽기적 애정 행각을 벌이기 시작한다.

당시 양녕 대군은 병조 판서 광산 김씨 김한로의 딸을 세자빈으로 맞아들인 상태였다. 그런데도 그는 평양 기생 소앵과 놀아난 바 있으며, 1417년(태종 17) 2월에는 어리於里라 는 여자를 궁중으로 납치하여 지속적으로 욕보였다.

태종실록 17년 정유(1417, 영락 15) / 2월 15일(임신)
세자가 곽선의 첩 어리를 간통하여 궁중에 들여온 사건 기사.

그런데 어리는 왕세자의 사랑을 절대 받아들일 수 없는 처지였다. 유행가 가사에도 있듯 세상에는 절대 이루어질 수 없는 사랑이 존재하는데 어리와 왕세자가 꼭 그랬다. 전 중추부사 곽선의 첩이 바로 어리였던 것이다. 곽선은 조선이 아니라 고려의 사람이었다. 고려를 위해 많은 일을 하다가 조선이 개국한 다음에는 고려 재건의 허망한 꿈을 꾸다가 세상을 달리했다.

일부종사를 미덕으로 여기는 조선의 왕세자가 남의 첩을, 그것도 고려 사람의 여자를 건드린다면 안 좋은 소문이 꼬리에 꼬리를 물고 이어질 것은 불을 보듯 훤한 노릇이었다. 그러나 양녕 대군은 자신의 의지대로 어리를 찾아가 강제로 상관하였으며 이튿날에는 그녀를 궁으로 끌고 와 머물게 하였다.

이에 따라 궁궐은 어리 사건으로 발칵 뒤집혔다. 진노한 태종은 관련자들을 엄벌에 처하는 한편 조말생과 이원을 불러들여 다음과 같이 물었다.

"태자의 행실이 이 같으니 태갑을 내쫓던 고사를 본받고자 하는데 어떠한가?"

조말생과 이원은 화들짝 놀라 태종을 올려다보았다. 조선의 역사를 뒤바꿀 만한 이야기가 태종의 입에서 나온 까닭이었다.

태갑의 고사란 은나라 제2대 왕 태종이 즉위하여 3년간 포학 방탕하게 굴다가 이윤의 내침을 받은 일을 말한다. 태종은 그로부터 3년 뒤에

개과하고 다시 돌아와 선정을
베풀었다. 즉, 태종은 이번 일
을 계기로 왕세자를 내치는
것이 어떻겠느냐고 조말생과
이원에게 물은 것이었다. 홧
김에 내뱉은 말이라 실제로
시행되지는 않았지만 이때부

조말생 신도비   조말생 묘비 (경기도 남양주)

터 태종의 마음이 양녕 대군으로부터 멀어지기 시작했음을 보여 준다.

그러나 양녕 대군의 엽기 행각은 거기서 그치지 않았다. 궁에서 내
쫓긴 어리를 다시 불러들여 아이를 낳게 했는가 하면 자신의 셋째 아
들 이혜李譓의 애첩을 취하기까지 하였다.

아비가 자식의 여자를 빼앗아 첩으로 삼았다니! 쉽게 믿어지지 않
을 것이다. 그러나 다음과 같은 실록 기사가 분명하게 전해지고 있다.
기사에는 서산군을 서산윤이라고 표기해 놓았는데, 서산군이 말썽을
일으키는 바람에 강등된 때였음을 알 수 있다. 어쨌든 기사 내용을 살
펴보기로 하자.

종부시宗簿寺에 전지하기를,

> "서산윤瑞山尹 혜에게 술을 마시게 한 자는 제서유위制書有違로 논
> 죄하고, 술 마시는 것을 보고 아뢰지 아니한 자는 응주불주應奏不奏
> 로 논죄하겠다."

하였다.

혜는 양녕 대군 이제의 셋째 아들인데, 사랑하는 첩을 아비에게 빼앗기고 심화병을 얻어, 술김에 자주 사람을 죽였음은 물론 그 포악스러움이 극에 달했기에 이 명령을 내린 것이다.

1450년(세종 32) 2월 11일 세종실록 두 번째 기사

세종실록 32년 경오(1450, 경태 1) / 2월 11일(병술)
서산윤 혜를 술 마시게 한 자는 제서유위, 아뢰지 않은 자는
응주불주로 논죄하다.

콩 심은 데 콩 난다

진심으로 사랑하는 여자를 다른 사람도 아닌 친아버지에게 빼앗기고 나서 서산군 혜가 겪어야 했을 정신적 공황을 좀처럼 가늠해 볼 길이 없다. 자식 잘되기만 바라며 한평생 사는 것이 부모 마음이라고 하지 않던가. 그것을 잘 알기에 자식들은 부모만 생각하면 가슴이 메고 코끝이 시큰하다. 그런데 아버지가 자식의 여자를 빼앗아 버렸다니!

실록에 실린 이야기니 세상에 어찌 그런 일이 있겠느냐고 반문하는 것도 허용되지 않는다. 그렇다. 이 충격적인 이야기는 우리 역사에 선명하게 남은 사실이다.

왕권을 포기함으로써 목숨을 부지하고, 자유로운 삶을 얻고자 기행을 택한 양녕 대군은 대체 무슨 마음으로 아들 혜의 여자를 취했던 것일까. 어떤 이유를 가져다 붙이더라도 양녕 대군의 만행은 용서 받을

수도, 이해할 수도 없다.

　자고로 콩 심은 데 콩 난다고 했다. 광인과도 흡사한 아버지의 행태를 보고 자란 자식들 역시 그 아버지와 크게 다를 바 없는 삶을 살았다. 아들 중에는 서산군 혜가, 딸들 중에는 권덕영의 아내 이씨가 대표적인 예라 할 수 있을 것이다.

　이번 이야기는 양녕 대군보다는 서산군 혜와 권덕영의 아내 이씨의 생애를 속속들이 추적해 보고, 그들이 남긴 삶을 통해 하나의 의미를 발견해 내는 데 초점을 맞췄다. 돌이킬 수 없는 비극이요, 몇 백 년 세월을 뛰어넘어 현대인의 시각에서 보더라도 끔찍한 불륜으로 점철된 그들의 생애 속으로 들어가 보기로 하자.

망나니 아들, 아버지의 전철을 밟다

　양녕 대군의 아들 혜가 가정대부嘉靖大夫 서산군瑞山君에 제수된 때는 1435년(세종 17) 4월 16일이었다. 양녕 대군이 왕세자 자리에서 쫓겨난 지 17년째 되는 해이기도 했다. 오랜 세월이 지났지만 성군 세종은 형님 양녕 대군뿐만 아니라 그 자손들까지 정성껏 돌봐 주고 있었다. 형님에 대한 미안한 마음에서 서산군을 위시한 조카들을 감싸고 보듬어 주려 한 것이 분명했다.

　그러나 광인 같은 아버지의 행태를 늘 바라보며 자란 서산군 혜는 세종의 배려에도 불구하고 망나니 기질이 다분한 사람으로 성장해 갔다.

익녕군 묘비 (경기도 고양)

충청도 진천현 지도

서산군 혜에 관한 역사 기록을 살펴보면 제일 먼저 눈에 띄는 것이 단옷날 석척희石擲戱를 범한 일이다. 한양 사람들은 단옷날만 되면 넓은 거리에 모여 돌 던지는 놀이, 즉 석척희를 벌이곤 하였다. 날아드는 돌이나 막대기에 몸을 상하는 예가 많아 일찍이 의금부로 하여금 석척희를 금지시킨 바 있었는데, 양녕 대군을 중심으로 서산군과 익녕군 등이 거리로 나가 석척희를 진두지휘했다. 이 때문에 몸을 다치거나 사망한 자가 여럿 나오자 사헌부에서 종친들을 탄핵할 것을 강력하게 청하였다. 이로 말미암아 서산군은 진천으로 추방 당하고 만다.

이때만 해도 양녕 대군과 서산군은 사이가 좋았던 듯 부자가 일심동체가 되어 위험천만한 짓을 저질렀다. 그러나 석척희는 어디까지나 단옷날이면 사람들이 벌이곤 하던 전통 놀이였다. 조정의 명을 어기고 여러 사람을 상하게 하기는 하였으나 심각하게 문제 삼을 만한 행위는 아니었던 셈이다.

서산군의 망나니짓이 역사 기록에 본격적으로 나타나기 시작한 것은 1439년(세종 21) 정월부터였다. 종묘제를 7일 앞두고 의정부로 나가

술과 고기를 금하고, 가무와 조상弔喪, 문병을 하지 않으며 형벌과 형
살을 처리하지 않고 몸을 깨끗이 갖되, 이를 어길 경우 일정한 처벌을
받을 것을 서약하고 돌아온 일성군 정효전은 동지중추원사 허해, 사
직 조승, 부사직 조성산 등과 영돈녕 권홍의 집에 모여 술을 마셨다.
이때 기생 소지홍과 김규월이 자리를 함께했는데, 소지홍은 정효전뿐
만 아니라 서산군 혜와도 간통한 사이였다.

그런데 그날 우연찮게 길에서 정효전과 함께 걸어가는 소지홍을 발
견한 서산군은 즉각 달려가 소지홍을 빼앗으려 들었다. 하지만 힘없
이 사랑하는 애첩을 빼앗길 정효전이 아니었다. 그러다 보니 이들 사
이에는 곧 볼썽사나운 실랑이가 벌어졌다. 본관이 영일인 정효전은
판서 정진의 아들로 태종의 딸 숙정 옹주와 혼인한 부마였다. 따라서
1422년(세종 4)에 일성군에 봉해진 정효전은 서산군의 고모부가 되는
셈이었다. 그런 두 사람이 기생을 사이에 놓고 서로 차지하려고 실랑
이를 벌이니 꼴불견도 그런 꼴불견이 다시없었다. 그런데 이때 사직
조승과 부사직 조성산이 정효전에게 아첨하느라 김규월과 소지홍에
게 형장을 때려 상처를 입혔다. 사헌부에서는 즉각 세종에게 이를 알
려 정효전을 잡아들여 하옥하게 하였으며, 왕실의 잘잘못을 살피던
관아인 종부시宗簿寺에도 명하여 서산군의 고신告身을 빼앗게 하였다.

그러나 혜는 그로부터 1년 뒤인 1440년(세종 22)에 임금의 은혜를
입어 다시 서산군이 되었다. 기록에는 나오지 않지만 조카 혜가 마음
을 다잡고 왕족다운 삶을 이어 갔으면 하는 것이 세종의 바람이었을
것이다.

세종실록 27년 을축(1445, 정통 10) / 10월 6일(병오)
죽은 호군 홍치의 첩을 간통하려고 한 서산윤 혜의 직을 삭탈하게 하다.

그런데 그로부터 5년 뒤인 1445년(세종 27) 10월 6일, 실망스러운 사건이 또 한 차례 일어났다. 정4품 벼슬에 해당하는 호군護軍 홍치洪治라는 자가 죽자 그 첩을 간통하고자 혜가 미복 차림으로 길을 나선 것이다. 그때는 홍치의 장사도 미처 지내기 전이었기에 혜의 행위는 지탄 받아 마땅한 것이었다. 헌데 혜는 홍치의 첩을 찾지 못하자 그 첩의 언니 집까지 찾아가 수색을 하다가 홧김에 주먹을 휘둘렀다. 매질을 당한 첩의 언니는 그대로 혼절해 버렸다.

혜의 만행은 곧 종부시에 알려졌다. 종부시 관원들은 즉각 세종 임금 앞으로 달려가 음탕하고 절도가 없는 혜를 법으로 논하여 관직을 삭탈하고, 밖으로 내치라고 청하였다. 그러나 세종은 혜의 직을 삭탈하되 밖으로 내치는 것만은 윤허하지 않았다. 세종의 마음이 애틋하게 전해져 오는 대목이다.

세종실록 29년 정묘(1447, 정통 12) / 10월 3일(신유)
황계령 이혜가 술주정을 하다 사람을 죽이다.

그러나 세종으로서도 더는 혜를 두둔할 수 없는 끔찍한 사건이 벌어지고 만다. 실록에 정확하게 기재되어 있지는 않지만 양녕 대군이 아들 혜의 애첩을 빼앗아 버린 것이 이 무렵 아닌가 추측된다. 그랬기에 심화병에 걸린 나머지 술 먹고 주정을 부리다가 그런 끔찍한 짓을 저지른 것일 터였다.

술에 취해 사람을 때려죽인 것이다. 이때
가 1447년(세종 29) 10월 3일이었다.

종부시에서 이러한 사실을 알려 오자,
세종은 낙담한 나머지 한숨을 푹 내쉬며 혜
의 직첩을 거둬들였고 고성현固城縣(현 경
남 고성군)에 안치시켰다.

고성현에서 감금당하다시피 괴로운 생
활을 이어 가던 혜는 이후 도성으로 다시
돌아온 뒤에도 반성하는 기미를 전혀 보
이지 않았다. 아버지 양녕 대군과의 갈등
이 극에 달하여 미친 병을 얻은 때였으므
로 반성하기를 바라는 것 자체가 무리였
는지도 모를 일이었다. 혜는 어느 날 금강
산으로 달아났다가 잡혀 왔으며, 곧바로
또 도망하여 마전현麻田縣(경기도 연천)에
이르러 머리를 깎고 중이 되었다. 그러던
어느 날, 혜는 술김에 또다시 사람을 죽였
다. 이번에 죽인 사람은 노비였다.

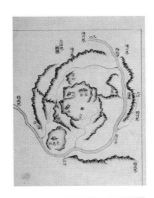

경기도 마전군 지도

문종 1년 신미(1451, 경태 2) /
4월 8일(병자)
서산윤이 서까래에 목을 매어
기절하니 장인에게 명하여 의원
을 데려가다.

혜가 살인을 저지르자 즉위년을 맞이한 문종 임금은 혜의 온 가족
을 강화부江華府에 안치시키고는 혜의 출입을 금지했다. 그러나 혜는
이후로도 쇠못으로 자신의 아들과 여종을 찌르거나 집에 방화를 하는
등 미치광이 짓을 일삼았다.

그러다가 1451년(문종 1) 4월 8일에 이르러 서까래에 목을 매어 자살을 기도했다. 다행히 목숨을 건졌으나 그로부터 이틀 후 서산군 혜는 광풍 같았던 이승에서의 삶을 마감했다.

아비를 닮은 또 다른 자식의 간통 사건

사람은 서로 닮아 가기 마련이다. 특히 밀접한 관계에 놓인 사람끼리는 알게 모르게 상대의 장단점을 흡수하며 아주 서서히 닮은꼴이 되어 간다. 흉보면서 닮는다는 말도 그래서 생긴 것이리라. 허나 이 말은 우리 모두가 알고 있듯 부정적인 의미로 쓰인다. 타인의 허물을 무의식적으로 받아들여 그에 동화되어 갈 때 이를 꼬집고자 곧잘 인용하는 표현이다.

부모와 자식 간의 관계를 살펴보면 흉보면서 닮는다는 말은 한층 실감이 난다. 어린 자식들은 거의 무의식적으로 부모를 흉내 내고, 그러한 일을 거듭하는 가운데 아주 자연스럽게 부모의 행동이나 사고방식에 물이 든다. 이쯤 되면 자식은 분신이 아니라 부모의 판박이라고 해야 할 것이다.

우리는 앞에서 양녕 대군과 판박이처럼 닮은 서산군 혜의 일생을 더듬어 보았다. 그의 광풍 같은 삶을 돌이켜 보면 그야말로 미치광이라는 비난이 저절로 튀어나온다. 그러나 한편으로는 측은한 마음이 드는 것도 사실이다. 서산군이 비참하게 일생을 마감한 것이 개인의 죄과 때문만은 아닐 것이라는 생각 때문이다.

자식은 부모를 닮는다. 아니, 부모의 모습 속에 아이의 미래가 있다. 이 얼마나 무서운 말인가. 양녕 대군이 후세에 어떤 인물로 조명되는가 따위는 따져 보고 싶지 않다. 흐트러진 마음, 방만한 행동을 거듭한 끝에 자식의 인생마저 망쳐 버린 그는 후세의 입에 오르내릴 만한 가치도 없는 인물이라고 아니 할 수 없는 듯 하다. 지극히 주관적이고, 다분히 감정이 실린 험담이라는 것을 잘 안다. 하지만 양녕 대군의 또 다른 자식 이씨의 음탕한 일생을 살펴본다면 누구나 동감하게 될 것이다. 양녕 대군은 대권 경쟁에서만 실패한 것이 아니라 인생 경영에서도 철저하게 실패한 사람이라는 사실을.

나비를 찾는 꽃

전라도 광주光州 땅에 별좌 권덕영이라는 사람이 살고 있었다. 그는 정실부인 이씨와 사이가 좋지 않아 늘 기분이 언짢았다. 이씨의 이름은 구지仇之로 양녕 대군의 첩이 낳은 딸이었다. 구지에게는 언니도 하나 있었는데 그는 권치중에게 시집갔으며, 연산군의 후궁인 숙의 곽씨의 외조모였다.

전라도 광주목 지도

앞에서 권덕영과 구지의 사이가 좋지 않았다고 했는데, 이는 구지가 사사되고 나서 1489년(성종 20) 3월 7일에 사신史臣이 평해 놓은 기사에 잘 나타나 있다. 그 내용을 잠시 인용해 보면 다음과 같다.

'이씨의 이름은 구지인데, 양녕 대군 첩의 딸이다. 권씨의 지어미가 되었으나 부도婦道에 순종하지 아니하므로, 권덕영權德榮이 그 뜻을 알고 동거하지 않았다. 이웃집에 유생이 여럿 모여서 글을 읽는데 구지가 자주 내왕하면서 유인하니, 여러 유생이 대가大家의 시비侍婢라고 생각하여 이따금 돌을 던져 희롱하기도 하였다. 그러나 조금 후에 여러 유생이 구지의 신분을 알고는 피하고 다시오지 아니하였는데, 이제 과연 음란함 때문에 패망하였다.'

위의 글에서 알 수 있듯 구지는 양녕 대군의 딸이자, 종실 여자라는 특권 의식에 사로잡힌 나머지 시골 관아 별좌에 불과한 권덕영을 따르지 않았다. 신분이 어떠하든 혼인한 이상 남편을 존중하고 따라야 하는 것이 아녀자의 가장 큰 미덕이었던 조선 시대에 이렇게 행동하였다는 것은 구지의 방종한 성격을 단적으로 보여주는 예라 할 것이다.

우리가 익히 알고 있는 칠거지악七去之惡을 살펴보면 남편에게 복종하지 않는 것에 대한 언급은 없다. 첫째가 시부모를 잘 섬기지 못하는 것, 둘째가 아들을 낳지 못하는 것, 셋째가 부정한 행위를 하는 것, 넷째가 질투하는 것, 다섯째가 나병·간질 등 질병이 있는 경우, 여섯째가 말이 많은 것, 일곱째가 훔치는 것이니 말이다. 그러나 남편에게 복종하는 것은 기본 중의 기본이요, 여자의 당연한 도리라고 여겼기에 언급하지 않았을 뿐이라고 보아야 한다.

어쨌든 권덕영은 여자의 본분을 망각한 채 자신을 따르지 않는 구지가 몹시 미웠을 것이다. 그러나 권덕영이 선택할 수 있는 보복 수단은 그리 많지 않았다. 구지는 왕실 여자였기 때문이다. 자신에게 화가 미칠 것이 뻔했으므로 다른 여자들처럼 구실을 붙여 내쫓을 수도, 그렇다고 손찌검을 할 수도 없었다. 생각다 못한 권덕영은 그녀를 철저하게 외면했다. 잠자리를 같이하지 않았음은 물론이고, 일상생활에서도 아예 상종을 하지 않았다.

방치의 형벌만큼 끔찍하고 쓸쓸한 노릇은 없을 것이다. 조선 시대 양반가 남자들은 대부분은 첩실을 두었고, 제 세상 만난 듯 자유분방한 삶을 살았기 때문에 여자들은 독수공방의 고통이라든가 기약 없는 기다림에 매우 익숙했다. 구지 또한 그러한 고통을 감수하며 기약 없는 나날을 보내야 할 입장이었다. 그러나 구지는 여느 여자들과는 달랐다.

"흥, 한낱 허울뿐인 별좌 주제에 나를 길들이겠다?"

구지는 콧방귀를 뀌며 맞장구를 치듯 권덕영으로부터 등을 돌렸다. 그러고는 나비나 벌을 찾아 떠다니는 꽃이 되고자 주변을 기웃거리기 시작했다. 이웃집 유생들은 물론이고 눈에 띄는 남성들을 꾀어 보려고 추파를 던진 것이 몇 번인지 몰랐다. 그러나 구지의 신분에 지레 겁을 먹은 남자들이 호응해 주지 않았다.

노비도 남자더라

그런 가운데 세월은 흘러 어느덧 목련이 흐드러지는 춘삼월이 되었다. 구지는 반쯤 열린 방문 밖에 눈길을 멍하니 던져둔 채 한숨으로 땅이 꺼졌다. 마음이 돌아선 뒤로 일절 자신을 찾지 않는 남편 때문에 원망도 해보고 신세 한탄도 해보았다. 그러나 돌아오는 것은 아무것도 없었다. 그저 영원히 지속될 것만 같은 외로움과 버려진 여자라는 절망감뿐이었다.

그런데 바로 그때였다. 노복 치고는 얼굴이 제법 근사하고, 허우대도 멀쩡한 천례天禮라는 놈이 마당을 가로지르고 있었다. 낡아 빠진 무명 바지를 입었으나 옷 안에서 꿈틀꿈틀 살아 움직이는 사내의 굳센 모습만은 장대하기 이를 데 없었다. 구지는 천례의 모습을 지켜보는 사이 저도 모르게 얼굴이 화끈 달아오르고 온몸이 나른해졌다.

노비 계약서
32세 복쇠라는 사람이 28살 먹은 자신의 아내 복섬과 함께 엽전 25냥에 박승지에게 팔린다는 문서. 복쇠와 복섬의 수결이 있고 계약을 보증하는 보증인 김첨지 댁 노비 선달이의 수결이 있다. 손바닥 그림은 복섬의 손이다.

"얘, 천례야."

구지는 새삼스레 집안을 둘러보고 나서 천례를 소리 죽여 불렀다. 권덕영은 아침 일찍 출타하고 없다. 아랫것들 단속만 잘 하면 종놈 하나쯤 자신의 방에 들이는 것은 일도 아니었다.

"주인마님, 부르셨습니까요?"

"그래, 팔월이는 무얼 하더냐?"

툇마루 앞까지 다가온 천례의 몸에서 사내 냄새가 진동을 했다. 구지는 가슴이 심하게 울렁이는 것을 가까스로 참아냈다.

"팔월이는 개울가로 빨래하러 가고 없는뎁쇼?"

멀뚱멀뚱 바라보며 대답하는 천례의 표정이 그렇게 천연덕스러울 수가 없었다. 구지는 순간적으로 무슨 생각이 들었는지 끄응 앓는 소리를 내며 일없이 허리를 두드렸다.

"이거야 원, 허리가 쿡쿡 쑤셔서 와서 좀 주무르라고 하렸더니……. 아고고 허리야. 아무래도 안 되겠다. 너라도 들어와서 허릴 좀 주물러 봐라."

"예? 제가요?"

천례의 얼굴이 일순 벌겋게 물들었다. 딴에는 사내라고 보들보들한 여체를 떠올린 것이리라. 요놈 봐라, 싶었지만 구지는 내색 않고 어서 들어오지 않고 뭘 하느냐고 다그쳤다.

잠시 후, 땀 냄새와 홀아비 냄새가 뒤섞인 듯한 묘한 체취를 풍기며 천례가 구지 앞으로 와서 앉았다. 구지는 기다렸다는 듯 방바닥에 넙

죽 엎드렸다.

한참 천례에게 몸을 내맡긴 채 정신이 가물가물 멀어지는가 하면, 까닭 모를 안타까움에 온몸이 비비 틀리는 듯한 경험을 하고 나서 구지는 옆집 유생 놈들 따위는 기웃거리지 않게 되었다. 오직 자신의 종 천례만 보면 애가 타고, 사지가 오므라드는 듯한 안타까움에 사로잡히곤 하였다.

권덕영의 죽음

정실부인을 내버려 둔 채 처첩에게 정력을 너무 쏟은 탓이었을까. 천례가 구지의 몸을 주무른 그날로부터 그리 오래지 않아서 권덕영이 죽었다. 저녁밥 잘 먹고 잠을 자다 벌어진 일이라 사인은 아무도 몰랐다.

비록 자신을 버려두다시피 한 남편이었지만 그간 미운정 고운정이 들었던지 구지는 서러움을 감추지 못했다. 그러나 권덕영의 장사를 마치고 며칠 지나지 않아서 구지는 역병처럼 몸에 밴 독수공방의 외로움에 다시 몸을 떨기 시작했다. 그때마다 구지의 머릿속에 떠오르는 사내의 모습이 있었으니 바로 자신의 종 천례였다.

구지는 기실 마음속으로 여러 가지 계산을 해보고 있었다. 자신의 소유물이나 진배없는 노복을 통해 독수공방 외로움에 찌들대로 찌든 과부의 한을 좀 풀었기로서니 문제 될 것이 무엇이랴 싶었다. 노비는 집안 소유물이다 보니 방안 깊숙한 곳에서 일어나는 비밀스러운 일을 외부 사람들이 눈치채기란 결코 쉬운 노릇이 아니었다. 집안 단속만 잘하면 그만인 것이다.

이런 생각에 사로잡힌 구지는 마침내 천례를 은밀하게 자신의 방으로 불러들였다. 그때 구지는 꿈에도 몰랐을 것이다. 자신의 꿈틀거리는 혈맥을 타고 아버지 양녕 대군의 피가 뜨겁게 흐르고 있다는 사실을. 기실 인간의 행위는 오랜 세월 축적된 타성과 경험에 의해 결정되는 경우가 허다하다. 여느 여자들이라면 과연 자신이 거느린 노비와 상간할 엄두나 낼 수 있었을까? 아마도 열이면 열 그런 생각은 품지 못했을 것이다.

노비의 아이를 배다

노동으로 단련된 천례의 몸은 다시 겪어 봐도 우람하고 단단했다. 한 쪽은 왕실의 여자요, 한 쪽은 신분의 벽에 눌려 참담하게 살아가는 노비 신분이었지만 남녀간의 일이란 으레 그랬다. 세상 사람들이 알면 경악을 금치 못할 일이었으나 일단 살을 맞대고 정을 나누기 시작하자 신분 따위는 허울 좋은 겉모습에 불과했다.

모르긴 해도 천례는 양반집 마님을 자신의 여자로 만들었다는 사실에 묘한 희열을 느끼고 있었을 것이다. 그래서였으리라. 뒷간에 들어갈 때 마음과 나올 때 마음 다르다는 말이 있듯 천례의 태도는 시간이

지날수록 방자해졌다.

그러던 중 구지가 덜컥 임신을 하자, 천례의 오만 방자함은 극에 달했다. 노비 신분이면서도 깨끗한 옷을 입고 말을 타고 돌아다니는가 하면, 먹는 것 자는 곳부터가 일반 노비들과는 비교가 되지 않을 정도로 윤택했다. 집안 노비들이 지켜보는데도 당연하다는 듯 그 모든 것을 누리며 거들먹거리니 아무도 좋게 보아주지 않았다.

한편, 구지는 점점 변해 가는 천례의 태도도 태도려니와 자신의 뱃속에 자리 잡은 태아 때문에 이만저만 걱정이 아니었다. 남편은 이미 죽고 없는데 덜컥 아기를 낳는다면 세상 사람들이 어찌 생각하겠는가. 아무리 좋아서 저지른 짓이라지만 왕실 여자가 노비의 아이를 잉태했으니 어떤 변명을 늘어놓는다 해도 면목이 서지 않는 일이었다.

"이 일을 어쩐다. 묘안이 없을까?"

그러나 구지의 걱정은 말뿐이었다. 이 정도 일에 겁을 덜컥 먹고 서둘러 해결 방법을 모색할 여자였다면 애초에 노비와 눈이 맞지도 않았을 터였다. 이런 사정이다 보니 뱃속의 아기는 무럭무럭 자라 어느덧 산달이 임박했다. 어찌 해볼 도리가 없었기에 구지는 결국 체념하듯 아이를 낳기로 마음먹었다.

구지의 불륜은 세상에 알려지고 (경차관 이맹현의 거짓말)

구지의 천인공노할 간통 사건은 1475년(성종 6) 12월 22일 성종실록 기사에 처음 등장한다. 구지의 사건이 중앙에 알려지게 된 데에는 당시 종부시 첨정僉正을 맡고 있던 허계許誡의 역할이 컸다.

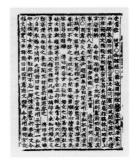

허계에게는 아들이 하나 있었는데 때마침 전라도 광주에 갔다가 구지 이야기를 들었다. 한 사노私奴가 사족의 부녀와 간통하고 살찐 말을 타고 가벼운 옷을 입고서 방자한 행동을 거리낌 없이 하니 온 고을 사람이 분노하고 미워한다는 풍문을 접한 허계의 아들은 즉각 풍문의 진상을 알아보았다. 놀랍게도 사실이었다.

허계의 아들은 한양으로 올라오자마자 아버지를 찾았다. 허계는 아들의 말을 듣고 이를 즉각 사헌부에 알렸고, 사헌부에서는 관찰사 예승석芮承錫으로 하여금 추국하게 하였다.

그런데 이 과정에서 논란거리가 생겼다. 왕실 여자인 구지를 사헌부에서 사사로이 추국하였다는 사실이 알려지면서 밀성군 이침,

이침 묘비 (경기도 하남)

의성군 이채 등을 위시한 왕실 사람들이 대대적으로 들고 일어난 것

이맹현 묘소 (경기도 남양주)

박숭질 묘비 (경기도 파주)

이다. 사헌부에서 종실을 경멸하였으니 마땅한 조치가 필요하다는 강력한 주장에 성종은 갈피를 잡지 못했고, 그러다 보니 구지의 간통 사건은 뜨거운 화두로 떠올랐다.

그러나 성종은 곧 종실 사람들의 주장을 받아들여 사헌부의 추국이 옳지 못했다고 못 박았다. 그 바람에 허계는 풍문만으로 종실 여자를 추국하게 만들었다 하여 옥에 갇히는 신세가 되었다. 일이 이렇게 되자 사간원 대사간司諫院 大司諫 정괄 등이 허계의 방면과 사노 천례의 간통 사건을 다시 국문할 것을 요구하며 반발하였다.

그러나 이미 마음이 한쪽으로 기운 성종은 간통 사건의 경우 현장을 직접 목격한 사람이나 결정적 증거가 없는 가운데 풍문만으로 거핵해서는 안 된다는 율을 앞세워 신하들의 뜻을 꺾으려 하였다. 이에 사간 박숭질朴崇質 등이 강력하게 반발하며 천례의 일을 추국해야 한다고 주장하였다.

견디다 못한 성종은 결국 예문관응교藝文館應敎 이맹현李孟賢으로 하여금 천례의 옥사를 국문하게 하였다. 이때 이맹현에게 성종이 한 말을 곰곰 짚어 볼 필요가 있을 듯하다.

> "그대는 오래도록 시신侍臣이 되었으니, 마땅히 나의 마음을 알 것이다. 가서 천례를 안찰하되……."

이 말에 담긴 뜻이 무엇일까. 임금인 자신의 뜻을 헤아려 일을 처리하라는 뜻이었다. 이러한 말을 듣고 전라도 경차관全羅道敬差官이 되어 내려간 이맹현이 어떤 태도로 일의 앞뒤를 조사했을지 미루어 짐작해 볼 수 있을 것이다. 1476년(성종 7) 1월 18일 임금 앞으로 되돌아와 이맹현이 고한 말은 아주 간단했다.

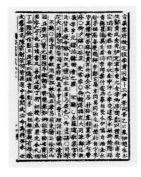

성종 7년 병신(1476, 성화 12) / 1월 18일(계해)
전라도 경차관 이맹현이 복명하면서 사노 천례의 간통 풍문이 거짓임을 아뢰다.

> "종 천례가 본 주인을 간통했다는 일은 곧 거짓말입니다."

이맹현의 보고를 계기로 사건이 일단락되자, 구지와 천례는 놀란 가슴을 쓸어내렸다. 그렇다고 둘의 관계가 거기서 끝난 것은 아니었다. 다만 예전보다 조심하며 은밀하게 만나 정을 나누었을 뿐이다.

누구를 원망하랴

꼬리가 길면 밟힌다고 했다. 이미 종료된 사건이라는 판단 하에 권덕영의 처 구지와 그의 종 천례는 자신들의 간통이 세간의 주목을 받는 일 따위는 다시 일어나지 않으리라 확신했을 것이다.

그러나 조정 신하들은 성종의 태도 때문에 잠시 묻어 두었을 뿐이지 그들의 불측한 간통 사건을 완전히 잊은 것이 아니었다. 따라서 확실하게 얽어 맬 만한 증거가 확보된다면 그들은 언제든 추국의 대상이 될 수 있었던 것이다.

그러한 사실을 아는지 모르는지 구지와 천례는 관계를 지속하며 자신들 사이에서 생긴 딸 준비准非를 옥이야 금이야 키웠다. 기실 1475년(성종 6)에도 구지와 천례의 딸 준비는 구설수에 오른 적이 있었다. 사헌부의 이문으로 사건을 조사하게 된 예승석은 권덕영의 집안 가비家婢 팔월이를 잡아들여 천례가 낳은 자식이 있는가를 물었다.

"있습니다."

팔월이의 망설임 없는 대답에 예승석은 눈을 번쩍 빛냈다. 그러나 당시에는 준비가 구지의 딸이라는 사실을 명확하게 밝힐 수가 없었다. 때마침 천례가 양녀良女 말비末非에게 장가를 든 때라 말비의 몸에서 태어난 자식인지, 구지의 몸에서 태어난 자식인지 알아낼 길이 없었던 것이다.

그러나 주인댁 마님 구지에게 미쳐 집으로 돌아오지 않는 천례를 보다 못한 말비는 곧 도망하여 종적을 감췄다. 이리 되자 준비를 끼고 앉아 정성껏 키우는 구지와 천례의 모습이 세간의 관심을 끌게 되었다.

그러나 1476년(성종 7) 사건이 종료된 때로부터 10여 년이 지나도록 구지와 천례는 탈 없이 지낼 수 있었다. 주변에서 쑥덕거리는 사람들이 없지 않았을 텐데 이처럼 무사했던 것은 운이 좋아서였을 것이다. 하지만 이들의 운은 1488년(성종 19)에 이르러 쇠하고 말았다.

준비는 어느덧 장성하여 처녀가 되었다. 이에 따라 구지와 천례는 옥이야 금이야 키운 준비를 시집보냈다. 그런데 이 과정에서 준비에 관한 소문이 새삼 들끓었다. 양녕 대군 이제의 딸 구지가 그 종과 사통하여 낳은 딸을 마침내 시집보내려 한다는 입소문이 바로 그것이었다.

이 당시 관찰사로 내려가 있던 사람은 점필재佔畢齋 김종직金宗直이었다. 김종직은 정몽주와 길재의 학통을 이은 사람으로서 사림의 근간이 되었을 정도로 뛰어난 학문을 인정받았는데 훗날 '조의제문'이 문제되어 폭군 연산에 의해 부관참시를 당했다.

뛰어난 문장과 꼿꼿한 기상으로 이름 높았던 관찰사 김종직은 처음에 구지와 천례의 소문을 접하고는 좀처럼 믿지 못하였다. 물론 그 또한 1475년과 1476년 두 해에 걸쳐 구지의 간통 사건을 놓고 왕과 신하들 사이에 언쟁이 오갔다는 사실 정도는 알고 있었다. 그러나 이처럼 가까운 곳에서 구지

김종직 영정

와 천례에 관한 심상치 않은 소문을 접하고 보니 믿어지지 않으면서도 예삿일이 아닌 것 같다는 생각을 지워내지 못했다. 하여 그는 수족들에게 사건의 진상을 낱낱이 조사해 보라고 지시했다. 이를 통해 양녕 대군의 딸 구지가 그 사노와 간통하여 딸을 낳았다는 사실을 확신하게 된 김종직은 즉각 중앙에 보고하였다.

종실 인척들의 항의도 있고 하여 구지를 보호하는 편에 섰던 성종으로서도 김종직이 확실한 증거를 가지고 국문할 것을 요구하니 어쩔 도리가 없었다. 성종은 승문원 판교承文院 判校 김제신金悌臣에게 명하여 자세히 조사하여 살피게 하였다.

그런데 사건을 조사하는 과정에서 천례가 승복하지 않고 버티다가 죽고 말았다. 김제신은 연이어 구지의 해산을 도운 양녀 검음檢音을 문초하였다. 검음은 구지가 출산할 때의 일들을 숨김없이 대답하였다. 이에 따라 구지와 천례의 간통 사건이 백일하에 드러나게 된 셈이었다.

그런데도 구지는 천례와 간통한 사실을 승복하지 않았다. 이미 예상하고 있었던 일이기에 육조와 한성부 당상관, 대간들은 일제히 증거가 명백하므로 더 이상 국문할 필요 없이 구지에게 사약을 내리는 것이 마땅하다고 주장했다. 이에 한동안 생각에 잠겼던 성종은 1489년(성종 20) 3월 7일 의금부에 다음과 같이 전지하였다.

'남녀가 서로 좋아하는 곳은 대부분 그윽하고 어두운 곳이므로 간통한 곳을 잡기는 비록 여염의 세민細民이라도 오히려 어려운데, 하물며 사족士族의 집은 내외의 제한이 있고 규문의 깊은 곳이지 않겠는가? 이제 권덕영의 아내 이씨는 자기의 종 천례와 간통하여 딸을 낳아 기르기까지 한 사증辭證이 명백하고 형적形迹이 의심스러움이 없는데, 다만 이씨가 바로 실정을 다 말하지 아니하는 것뿐이다. 이씨는 종친의 딸이므로 고신拷訊하여 끝까지 추핵하는 것은 도리어 미안하나, 만약 승복하지 아니한다고 하여 그 죄를 다스리지 아니하면 법에 온당하지 못하다. 예전에 대부에게는 형을 가하지 아니하고 사사하였으니, 이 예에 의하여 사사하라.'

한때 왕세자 자리를 지켰던 양녕 대군의 딸 구지는 이처럼 비참하게 생을 마감했다.

양녕 대군과 서산군 혜, 구지의 한 조각 삶은 불륜으로 점철되어 있지만 그 속내를 가만히 들여다보면 우리가 경계해야 할 대목 몇 가지를 발견할 수 있다. 양녕 대군은 스스로를 중하게 여기지 않은 사람이었다. 왕권 경쟁에서 밀려나는 과정에서 그리 된 것인지 아니면 다른 원인이 있어서 그랬는지는 모르겠으나 방종에 몸을 맡겨 버린 그 순간 양녕 대군은 이미 조선의 왕자다운 면모를 잃었다고 보아야 할 것이다. 스스로 존중하고 귀하게 여겼다면 비록 왕세자 자리에서 물러났다 하더라도 보다 값진 삶을 살지 않았을까 하는 아쉬움을 금할 길이 없다.

예나 지금이나 사람은 사람들 속에 소속되어 있을 때 그 존재 가치가 높아진다. 사회적 존재로서의 사람은 서로 영향을 주고받으며 생활해 나가기 마련이다. 그것이 사람이며 사람이 되기 위한 최소한의 조건이다. 이렇게 보았을 때, 양녕 대군은 스스로 사람다워지기를 포기한 사람 아닌가 하는 생각마저 든다. 나 외에 사람 없다는 식으로 방종을 일삼았으니 말이다. 그 결과 서산군과 구지를 위시한 자식들마저 복된 삶을 꾸려가지 못했다. 이들의 불행은 스스로 자초한 것이니 누구를 원망하랴.

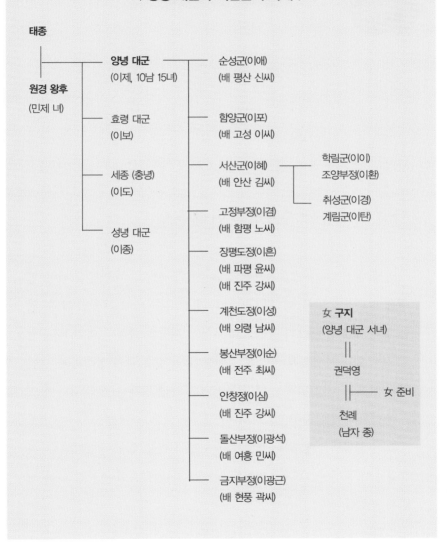

| 양녕 대군과 서산군의 가계 |

태종
│
원경 왕후
(민제 녀)

양녕 대군
(이제, 10남 15녀)

효령 대군
(이보)

세종 (충녕)
(이도)

성녕 대군
(이종)

순성군(이애)
(배 평산 신씨)

함양군(이포)
(배 고성 이씨)

서산군(이혜)
(배 안산 김씨)

학림군(이이)
조양부정(이환)

취성군(이경)
계림군(이탄)

고정부정(이겸)
(배 함평 노씨)

장평도정(이흔)
(배 파평 윤씨)
(배 진주 강씨)

계천도정(이성)
(배 의령 남씨)

봉산부정(이순)
(배 전주 최씨)

안창정(이심)
(배 진주 강씨)

돌산부정(이광석)
(배 여흥 민씨)

금지부정(이광근)
(배 현풍 곽씨)

女 구지
(양녕 대군 서녀)
‖
권덕영
╫──── 女 준비
천례
(남자 종)

양녕은 세상이 부끄러워 이불을 덮고

양녕 대군(1394~1462)과 서산군 이혜, 구지의 한바탕 봄꿈 같은 일생을 정리하고 났을 때, 필자는 온몸의 진이 다 빠져 꼼짝도 할 수 없는 상황이었다. 때마침 창밖으로 보이는 세상은 폭설이 내린 데다 윙윙 불어오는 북서풍에 차갑게 얼어붙어 있었다. 감기 몸살마저 겹친 탓에 밖으로 나갈 엄두도 내지 못하던 필자는 핑계 김에 잘됐다며 뜨끈한 아랫목에 이불을 덮고 누웠다.

그러나 방바닥에 누워 뒹굴뒹굴 오전 시간을 일없이 보내다 보니 갑갑증이 몰려왔다. 결국 필자는 부스스 자리에서 일어나 길 나설 채비를 꾸렸다.

염화칼슘을 얼마나 뿌렸는지 큰길엔 눈이 다 녹았지만 차창 밖으로 보이는 서울 거리는 북방의 어느 도시를 연상시킬 정도로 눈을 푹 뒤집어쓴 채 무겁게 가라앉아 있었다. 양녕 대군 이제 묘역은 한강대교 건너 상도동에 있었다. 폭설의 여파로 교통 정체가 이만 저만이 아니었다. 그러나 필자는 지방 나들이가 아니라는 생각에 느긋하게 길을 헤치고 나갔다.

양녕 대군 묘비
(서울 동작구 상도동)

평상시 30~40분이면 충분한 거리인데 1시간 30여 분만에 묘역에 도착해 보니 간밤 얼마나 많은 눈이 내렸는지 알 것 같았다. 사당의 지붕과 나무들이 온통 한 뼘도 넘는 눈을 뒤집어쓰고 있었다.

원래 지덕사부묘소至德祠附墓所라고 불리던 이곳은 양녕 대군과 배위 수성부부인隋城府夫人 광산光山 김씨의 묘와 위패를 모신 사당이었다. 그런데 2008년 10월 30일 서울시에서, 지덕사부묘소라는 이름은 조선 태종의 맏아들인 양녕 대군의 묘와 그의 사당인 지덕사를 가리키나 지정 명칭에 사당 이름만 사용되어 양녕 대군의 묘역임이 한눈에 드러나지 않는다는 이유로 '양녕 대군이제묘역'이라고 이름을 변경했다.

지덕사부 묘소 內

지덕사는 양녕 대군이 세상을 달리한 지 2백 여 년이 지난 1675년(숙종 1)에 외손인 우의정 허목許穆의 주장에 따라 남대문 밖 현재의 병

허목 묘소 (경기도 연천)　　　　　　　　　**허목 묘비**

무청 뒤편에 세웠는데, 1912년 정월 일제의 횡포를 견디다 못해 현재
의 위치로 사당과 묘소를 옮기게 되었다.

숭례문 현판
양녕 대군의 친필로 관악산의 화기(火氣)를
막기 위해 세로로 쓰여져 있다.

안으로 들어가면 화강석 기단
위에 세운 전퇴前退(집채의 앞쪽에
다른 기둥을 세워 만든 조그마한 칸살)
를 가진 세 칸의 사당이 있는데, 그
안에는 양녕 대군의 친필이라고
알려진 「후적벽부」後赤壁賦 팔곡병
八曲屛 목각판木刻板, 숭례문 현판

탁본과 정조 임금이 지은 금자金字 현액의 「지덕사기」 등 귀한 유물들
이 보관되어 있다. 사당을 중심으로 왼쪽에는 서고書庫와 제기고祭器庫
가 있고 오른쪽에는 4대 봉사손의 신위가 봉안된 3동의 건물이 자리
하고 있었다.

눈 덮인 날이라 사당 근처에는 참배객이 필자 외에는 아무도 없었
다. 몸살 기운 때문에 지끈지끈 머리가 아팠지만 필자는 옛사람들의

숨결을 느끼며 천천히 사당을 둘러보다가 지덕사 뒤편에 자리 잡은 양녕 대군과 광산 김씨의 합장묘를 향해 발걸음을 옮겼다.

그런데 이게 어찌된 일일까. 전날 눈이 많이 내린 관계로 산천초목이 모두 눈에 뒤덮여 있으리란 사실을 익히 예상하고 있었으면서도 필자는 양녕 대군의 묘소를

양녕 대군 묘소 (서울 동작구 상도동)

목격한 순간 터져 나오는 웃음을 자제할 길이 없었다. 생전에 지은 죄과가 부끄러워 흰 이불 속에 모습을 감춘 것처럼 느껴졌기 때문이다.

인생은 유한하고 그 행적은 길이 남는다

양녕 대군의 묘소는 양지바른 곳에 자리하고 있었다. 봉분을 보자마자 웃음을 터뜨렸던 필자는 한참만에야 마음을 진정시키며 묘전으로 다가갔다. 봉분 앞은 묘갈墓碣이 굳건하게 지키고 있고, 고태스러움이 묻어나는 나지막한 장명등과 묘갈 사이에 2개의 혼유석魂遊石이 나란히 놓여 있었다. 좌우로 한 쌍씩 세워진 문인석은 아까부터 필자의 행동을 지켜보고 있었던 듯 부릅뜬 눈을 하고 있었다.

필자는 정색을 하며 양녕 대군과 광산 김씨 수성부부인의 합장묘에

양녕 대군의 문예 작품인 구난가(九難歌)
양녕 대군의 굴곡진 삶을 보여주는 듯 하다.

참배했다. 누가 뭐라 해도 양녕 대군은 태종의 장자로서 개국 초의 어
지러운 조선을 이끌어 갈 왕세자 자리에까지 올랐던 사람 아니던가.
순간적 감흥을 어쩌지 못하고 실소를 터뜨렸던 필자는 깊이 반성하며
양녕 대군의 복잡했던 생애를 더듬어 나갔다.

　기실 양녕 대군이 충녕 대군에게 왕위를 양보한 사건은 조선 초의
정국을 가름하는 하나의 분수령이었다. 동생 충녕이 즉위함으로써 정
치, 문화, 경제를 위시한 모든 방면에서 나라의 기반을 튼튼하게 다질
수 있었기 때문이다. 후세들은 양녕 대군의 이러한 덕을 기리고자 지
덕사를 세웠으며, 오늘에 이르러서도 이러한 이유 때문에 양녕 대군
을 높게 평가하고 있다. 물론 본문에서 이미 지적했듯 양녕 대군이 왕
위를 양보한 일에 대해서는 논란의 여지가 많이 남아 있지만 말이다.

　필자는 이런저런 문제를 모두 차치하고 인간 양녕 대군이라는 측면

에서 그의 생애를 더듬어 보려고 노력했다. 왕실의 장자로 태어나 성공했든 실패했든 한 시대를 주름잡은 그의 생애는 참으로 축복받은 것이었다. 그러나 그는 제왕 수업을 받는 과정에서 스스로 한계를 느끼고는 좌절감을 곱씹으며 살아가야 했다. 좌절감은 곧 파행으로 이어졌고, 이것이 부왕 태종의 실망을 사 폐위되고 말았다.

왕세자라고는 하지만 양녕 대군 또한 따지고 보면 고해의 바다에 내던져진 하나의 인생이었기에 그 충격과 절망을 이겨내기가 쉽지만은 않았을 터였다. 필자는 본문에서 양녕 대군이야말로 실패한 인생이라고 야박하게 못 박은 바 있다. 자신의 가슴에 쌓인 울분과 절망만 돌아보았을 뿐, 이미 성혼하여 자식을 두었으면서도 가장의 역할을 내팽개쳐 버렸기 때문이었다.

그 결과 서산군과 구지가 기막히고 파행적인 인생을 살게 되었다고 표현한다면 과장일까. 한 가정에서 가장이 차지하는 비중을 생각해 본다면 과장만은 아닐 터였다.

어쩌면 양녕 대군은 자식 교육을 제대로 시키지 못한 부끄러움에서, 역사의 패배자가 되었으나 그 패배를 깨끗하게 인정하며 새로운 인생을 살지 못했다는 회한에서 저렇듯 간밤 쌓인 눈을 두텁게 봉분에 뒤집어쓴 채 숨어 있는지도 모를 일이었다.

양녕 대군의 혼령을 찾아뵙고 몇 마디 질문하고픈 마음이 들었지만 봉분에 뒤덮인 눈이 필자의 마음을 약하게 만든 모양이었다. 필자는 다시 한 번 대군의 봉분을 향해 깊이 인사를 올린 후 돌아서고 말았다. 인생은 유한하고 그 행적은 길이 남는다는 말이 필자의 가슴을 무겹게 짓누른 오후였다.

　양녕 대군의 묘소를 떠나 집으로 돌아가는 길. 필자의 마음은 벌써 임진강 북녘을 향해 달려가고 있었다. 양녕 대군 이제의 셋째 아들 서산군이 민통선 안쪽에 천년 유택을 마련하고 있는 까닭이었다. 성종 임금에게 사약을 받은 구지의 묘소를 찾아낼 수 없다는 것이 아쉽긴 하지만 서산군을 만나고 오는 것으로 필자는 이번 기행을 마무리 지을 생각이었다.

절망의 강, 눈물과 이별의 강

　임진강·예성강은 이 강토에서 역사가 시작될 때부터 많은 사람들의 애환을 쓸어 담으며 부단 없이 흘렀다. 현재는 조국 분단과 궤를 같이하며 이별의 강이라고 불리고 있지만 그 우울한 이름에서 언제나 벗어나고 싶어 했다.

　파주는 국토의 중심지로서 아름다운 풍경, 살기 좋은 환경이 자랑거리인 곳이다. 수자원이 풍부한데다 토질까지 비옥하여 예부터 기름진 곡식이 많이 났다.

　그러나 이별의 강, 임진강을 에워싼 파주 땅은 반세기 넘게 소통이 막혀 있었다. 북한과 대치 중인 지역이니 어찌 보면 당연한 노릇이었다. 북으로 더 가고 싶어도 갈 수 없어 답답하고, 녹슨 철조망과 군인들의 삼엄한 경계 태세에 초목들조차 숨죽이는 곳이었다. 이런 상황이다 보니 서산군 이혜의 묘소를 찾아가려는 필자의 계획은 차일피일 미뤄질 수밖에 없었다. 말 그대로 허가를 받지 않고서는 일반인이 들어갈 수 없는 곳이 민통선이었기 때문이다.

필자는 우선 행정을 관장하는 파주 시청 문화과로 찾아가 보았다. 그러나 실정이 매우 딱하였다. 현재 파주시에는 15개의 읍과 면이 있다. 그중 임진강 북쪽으로 군데군데 군부대가 주둔하고 있어서 문화재와 묘소를 찾아가 보는 것이 까다로웠다. 특히 임진강 건너편에 있는 면 소재지는 자유롭게 출입할 수도 없으며, 출입이 허가된다 해도 온 지역에 깔려 있는 지뢰 때문에 여차하면 목숨을 잃을 판국이었다. 이러한 현실을 잘 아는 파주시 담당 직원이 필자의 신분을 조회한 후 그곳을 위수하고 있는 00사단 정보처에 의뢰서를 넘겨주었다. 복잡한 절차를 밟은 끝에 필자는 안내 장교의 뒤를 따라 선현의 묘소를 어렵게 찾아다닐 수 있었다.

이렇듯 절차가 복잡하고, 안으로 들어가는 데 시일이 많이 걸리다 보니 필자는 애초에 서산군 이혜만 만나보고 오려는 생각 정도는 하지 않았다. 임진강 북녘에 유택을 마련한 선현의 명단을 모두 확보하고 나서 그 묘소들 전부를 돌아보는 기회로 삼자는 것이었다. 필자가 파주시를 통해 임진강을 건너려는 이유가 거기에 있었다.

마침내 임진강을 건너는 날! 군부대에서 정해준 대로 필자는 아침 일찍 길을 떠나 00처에 도착하였다. 그곳에서 간단한 절차를 마치고 대답 없는 임진강을 넘어가는데, 판문점 견학차 이미 여러 차례 이 강을 건너보았음에도 오늘따라 왠지 모르게 가슴이 아파옴을 느꼈다.

잦은 외침과 왜란을 맞아 함께 지켜 온 땅인데 그 후손들끼리 서로 총부리를 겨누며 통행마저 자유롭지 못하니 텅 빈 가슴에 무엇을 채워야 할지 몰랐다. 세계 여러 나라를 다녀 보았지만 제 땅을 마음 놓고 다니지 못하는 경우는 없었기에 더더욱 필자의 가슴이 무너져 내리는 것 같았다.

북쪽을 그리워하며 여기까지 찾아온 실향민들에게 임진강의 자욱한 안개는 또 하나의 장벽이었다. 이 안개와 철조망이 걷히고, 헤어져 살던 동족이 뜨거운 가슴으로 다시 만나 세계를 향해 뻗어 나가야 할 텐데 현실은 암울하기만 했다.

북쪽 임진강변에 이르니 여기서부터 통제가 불가피하다는 표시가 있었다. 어제도 오늘도 차가운 강풍을 맞아 가며 묵묵히 서 있는 망배단望拜壇. 망향의 아픔을 달래려 찾아온 사람들이 피눈물을

망배단(望拜壇) (경기도 파주)

뿌리다가 돌아가는 자리이다. 민족 통일이 되는 날, 망배단 빗돌은 천만년 후손들에게 넘겨주어야 할 귀한 정신 유산이 되리라.

광풍 같은 세월 뒤에 남은 것은

워낙 지역이 넓고 위험 요소가 산재해 있어 도보로 묘소를 둘러보

서산군 묘소 (경기도 연천)　　　　　　　　　　　　　　　　　　서산군 묘비

는 것은 불가능했다. 하여 이번 여행에 동반하기로 한 안내 장교와 승용차를 타고 다니기로 했다. 안내 장교도 작전을 수행하는 장교이지 문화재를 살피라는 임무를 받은 사람이 아닌 관계로 시간을 아낄 필요가 있었다. 소중한 문화재요, 더없이 귀중한 자료를 찾으러 가는 길이지만 필자의 마음만 그럴 뿐, 안내 장교에게는 자칫 지루하고 따분한 하루가 될는지도 모를 일이었다.

　쫓기는 시간, 통행 불가 지역 등등을 빼고 나면 아쉬움만 남는 기행이 되지 않을까 염려하면서 필자는 경기도 연천군 미산면 백석리 산 28번지를 향해 자동차를 빠르게 몰았다.

　서산군의 묘소로 향하는 동안 필자는 기대 이상으로 잘 보존된 묘소와 묘비를 여러 차례 만났다. 그때마다 필자는 하늘을 향해 감사 기도를 올렸다.

'신神이시여, 정말 감사하나이다.'

　기실 이 지역은 평화로운 세월보다 치열하게 치러진 전쟁의 세월이 더 길었다. 그런데도 소중한 우리 문화유산의 일부인 석물이 잘 보존되어 있었다니 감격과 감사함이 끓어올라 필자의 마음을 울렁거리게 만들었다.

　능력 있는 지도자는 무지한 군중 속에서 돋보이고, 아름다운 꽃은 우거진 잡초 사이에서 더 곱게 보이는 것과 같이 삭막한 철조망 사이사이로 보이는 고태스러운 석물들은 나의 가슴을 멈추게 할 만큼 그 위력이 컸다.

　마침내 연천군 미산면 백석리 산 28번지.

　도로변에 차를 세우고 급하게 언덕길을 밟아 오르니 거기에 있는 모든 석물이 내 눈과 마음에는 금과 옥으로 보였다. 아니, 금과 옥이라 해도 이렇게 아름다울 수는 없을 터였다.

　서산군의 묘소는 배위 안산 김씨와 쌍분으로 되어 있었는데 야트막하게 이어진 산맥을 뒤로한 채 곡장을 두른 품이 참으로 편안해 보였다. 그러나 곡장과 묘갈, 혼유석은 최근에 후손이 단장해 놓은 듯 옛 정취하고는 거리가 멀어 보였다. 다만 오른쪽 귀퉁이에 조그맣게 자리한 묘비만이 몇 백 년 세월의 흐름을 말해 주고 있었다.

　필자가 반가운 마음에 묘비를 향해 달려가 보니 글자를 알아보지 못할 만큼 연모되었고, 전쟁 때 생긴 상흔인지 총탄 자국이 무수하게 나 있었다. 역사를 아는 북녘의 병사가 사람 해하기를 파리 목숨 다루

불륜의 한국사
254

듯 하며 파란 많은 인생을 산 서산군을 단죄하고자 이런 짓을 저질렀는지도 모를 일이었다.

한정된 시간, 민통선 안쪽이라는 기행의 조건을 떠올리며 필자는 묘소를 빠르게 둘러보고 나서 서산군의 봉분 앞으로 가서 머리를 숙이고 섰다. 때때로 못난 자식들은 가난한 부모, 어리석은 부모 탓을 하며 자신의 무능을 합리화하려 든다. 아비를 잘못 만난 것뿐이지 서산군에게 무슨 죄가 있겠는가, 하는 생각이 들다가도 필자는 서산군 또한 그리 떳떳한 인생은 아니라고 단정 짓곤 하였다.

못난 부모, 비뚤어진 부모를 두었다고 그 자식의 생애가 전부 일그러진 것은 아닐 터였다. 오히려 고난을 극복하며 부모보다 훨씬 복된 삶을 산 자식들이 세상엔 널리다시피 있다. 이렇게 보았을 때 양녕 대군의 딸 구지와 그 셋째 아들 서산군은 덜떨어진 인생들이었는지도 모를 일이었다.

선현의 묘소 앞에 이르러 그 당사자에게 덜떨어진 인생이었다고 핍박하는 것이 예의가 아니라는 것은 잘 알지만 이것이야말로 필자의 솔직한 심정이었다. 성군 세종의 총애를 받고 있었으니 본인만 분발하면 국가의 중추로서 얼마든지 뜻을 펼칠 수 있었을 텐데 살인과 강간, 주먹질로 인생을 허비하다가 스스로 목을 매달고 말았으니 말이다.

"그래, 한평생 분탕질을 치다가 혼백이 되어 이 적적한 곳에 머무는 심사가 어떠하십니까? 선생의 아버지 양녕 대군께서는 그래도 세상에 얼굴 드러내기 부끄럽다고 하얀 눈을 흠뻑 봉분에 쓰고 계십디다. 이곳에 오느라 제가 여러 달 지체한 까닭도 있긴 하지만 선생께서는 이렇듯 좋은 시절을 만나 거리낌 없이 하늘을 올려다보고 계시는군요."

상상 속에서나마 서산군의 혼령과 이야기를 나눠 볼 욕심에 다소 험한 말을 해보았지만 풀잎을 스치며 불어오는 산들바람뿐 묘소에는 깊은 정적이 가시지 않고 있었다.

"선생, 그때나 지금이나 자신의 본분을 깨닫지 못하고 방탕한 세월을 보내는 사람들이 참으로 많답니다. 선생께서는 원하지 않으시겠으나 선생의 일대기를 글로 정리하여 세상에 발표할 생각입니다. 조선의 왕실 자손으로 태어나 뜻한 바대로 일생을 살지 못했으니 선생께서도 내심 회한이 많으시리라 믿습니다. 그러한 회한과 반성을 후세인들에게 교훈으로 남겨 주셔야 하겠습니다. 그리하여 오늘을 살아가는 우리 후세인들이 선생의 전철을 밟지 않고 주어진 여건에서 분발하며 삶을 알뜰살뜰 꾸려 간다면 그 또한 복된 일 아니겠습니까. 이러나저러나 선생은 우리가 영원히 받들어 모셔야 할 선현입니다. 그간 어리석은 후세인들이 범한 결례는 모두 용서해 주시기 바랍니다. 이제 이승에서의 안 좋았던 기억은 모두 잊으시고 편안히 영면하십시오."

필자는 조용히 이야기를 마치고 나서 저만치 뒤에서 기다리는 안내 장교 쪽으로 달려갔다. 봄 햇살이 서편으로 사뭇 기울었으니 좀 더 서둘러야 할 것 같았다.

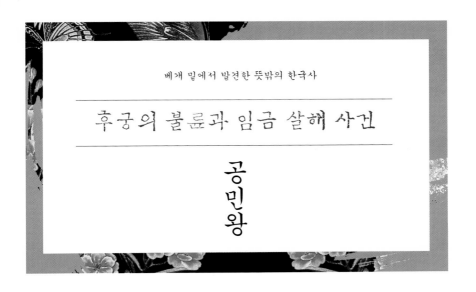

베개 밑에서 발견한 뜻밖의 한국사

후궁의 불륜과 임금 살해 사건

공민왕

가시나이, 가사나이

최근 들어 국제결혼이 흔한 일처럼 받아들여지고 있지만 예전에는 감히 상상도 할 수 없는 일이었다. 오고 가는 대화 속에 정이 쌓이고 사랑이 더해 가기 마련이라 결혼만은 동족 혼을 선호했고, 또 그럴 수밖에 없는 상황이었다. 설혹 국제결혼의 조건이 마련되더라도 단일 혈통을 이어간다는 차원에서 동족끼리의 결혼을 당연시했던 것이 사실이다.

그런데 아주 먼 옛날에도 국제결혼을 한

수로왕릉(首露王陵)
경남 김해시 서상동에 있는 금관가야의 시조 수로왕의 무덤. 높이 약 5m. 사적 제73호.

수로왕비릉(首露王妃陵)
경남 김해시 구산동에 있는 금관가야의 시조 수로왕의 왕
비 허황옥의 무덤. 사적 제74호.

사람이 없지 않았다는 흥미로운 기록이 전해지고 있다. 가락국의 김수로왕이 그중 하나였다. 『삼국유사』의 가락국기駕洛國記에 실린 내용을 보면 인도 아유타국의 공주 허황옥許黃玉이 부왕의 명을 받아 가락국 수로왕의 배필이 되고자 배를 타고 온 것으로 되어 있다. 부왕과 왕후가 잠을 자던 중 꿈을 꾸었는데 상제上帝가 허황옥을 가락국 수로왕에게 시집보내야 한다고 이야기했다는 것이다. 어쨌든 인도 여인 허황옥을 아내로 맞아들인 수로왕은 아주 행복하게 살았다고 전해진다.

공민왕 신당 (서울 마포)

이처럼 오래전에도 외국 여자를 배필로 맞아들인 사람이 있었는데 이 장에서 다루고자 하는 공민왕 역시 국제결혼을 한 사람으로 유명하다. 원元간섭기라는 어쩔 수 없는 상황에서 치른 결혼이었다고는 하지만 공민왕은 병적이다 싶을 만큼 노국 공주를 깊이 사랑했다.

공민왕과 노국 공주.

이들에 관한 이야기를 하자면 먼저 당시의 주변 상황을 살펴볼 필요가 있다. 왕건이 세운 통일국가 고려는 이 땅에 들어선 국가들이 대부분 그랬듯 지정학적 여건과 대륙 국가에 비해 턱없이 적은 인구 등으로 인해 약소국 취급을 받았다. 그러다 보니 툭하면 외세의 침략에 시달렸다.

그 무렵 대륙 동북쪽에서 일어난 몽고는 중국 대륙을 모두 삼키고 사나운 맹수가 되어 포효하고 있었다. 고려 또한 강력한 원나라의 기세를 물리치지 못하고, 제24

몽고제국 지도

대 임금 원종을 끝으로 굴욕적인 세월을 보내게 되었다. 임금의 존칭마저 종宗이나 조祖를 쓰지 못하고 '왕'이라는 한 등급 낮아진 호칭을 사용하였다. 그 당시 한 나라의 상징이라 할 왕의 호칭이 이렇게 무너질 정도이니 나머지는 굳이 이야기하지 않아도 충분히 짐작해 볼 수 있을 터이다.

그래도 고려는 중국 대륙과 유럽 제국들이 추풍낙엽처럼 떨어져 나갈 때, 맹수 같은 원나라 군사들을 맞아 일곱 차례나 전쟁을 벌일 정도로 국권 수호 의지가 남달리 강한 국가였다. 그래서 몽고와의 마지막 전쟁이라고 할 삼별초 전투만 떠올리면 코끝이 시큰해지는 이들이 많다.

고려를 수중에 넣자 원나라는 본격적으로 수탈 정책을 펼쳐 나갔

삼별초군 호국 항몽 유허비 (경기도 강화)

다. 경제적 수탈은 말할 것도 없고, 부모 슬하에서 고이 자란 20세도 안 된 처녀들을 정기적으로 요구하기까지 하였다.

'가시나이', '가사나이' 라는 말은 이때 생겨난 서글픈 용어이다. 부모들은 딸이 태어날 경우 남자아이를 낳았다고 일부러 부산을 떨었다. 그러고는 남장을 시킨 채 시집갈 때까지 딸아이를 남자처럼 키웠다. 사정이 이러하다 보니 거짓 사나이들은 남성들 틈에 끼어 성장하기 마련이었다. 꽃다워야 할 여성들은 성격마저 우락부락하게 변해갔다.

아무리 남장을 하고 우락부락한 성격으로 변했다고 하나 여자라는 신체적 특성은 어쩔 수 없기에 간혹 함께 어울려 지내던 친구들에 의해 진실이 밝혀지면 남장한 여자아이들은 그때부터 가식 아이, 혹은 거짓 사내라고 불리며 불안한 생활을 이어가야 했다. 언제 원나라로 끌려가게 될지 모를 상황이었기 때문이다.

한편, 가사나이라는 용어는 훗날 묘하게도 여성답지 못하고 괄괄한 성격을 가진 사람을 가리키는 말로 와전되었다. "이 가시나이야!", "이 가시나야!"라고 부르는 소리를 들어 보았을 것이다. 당시 여성들에게는 '가시나이', '가사나이'라는 호칭만큼 듣기 싫은 말도 없었을 것이다. 무심코 이런 말을 사용하는 사람들이 요즘도 있는데 그 말 속에 깃든 비극적인 사연을 알고 사용했으면 하는 바람이다.

공민왕의 꿈

비록 힘으로 굴복시킨 나라였으나 고려의 목줄을 강하게 틀어쥐고 있어야 지배하기가 손쉬우리라는 것이 원나라 조정의 판단이었다. 이러한 판단 하에 그들은 고려의 왕자들을 볼모로 잡아다 놓고 그곳에서 성장하도록 했다. 공민왕 또한 이러한 연유로 원나라에 끌려가 장성할 때까지 지냈다.

왕자의 사랑은 이때 찾아왔다. 사실 왕자는 원나라 종실 위왕의 딸 보타실리를 일찍부터 사랑했다. 이러한 사랑이 실제로 맺어진 것은 원나라 황제에 의해서였다. 왕자가 고려로 돌아갈 때가 되자 보타실리를 공주로 봉한 후 결혼시켜 준 것이다.

마침내 왕자는 고려의 왕이 되기 위해 노국 공주 보타실리를 데리고 귀국 길에 올랐다. 집권 초기 개혁 정치를 강력하게 시행한 사람답게 공민왕은 국경을 지나자마자 원나라 옷을 벗어 버리고 고려 옷을 입었다.

이윽고 개경에 도착하자마자 왕위에 오른 공민왕은 개혁에 박차를 가했다. 그가 제일 먼저 손댄 곳은 정방이었다. 무신 정권 시절 최우가 설치한 정방은 인물을 심사하여 적당한 벼슬자리에 배정하는 임무를 담당하였으나 권신들이 인사권을 마음대로 행사하는 등 문제가 많았다. 공민왕은 정방을 혁파함으로써 권신 세력을 배척하였으며 정치 개혁을 원활하게 시행하기 위해 문무 관리들의 전주권을 전리사와 군부사에 귀속시켰다.

그에 이어 곧바로 죄수를 용서할 것에 대한 교서를 내렸는데 이 교서의 내용을 살펴보면 공민왕의 개혁 의지를 분명하게 읽어낼 수 있다. 그는 먼저 날로 퇴폐하여 가는 풍속을 지적하면서 조정 관리들의 근무 자세 쇄신과 서연에 나올 신하들의 선택 방법, 그리고 토지와 노비에 관한 여러 문제들을 약자의 입장에 서서 처리할 것과 뇌물을 받은 탐관오리의 취급 문제에 대해 다루고 있다.

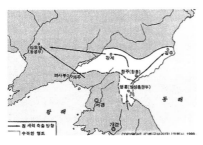
공민왕은 집권 초기 영토 수복과 북방 개척을 강력히 시행했다.

공민왕의 이러한 개혁 의지는 이후 구체적으로 가시화된다. 공민왕은 먼저 자신이 직접 세세한 곳까지 장악한 채 정무를 보기 위해 1352년 8월 경술일, 다음과 같은 교서를 내린다.

'옛날에 임금들이 일심전력하여 나라를 다스릴 때 그 나라를 보존하려면 반드시 친히 국가의 정무를 봄으로써 자기의 견문도 넓히고 하부의 실정도 알게 되었다. 지금 나도 역시 이렇게 하려 한다. 첨의사, 감찰사, 전법사, 개성부, 선군 도관은 모든 판결 송사에 대하여 5일에 한 번씩 계주하라!'

즉, 각 기관의 주요 업무들을 5일에 한 번씩 글로 작성하여 올리라는 명령이었다.

이와 함께 공민왕은 같은 달 기미일에 서연을 열고 영천 부원군 이능간, 김해 부원군 이제현, 복창 부원군 김영후, 한양 부원군 한종유, 연안 부원군 인승단, 전 첨의정승 이군해, 손기, 허

고려 문하시중 계림부원군 익재 선생 충목단

백, 김자, 안진 등 여러 사람으로 하여금 날을 바꾸어 가며 시독하게 하였다. 이를 통해 정치 토론을 이끌어 내어 정사를 바르게 이끌어 가고자 했던 것이다. 그날 공민왕은 다음과 같은 교서를 내려 자신의 의지를 강력하게 표출한다.

'원로와 대신과 사대부들이 교대로 들어와서 경서와 사기 그리고 예법에 관한 말들을 강의하며 권세 있는 집안에서 토지와 가옥 및

노비를 강탈하여 여러 해 동안 송사하고 있는 사건들과, 무고한 죄로 오랫동안 옥에 갇혀 있는 사건들을 판결하여 처리하라.

첩의사와 감찰사는 나의 귀와 눈이다. 현행 정치의 옳고 그릇됨과 민간의 이해 관계에 대하여 기탄없이 바로 말하라! '

이렇듯 개혁 분위기가 날로 무르익어 가는 가운데 9월 무자일에 대호군 성사달이 옥에 갇히고 만다. 일찍이 정방에 있으면서 40여 명에게 사사로이 관직을 준 비리가 밝혀진 까닭이었다.

원의 간섭기 동안 고려 사회에는 부정과 비리가 팽배해져 있었던 것이 사실이다. 그리하여 공민왕의 파격적인 개혁 정책에 반발하는 무리가 생겨났으니 바로 조일신과 그 도당들이다.

조일신은 일찍이 공민왕이 원나라로 들어가 숙위할 때 수종한 공을 인정받아 연저수종공신燕邸隨從功臣 1등으로 책록된 인물이었다. 공민왕 즉위 후에 참리에 제수되었다가 곧 찬성사가 되었고, 판삼사사로 있으면서 수충분의동덕좌리공신의 호를 하사받기도 하였다. 그러나 그는 자신의 권세를 이용하여 부당한 행위를 많이 저질렀고, 대간을 탄압하며 파당을 지어 정권을 전횡한 죄로 지목을 받고 있는 상황이었다.

자신의 몰락이 코앞에 닥쳤음을 안 조일신은 1352년 9월 기해일, 도당인 정천기와 최화상, 장승량 등과 함께 기원(기철의 동생)을 죽이고, 시어궁을 포위하여 당직 중이던 판밀직사사 최덕림 등 여러 명을 살해하며 반란을 일으켰다.

난을 성공시킴으로써 한때 우정승에 오르기도 했던 그는 그러나 엿새 만에 생을 마감하고 말았다. 이인복의 충언을 받아들인 공민왕이 김첨수, 최영, 안우, 최원 등을 보내 죽이라고 지시한 것이었다.

조일신을 죽인 뒤 공민왕은 개혁 정책을 다시 한 번 야심차게 펼쳐 나갔다. 여기서 한 가지 의문이 들 수도 있을 것이다. 당시 시대상을 살펴보면 원나라의 눈치를 살펴야 했을 텐데 어떻게 그런 정책을 단행할 수 있었을까 하는 점이다.

최영 장군 영정

해답은 당시에 펼쳐지던 국제 관계에 있었다. 당시 원나라 내부는 극히 어지러웠다. 12세 때 볼모로 잡혀간 공민왕은 원 주변에서 펼쳐지는 국제 정세에 자연스럽게 관심을 가졌다.

법주사 세존사리탑(法住寺世尊舍利塔)
충북 보은군 내속리면 사내리에 있는 고려 말기의 부도. 1362년 공민왕이 홍건적을 격파하고 법주사에 행차하여 통도사에 봉안되어 있던 석가모니의 사리 한 개를 이곳에 옮겨 봉안하였다고 한다.

1300년대로 접어들면서 중국에서는 홍건적이 급격하게 세를 불리면서 원나라를 위협해 오고 있었다. 1271년에 나라 문을 연 원나라는 1368년에 멸망했다. 공민왕이 고려로 돌아와 즉위한 해가 1351년이었으니 멸망을 10여 년 앞둔 원나라에 망국의 징조가 속속 나타났으리라는 것은 불을 보듯 훤한 노릇이었다. 이 때문인지 고려에서도 대장급 장군들이 40여 명이나 원나라 궁중에 파견되어 경비를 담당하고 있었다.

이렇듯 불안감에 휩싸인 원나라와 새롭게 일어서는 홍건적 무리를 지켜보면서 원명 교체기라는 대륙의 정세를 읽어냈기에 공민왕은 마침내 개혁 정치의 깃발을 높이 들어 올릴 수 있었던 것이다. 대외적으로는 오랜 기간 고려를 지배해 온 원나라를 배척하고, 대내적으로는 국가와 민족의 자주성을 회복하자는 것이 공민왕 개혁 정치의 골자였다.

기 황후 묘소 자리 (경기도 연천)

이를 위해 공민왕은 원나라 앞잡이인 기철(기 황후 오빠)과 권겸, 노척(딸을 원나라 황제에게 바친 사람) 등을 없애 버림으로써 자주성 회복의 기틀을 다졌다. 이와 함께 공민왕은 원에 빼앗긴 쌍성을 쳐 수복하였다.

총석정(叢石亭)
고려 공민왕 때 기철이 지었다는 가요. 『고려사』에서.

'옛날의 고려로 돌아가자!'

이것이 공민왕의 꿈이었음을 역사가 증명하고 있다.

왕의 눈물

그런데 공민왕이 즉위한 지 10년째로 접어들던 1361년이었다. 고려는 공민왕의 개혁 정책이 한창 펼쳐지던 1359년에 홍건적의 침략을 받은 적이 있었다. 그러나 이때만 해도 홍건적의 침략은 해로를 이용한 노략질에 불과하여 고려군이 능히 막아낼 수 있었다. 그러나 1361년 10월에 이르러 반성潘誠, 사유沙劉, 관선생關先生, 주원수朱元帥 등을 앞세우며 몰려온 홍건적 무리는 차원이 달랐다. 원나라와 대륙 지배권을 놓고 싸움을 벌이는 중이라 칼끝이 예리해질 대로 예리해진 데다 홍건적의 주축 부대라고 해도 과언이 아닌 탓에 고려가 감당해 내기에는 역부족이었던 것이다. 게다가 불시에 침략해 온 까닭에 고려는 그 피해를 고스란히 감수해야만 했다.

부석사 무량수전(浮石寺 無量壽殿) 현판
홍건적의 난을 피해 안동에 머물렀던 공민왕이 쓴 글씨라고 한다.(경북 영주)

경상도 안동부 지도

이때 공민왕은 상황이 워낙 다급하게 돌아가자 노국 공주와 함께 남쪽 복주(현 안동)로 피난하려 하였다.

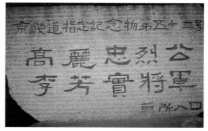

이방실(李芳實) 장군 묘
고려 후기의 무신 이방실의 묘. 경기도기념물
제52호. 경기도 가평군 가평읍 하색리 소재.

이방실 장군 묘소 입구

> "전하, 조금만 기다리십시오. 도성의 장정들을 모집하여 종묘사
> 직을 지키겠습니다."

명장 최영이 임금의 남행을 가로막으며 열변을 토했다. 그러나 사
태는 절망적이었다. 의병을 모집하려 하였으나 한 사람도 응하는 이
가 없었던 것이다. 이에 공민왕은 원래 계획대로 남으로 피난길에 올
랐다. 뒤미처 도성이 함락되었다는 소식이 날아들자 공민왕은 눈 내
리는 남도 길을 걸어가면서 끝내 눈물을 흘렸다.

공민왕의 눈물 때문이었을까. 서로를 격려하며 분발한 고려의 백성
과 장수들은 이듬해 정월, 전열을 가다듬어 총공세를 펼쳤다. 이때 고
려군을 이끈 장수로는 안우, 이방실, 황상, 한방신, 이여경, 김득배, 안
우경, 이귀수, 최영, 이성계 등이 있었으며 총 병력은 20만에 이르렀
다. 이성계가 홍건적의 괴수 사류와 관선생의 목을 벤 것은 그리 오래
지 않아서였다. 이로써 전세가 고려 쪽으로 완전히 기울자 홍건적은
압록강을 건너 다시 도주해 버렸다.

홍건적은 물러갔지만 고려의 피해는 막심했다. 특히 도성이 전부 파괴되어 공민왕과 노국 공주는 바로 귀경할 수 없었다.

도성과 궁궐이 정비될 동안 공민왕은 흥왕사를 임시 거처로 삼았다. 그런데 엎친 데 덮친 격으로 고려 내부에서 난이 일어났다. 역신 김용이 왕에게 신임 받던 정세운, 안우, 이방실 등을 살해한 후 부하 수십 명을 이끌고 흥왕

흥왕사(興旺寺)
경기도 여주군 북내면 중암리 소달산에 있는 절. 창건 연대는 알 수 없으나 소달 화상이 창건하였다는 설과 고려 공민왕 때 나옹 화상이 창건하였다는 설이 있다.

사를 습격한 것이다. 뜻밖의 반란 사건에 공민왕과 노국 공주는 쩔쩔 매었다. 그 시각에도 역도들은 공민왕을 찾아 살해하기 위해 이리저리 뛰어다니며 법석이었다.

이대로는 안 되겠다고 판단한 환관 이강달이 얼른 달려들어 임금을 업었다. 그러고는 대비의 처소로 달려가 임금을 눕히고 이불로 뒤집어 씌웠다. 잠시 후 공민왕을 찾아 헤매던 김용의 부하들이 무기를 들고 대비 전 앞으로 달려왔다.

"대왕을 보호하려고 온 사람들이오."

바로 문 앞에서 지키고 있던 노국 공주가 대담하게 적도들을 막았다. 노국 공주는 대왕을 보호하려고 왔다는 그들의 말을 믿지 않았다.

"대왕은 내가 보호할 테니 염려 마오."

바로 그때 공교로운 일이 생겼다. 원에서부터 공민왕을 시중들던 신하 안도치가 노국 공주 뒤편으로 불쑥 나타났던 것이다. 적도들은 공민왕과 용모가 비슷한 안도치를 임금으로 착각하고 일제히 뒤를 쫓았다. 적이 쫓아오니 안도치도 얼결에 방으로 뛰어들어 몸을 숨겼다. 이 모습을 지켜보며 임금을 살릴 수도 있겠다고 판단한 노국 공주가 그들의 뒤를 따라가며 호령했다.

"대비 마마 앞에서 무엄하구나!"

일개 신하라면 대비 마마의 방으로 스스럼없이 뛰어들지는 못했을 것이다. 이런 판단 하에 적도들은 안도치를 단칼에 베어 죽였다. 결국 안도치는 왕과 용모가 비슷하다는 죄 아닌 죄 때문에 비명횡사한 셈이었다.

그러나 역사는 안도치가 왕을 대신하여 스스로 죽음을 선택했다고 적고 있다. 몇 가지 상황을 돌이켜 생각해 보면 안도치가 충신이었음을 알 수 있다. 그가 왜 하필 왕과 대비가 있는 방으로 뛰어들었을까 하는 점이다. 혹, 적도들에게 자신이 왕이라는 확신을 심어주기 위해 그런 행동을 한 것이 아닐까. 이를 뒷받침하듯 안도치는 죽기 직전까지 자신은 왕이 아니라는 말을 단 한마디도 입 밖에 내지 않았다.

노국 공주의 임신

한편 원나라의 기 황후는 기철 일파를 죽인 공민왕에 대한 원한을 곱씹으며 복수의 칼을 갈고 있었다. 고려 왕을 없애 버리고 다른 사람을 세우고자 하는 그녀의 결심이 구체화되기 시작한 것은 최유崔濡라는 자가 원나라에 들어오면서부터였다. 그는 황후를 찾아가 이렇게 부추겼다.

> "고려 왕은 황후의 일족을 죽인 원수입니다. 그를 폐하고 충선왕
> 의 아들 덕흥군을 임금으로 삼아 주소서."

기 황후는 귀가 솔깃했다. 결국 기 황후는 황제의 마음을 움직여 덕흥군을 고려 왕으로 세웠다. 이어서 최유를 선봉으로 삼아 군대를 이끌고 고려를 치도록 만들었다. 간신 최유가 이끄는 군대와 고려군이 맞부딪친 곳은 정주 부근이었다.

평안도 정주목 지도

그러나 최유는 첫 싸움에서 크게 패하고는 원나라로 쫓겨 갔다. 결국 덕흥군 옹립은 실패로 돌아간 셈이었다.

살다 보면 사람에게는 이상한 일들이 참으로 많이 일어난다. 액운에 액운이 겹치기도 하고 경사는 경사를 부르기도 한다. 사실 덕흥군

제압은 경사 중의 경사였다. 그런데 또 다른 경사가 겹쳐서 공민왕에게 찾아왔다. 노국 공주는 10여 년 동안 아들을 낳지 못하자 명산대천을 찾아다니며 불공을 드렸다. 이런 노력이 헛되지 않았던지 드디어 태기가 있었던 것이다.

공민왕은 몸과 마음을 다 바쳐 하늘에 감사드리고 싶은 심정이었다. 그날 이후 공민왕은 왕비의 방에서 한시도 떠나지 않았다. 노국 공주에 대한 공민왕의 사랑은 이처럼 왕이라는 신분을 잊게 만들 정도로 대단한 것이었다.

그런데 공민왕의 이러한 사랑 때문에 음지에서 애태우며 몸부림치는 사람이 있었으니 바로 혜비였다. 공민왕 시대를 애증의 역사로 물들이고만 후궁들의 안타까운 사연과 노국 공주의 죽음과 함께 찾아온 공민왕 말년의 비참한 이야기를 이제 시작해 보기로 하겠다.

몸부림치는 혜비의 하소연

그즈음 임금으로부터 내리쬐는 사랑의 빛은 온통 노국 공주에게로만 향해 있었다.

왕과 노국 공주 사이에 아이가 생기기 전만 해도 공민왕은 후사를 걱정하는 신하들 앞에서 면목이 서지 않았다. 그리하여 당시의 대학자 이제현의 딸을 혜비로 봉하여 맞아들였다. 대권을 이을 적자를 얻기 위해서였다. 그러나 임금의 사랑은 결코 두 곳으로 나누어지지 않

았다. 형식적으로 혜비를 맞아들였을 뿐, 공민왕과 노국 공주의 사랑
은 변하지 않았다.

　이때의 상황을 좀 더 자세히 들여다보기로 하겠다. 때는 바야흐로
공민왕이 노국 공주와 결혼한 지 9년째를 맞이하는 해였다. 왕과 왕비
사이에 혈육이 없자 재상들은 앞일에 대한 걱정이 이만저만이 아니었
다. 그들은 결국 고심 끝에 노국 공주에게 가서 청하였다.

> "공주 마마, 아직도 전하의 혈족이 없어 만백성이 근심 중에 있으
> 니 상감께 후궁을 두도록 진언합니다."

　노국 공주는 이 말을 듣자 마음이 불편하였
다. 그러나 일국의 국모로서 질투한다는 세론
이 돌게 할 수는 없는 일이라 승낙하고 말았다.

　왕실의 일이 모두 그렇듯 후궁을 맞이하는
일 또한 신중함이 뒤따랐다. 우선 이 나라 최고
의 양가 규수를 선택하여야 하고, 외양과 교양
도 보아야 했다.

　당시 고려에서는 익재 이제현의 가문이 최고
라 할 만하였다. 게다가 이제현의 딸은 가문에
걸맞은 외양과 교양을 갖추고 있어 어렵지 않
게 공민왕의 첫 번째 후궁으로 간택되었다.

　석학 이제현은 본관이 월성 이씨이다. 그는 심성이 굳고 학문이 높

이제현 초상
전남 강진군 대구면 구수
리 소재 구곡사에 있는
이제현 초상화. 전라남도
유형문화재 제189호.

은 경지에 이르러 일반 백성은 물론이고 임금으로부터도 없어서는 안 될 큰 인물이라는 숭앙을 받고 있었다. 그 높은 인품 때문에 충선왕 때부터 왕실과 관계가 깊어 공민왕이 고려로 들어오기 전에 이미 정 행동성의 정승으로서 고려 왕을 대신해 일을 하였다. 신하로서 왕을 대신한다는 것은 동서고금을 통하여 보더라도 전례 없는 일이었다.

이제현은 그 후로도 공민왕에게 충성을 다하여 노학자이자 정승으 로서 임금의 신임을 두텁게 받았다. 그뿐 아니라 이제현은 문생이 많 아 하루가 다르게 그 세력이 욱일승천하였다.

그런 이제현의 딸이 공민왕의 배필이 된다는 것은 어느 모로 보나 합당했다. 재위 8년 4월 그믐, 마침내 이제현의 딸을 혜비로 봉하며 후궁으로 삼은 공민왕은 재신들의 권에 못 이겨 혜비의 처소로 갔다.

그러나 아무리 다시 봐도 혜비는 노국 공주만 못하였다. 항상 웃는 낯으로 왕을 맞이하는 노국 공주와 달리 왠지 모르게 서먹서먹한 혜 비의 태도부터가 마음에 안 들었다. 어찌 보면 이것은 첫날밤을 맞이 하는 수줍음 많은 신부로서 당연한 태도였는지도 모를 일이었다. 그 러나 공민왕은 그마저도 마음으로 용납하지 않고 있었다.

'노국 공주가 혹시 마음 상하지 않았을까.'

신방에 들어온 이후 공민왕은 줄곧 노국 공주 걱정에서 벗어나지 못 했다. 그러니 호화찬란하게 차린 혜비의 모습이 눈에 들어올 리 없었 다. 결국 공민왕은 혜비에게 말 한번 건네지 않고 밤을 꼬박 새웠다.

잠을 못 자기론 노국 공주도 공민왕이나 혜비와 크게 다를 바 없었다. 비록 후궁을 들여도 좋다고 응낙하기는 하였으나 다른 여자 품에 안길 공민왕의 모습이 눈에 어른거릴 때마다 질투의 불길이 치솟아 잠을 이루지 못했다.

여름밤은 짧았다. 노국 공주가 뜬 눈으로 밤을 지새웠으리란 사실을 누구보다 잘 아는 공민왕은 먼동이 틀 무렵 혜비를 그대로 내버려둔 채 노국 공주의 처소로 달려가 버렸다.

이때부터 혜비는 사실상 처녀로 지냈다. 그러면서도 행여나 임금이 찾아오지 않을까, 항상 몸단장을 한 채 기다리고 또 기다렸다. 그러나 임금은 끝내 찾아와 주지 않았다.

혜비의 친정에 대한 기록을 보면 아버지 이제현과 달리 할아버지는 그리 덕이 있는 사람이 아니었다. 혜비의 할아버지 이진 李瑱은 아들의 세력을 믿고 남의 물건을 많이 긁어모

이제현의 아버지 이진 단소

았다. 교감이란 벼슬을 살던 최면이라는 자가 혜비의 집 문전에서 자살한 사건이 일어난 것도 그 때문이었다. 사람이 이승에서 저지른 악행은 본인이 아니면 그 자식들 대에라도 더 큰 화가 되어 돌아오기 마련이다. 그러고 보면 할아버지의 악행이 혜비에게 되돌아온 것인지도 모를 일이었다.

어느 날, 공민왕에게 철저하게 외면당하며 외로운 궁중 생활을 견뎌 내던 혜비가 실로 오랜만에 친정 나들이를 했다. 남편에게 사랑 받지 못하니 그녀의 마음은 자연 친정으로 기울어 있었을 것이다. 그러나 혜비의 마음을 아는지 모르는지 아버지 이제현은 딸을 그리 반기지 않았다.

"혜비 마마, 어려운 행차시오. 자주 출입하시면 부덕婦德에 해가 될까 하오."

이제현이 허리를 굽히며 인사인지 꾸짖음인지 모를 말을 했다. 혜비는 마치 궁중에서 대하듯 하는 아버지가 서운했다.

"아버지, 집안에서까지 그런 말씀을 하시면 딸 된 소녀는 민망하오이다."
"아니오. 일국의 국모는 체통이 있어야 하오. 언제나 도리를 잊어서는 안 되는 법이오."
"그런 법만 생각하시어 저를 생과부로 만드셨습니까?"
"국모로서 그런 말씀을 하시면 부덕에 해로울까 하오."
"아버지는 여전히 그 부덕이니 무엇이니 하는 말씀만 하시는구려. 그런 생각 때문에 소녀의 몸과 마음만 시들어 가는 것입니다."

이제현은 몸 둘 바를 몰랐다. 공연히 딸에게 몹쓸 일을 하였다는 후

회도 생겼다. 그러나 돌이킬 수 없는 일임을
너무도 잘 아는 이제현이었다.

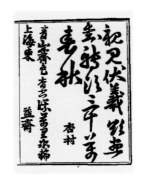

"그러지 마시고 궁중 부덕을 더 닦으시오."

이제현의 대꾸가 궁색해 보였다. 혜비는
바르르 몸을 떨었다.

『명가필보』에 수록된 이제현
의 글씨

"아버지, 그 부덕보다도 딸을 임금의 첩으로 들여보내고 벼슬이
높아져서 좋으시겠습니다."
"언행을 조심하오."

비꼬는 듯한 딸의 이야기를 듣고서야 이제현이 준절히 나무랐다.
혜비는 여기에서 멈춰야 함을 알고 있었다. 혜비는 못내 서운한 마음
을 뒤로하고 어린 시절 자신이 거처하던 뒤채로 들어갔다.
터질듯 부풀어 오른 청춘의 열망은 아버지에 대한 원망으로도 다스
려지지 않았다. 혜비는 불경을 들여다보기 시작했다. 그러나 이 또한
위안이 될 리 없었다.
며칠 후 혜비는 다시 궁중으로 쓸쓸하게 들어갔다. 조석으로 시어
머니 되는 명덕 태후 홍씨에게 문안드리러 가는 일 외에는 무료하기
이를 데 없는 하루하루였다. 때때로 임금과 노국 공주가 어느 곳으로
놀러 갔다는 소식이 들려와 혜비의 심기를 긁어놓기도 하였다. 심사

가 낳지만 혜비가 할 수 있는 일은 아무것도 없었다.

게다가 혜비를 더더욱 괴롭히는 일이 한 가지 있었으니 노국 공주가 임신을 하자, 전과는 비교가 되지 않을 정도로 공민왕의 편애가 심해졌다는 사실이었다.

노국 공주의 죽음

송악산(松岳山)
경기도 개성시와 개풍군에 걸쳐 있는
산. 높이 488m.

노국 공주는 비록 타국으로 시집 온 몸이었으나 지아비의 극진한 사랑을 받고 있었으니 여자로서는 더 없이 행복한 삶이라 해야 할 것이다. 어느덧 산월인 2월이 되자 공민왕은 만삭의 몸이라 거동하기가 불편한 노국 공주를 위해 정사까지 팽개치고 늘 곁에 붙어 앉아 다정한 말과 사랑을 듬뿍듬뿍 건네 주었다. 그때마다 노국 공주는 행복한 얼굴로 함박웃음을 지었다.

그런데 이들의 애틋한 사랑을 하늘이 시샘한 것이었을까. 마침내 노국 공주가 출산을 위해 산실로 들어가던 날, 송악산으로부터 유난히 맵고 날카로운 바람이 계속해서 불길하게 불어왔다.

공민왕은 어쩔 줄을 몰랐다. 진통이 얼마나 심한지 왕비의 앓는 소리가 간단없이 들려오는데, 출산하였다는 소식은 종내 들려오지 않았다. 난산의 기미가 확연해지자 왕은 창고의 곡식을 아낌없이 사찰에 기도용으로 방곡하였다. 뿐만 아니라 감옥에 가두었던 죄수들까지 모두 방면해 주었다. 파렴치한 죄수들도 자유의 몸이 되자 왕비를 위한 축수를 잊지 않았다.

"왕비 마마, 어서 태자를 낳으십시오."

그래도 왕자를 낳았다는 소식은 들려오지 않았다. 왕은 친히 분향하며 기도문을 읽었다. 그러나 그 모든 치성도 보람 없이 향 내음 자욱한 산실에서 노국 공주는 그대로 세상을 떠났다. 한 조각 구름같이 사라졌다.

"공주여! 왕비여!"

왕은 미친 듯이 통곡했다. 나중에는 헛소리까지 내면서 멍하니 앉아 울기만 했다.

"전하, 슬픔을 거두시고 신과 함께 덕녕궁으로 가십시오."

보다 못한 충신 최영이 왕을 위로하며 부축했다.
공민왕은 노국 공주의 혼이라도 위로하겠다며 국고의 마지막 지출도 돌보지 않았다.

현릉과 정릉 (경기도 개성)
쌍분으로 왼편이 고려 31대 공민왕의 현릉이
고 오른편은 사랑하는 부인 노국 공주의 정릉.

그로부터 두 달 뒤였다. 정릉에 노국 공주를 장사 지낼 때 왕은 제국의 공주와 같은 예로 장사 지내라고 명했다.

"공주는 아주 갔구나. 그러나 내 마음속에서는 영원히 사라지지 않을 것이다. 공주여! 내가 갈 때까지 정릉에서 기다려 주오."

천산대렵도(天山大獵圖)
고려 공민왕이 그린 것으로 전해지는 산수화.

떠나는 공주의 마지막 길을 보며 공민왕은 또다시 눈물을 흘렸다.

왕은 친히 영정으로 쓸 노국 공주의 화상을 그렸다. 원래 그림에 재주가 뛰어난 왕이었다. 이제 남은 것은 능을 치장하는 일이었다. 왕은 토목 사업을 거창하게 일으켰다. 어느 모로 보나 무리한 일이었다. 그래도 공민왕은 현장을 직접 지휘하며 공사에 박차를 가했다.

남경 천도 계획

공민왕은 오래전부터 개
경의 지기가 다 소진되어 고
려의 발전을 기대할 수 없다
고 믿었다. 그리하여 남경
(한양)으로 천도할 계획을 세
웠다.

그러나 남경은 불길하다
는 말이 여기저기서 들려왔

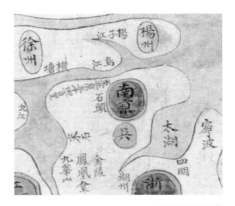

남경(한양) 지도

다. 결국 남경 천도 계획을 물리고 고심하던 공민왕은 임진현(현 파주)
북쪽 백악에 새 도읍을 정하고 1년 가까이 공사해 옮겨 갔다.

그런데 그때 홍건적의 난
이 일어나 도읍지 거의가 폐
허로 변했다. 임금은 피난하
지 않을 수 없었다.

이때 혜비는 도성 근처 산
속에 숨었다가 난리가 끝난
후에야 다시 궁중으로 돌아

만월대(滿月臺)
개성시 송악산에 있는 고려의 궁궐 유적지.

왔다. 돌아와 보니 난리 통에 만월대가 수풀에 뒤덮여 하는 수 없이
임시로 작은 궁으로 지내러 들어갔다. 이제는 처소조차 임금과 떨어
진 셈이었다.

혜비에게 노국 공주의 사망 소식이 날아든 것은 그즈음이었다. 시어머니 명덕 태후 홍씨가 혜비를 불러 말했다.

"이제 공주도 갔으니 다른 곳에 있지 말고 이 궁전에서 임금을 모시고 사시게나."

혜비는 임금과 같이 살게 되었다는 생각에 무엇보다 기뻤다. 그러나 노국 공주에 대한 공민왕의 뿌리 깊은 사랑과 집착을 혜비가 알고 있었다면 이렇듯 허망한 기대 따위 하지 않았을 것이다. 그러고 보면 혜비만큼 불행한 여인도 다시없을 터였다.

애가 애를 낳으리까?

때는 바야흐로 1367년.

원나라 노국 공주가 세상을 떠난 지도 벌써 2년 가까이 되었다. 혜비가 곁에 있었으나 공민왕은 쓸쓸한 심회에 젖은 채 노국 공주만 그리워하고 있었다.

짝을 잃었으니 왕의 심사가 오죽하랴만 명덕 태후는 그보다 왕통을 이을 후사가 없는 것이 더 큰 걱정이었다. 날을 잡아 공민왕을 찾아간 명덕 태후가 타이르듯 말문을 열었다.

"상감, 어찌 혜비 전에 들지 않소?"

공민왕은 어머니의 말을 들었는지 말았는지 우두커니 앉아 무언가를 골똘히 생각하는 눈치였다. 태후는 갑갑했다.

"사람은 누구나 죽음을 당하는 것이오. 이미 간 사람을 생각해 무엇하오? 보아 하니 혜비가 너무 엄격하여 정을 붙이지 못하는 모양인데 후궁을 더 많이 간택하심이 어떠하겠소?"

그제야 공민왕이 태후 쪽으로 고개를 돌리며 말문을 열었다.

"어머님 말씀을 듣겠나이다. 그러나 어디 공주만한 인물이 있어야지요. 고려 여자들은 모두 불임성이 없습니다."
"그야 상감이 너무 쌀쌀하게 대해 그러는 것이 아니겠소. 여자는 남정네가 하기에 달린 것이오."

어찌 보면 한 나라의 임금에게 할 만한 이야기가 아니었으나 상대가 자신을 낳아 준 어머니이고 보니 공민왕은 묵묵히 듣고만 있었다.

그로부터 며칠 후 공민왕은 송악산 밑에 위치한 태화암에서 후궁을 맞이하게 되었다. 큰 마루가 있어서 판방암이라 이름 지은 곳이었다. 입동이 지나 밤바람은 제법 차가웠다. 송악산에서 불어오는 서풍이 옷 속으로 스며들어 으스스했다.

시중 유탁 이하 여러 신하들이 임금을 모시고 갔다. 밤이 늦은 후에야 왕은 겨우 후궁의 처소로 들어갔다. 시녀들이 후궁을 곁부축하여 왕에게 절을 시켰다.

후궁은 나이 비록 16세밖에 되지 않았지만 숙성하여 키가 어른만큼 컸다. 얼굴 예쁜 처녀를 고르느라 나이에 상관없이 정한 것이다. 이 처녀는 우상시 안극인安克仁의 딸로 정비定妃가 되었다.

정비가 임금에게 두 번 절하고 술을 석잔 바친 후에야 시녀들이 다른 방으로 물러갔다. 방 안은 촛불만이 휘황하게 밝았다. 사면이 고요한 중에 소나무 사이로 불어오는 바람이 이따금 쏴아 하고 울었다. 정비는 그림처럼 자리에 앉은 채 왕의 명이 떨어지기만을 기다리고 있었다. 그러나 아무리 기다려도 왕은 아무 소리가 없었다. 기다리다 못한 후궁이 먼저 입을 열었다.

"상감마마, 밤이 이슥하나이다. 어서 금침 안으로 드사이다."

꾀꼬리 같이 명랑한 목소리였다. 오랜만에 들어보는 여자의 음성이 싫지 않았다. 임금은 옷을 벗고 금침 안으로 들어갔다. 후궁이 창피함을 무릅쓰며 가만히 다가와 임금 옆에 드러누웠다.

잠시 후 촛불이 꺼지자 마루에 켜 놓은 등불만 희미하게 어른거렸다. 향긋한 냄새가 임금의 코를 간질였다.

"상감. 왜 그렇게 쓸쓸하게 지내시오니까?"

당돌한 질문이었지만 임금은 대꾸하지 않았다. 그런데 나이 어린 후궁이 대담하기 짝이 없게도 임금의 옆구리를 쿡 찌르는 것이 아닌가. 그제야 임금은 입을 열었다.

"나이는 어려도 매우 영리하구나."
"상감, 무슨 생각을 하세요?"

후궁이 이번에는 슬그머니 임금의 손을 잡아당겼다.

"다른 일이 아니다. 나랏일이 걱정되어 그런다."
"그럴수록 왕자가 많아야 하지 않겠나이까?"
"네가 하나 낳아보련? 그러면 정말 얼마나 좋을까."
"아이, 상감도. 아직 소녀는 어리오이다. 아이더러 아이를 낳으라 하시오니까?"

후궁은 더 맹랑한 소리를 했다. 그러나 임금에겐 과히 싫지 않은 목소리요, 대답이었다.

임금은 다음 날도 같은 곳에서 후궁을 맞이하였다. 이번에는 종실 덕풍군德豊君 왕의王義의 딸, 익비益妃였다.

신이 축복이라도 해 주듯 넓은 방에는 촛불이 너울거리고 등잔은 마치 꽃송이처럼 매달려 따스한 불빛을 비춰 주고 있었다. 신부는 몸단장을 이미 마치고 다소곳이 앉아 임금을 기다리는 중이었다. 그러나 나타날 시각이 지났음에도 임금은 웬일인지 들어오지 않았다.

신부는 나이 스물이 넘어 당시로서는 노처녀에 속했다. 좀처럼 임금이 나타나지 않자, 근심하며 시녀를 보내 어찌 된 일인지 알아보려고 할 때 방문이 덜컥 열렸다. 임금이었다.

응당 재취가 되는 것이니 초례를 올려야 하는데 임금은 술에 취해 있었다. 연이어 비틀 걸음으로 초례청까지 다가선 임금은 몹시 몽롱해 보였다. 그래도 신부는 임금이 어서 신방에 들기를 기다렸다.

임금이 술에 취한 관계로 식은 간단히 끝났다. 이제 화촉 밝힌 동방으로 들어갈 차례였다. 그러나 임금은 제정신으로 들어간 것이 아니라 여러 사람이 들어다 놓은 것이나 다름없었다. 신부는 처음부터 임금이 자기를 대하는 것이 섭섭하여 묵묵히 앉았다가 겨우 입을 열었다.

"상감마마, 밤이 깊어 가옵니다. 이부자리로 드시지요."

자못 애교 있는 목소리였다. 그러나 임금은 듣지 못한 모양이었다. 그저 취한 얼굴로 묵묵히 앉아 있을 따름이었다. 신부가 재차 청하니 임금이 그제야 겨우 이불 속으로 들어갔다. 옷을 그대로 입은 채 이불 속으로 들어간 임금을 바라보며 신부는 가슴 답답함을 느꼈다. 하지만 이내 임금 옆으로 슬그머니 다가가 누웠다. 술이 깨면 그래도 초야의 즐거움이 오려니 기대하는 여인의 마음!

언제나 술이 깨려나 조바심 내고 있을 때, 먼 곳에서 닭 우는 소리가 들렸다. 겨울밤은 닭이 울어도 쉬 밝지 않았다. 신부가 저도 모르

게 한숨을 내쉬는데 잠이 깨었는지 임금이 돌아누웠다. 이때다 생각
하고 신부는 차분한 목소리로 물었다.

"상감마마, 술이 깨시나이까?"
"여기가 어디냐?"

다소 실망스러웠으나 신부는 임금의 물음에 나직하게 대답했다.

"신방이옵니다."
"신방이라니 노국 공주가 살아왔느냐?"

아무리 봐도 임금은 혼돈 속을 헤매는 것 같았다. 그러나 당돌한 신
부는 혜비처럼 혼자 속만 끓이지 않았다.

"상감께서는 몽고를 나쁘게 생각하시지 않으요? 그런데 왜 노국
공주만 생각하셔요?"
"너는 대관절 누구냐?"
"저를 모르시와요? 덕풍군의 딸 아니옵니까."

그제야 임금은 어머니 홍씨의 말이 떠올랐다. 정비가 그랬듯 덕풍
군의 딸 또한 어머니의 강권에 못 이겨 후궁으로 맞아들였던 것이다.
공민왕은 술이 깨느라 목이 텁텁하여 물을 찾았다. 신부는 미리 준

비한 꿀물을 갖다 바쳤다. 꿀물을 마시고 임금이 다시 눕자, 신부도 따라 누웠다. 누우면서 바깥을 살피니 날이 밝으려면 아직 시간이 좀 있어야 할 것 같았다.

"상감마마, 소녀를 어떻게 하실 테요?"
"무엇을 어떻게 하라는 말이냐?"
"왜 모르세요?"

신부는 슬그머니 상감의 몸에 손을 댔다. 술만 마시고 다녀서 그런지 몸이 몹시 차가웠다.
임금이 갑자기 일어나 앉았다. 신부도 따라 일어났다.

"상감, 더 누워 계세요."

신부는 억지로 임금을 붙들었다. 그러나 임금은 무엇에 홀린 사람처럼 멍하니 앉아 다시는 신부를 돌아보지 않았다.

태후 앞에서 춤추는 익비

허탈한 첫날밤을 보내고 나서 근심으로 시간을 보내던 덕풍군의 딸은 그로부터 3일 후 익비로 봉해졌다. 홍 대비가 공민왕과 익비를 반가이 맞으며 덕담과 함께 만면에 웃음을 지었다.

대비의 덕담에 명심하겠다고 대답하며 임금이 친히 술을 부어 어머니에게 올렸다. 이어서 익비도 술을 부어 올렸다.

"이번에는 소자가 어머니께 장수하시라는 뜻에서 잔을 올리겠나이다."

임금이 일어나 춤을 덩실덩실 추고 나서 술을 다시 부어 올리며 말했다.

"모후 마마, 천년 수를 즐기시어 만백성에게 복을 내리십시오. 어화 만세!"

임금은 이러한 말과 함께 노래까지 불렀다. 이에 익비도 일어나 간드러지게 춤을 추었다. 임금도 그 춤 솜씨에 마음이 흡족하였다.

혜비 같으면 상상도 못할 일이었다. 혜비는 성장 과정이 엄격했고 왕비 수업을 준비하기도 했다. 그와 비교해 볼 때 익비는 무척 도전적이며 체신 따위는 별로 중요하게 생각지 않는 개방된 여인이었다.

시집온 지 사흘 만에 태후가 마련한 자리에서 춤을 춘다는 것은 그 당시로서는 가히 파격적인 행동임에 틀림없었다. 그런 그녀의 성품이 문제였을까? 결국 익비는 씻을 수 없는 과오를 저지르고 만다. 멀기만 한 공민왕의 관심이 자신에게 돌아오기를 기다리다 못해 불륜의 싹을 틔우고 말았던 것이다.

신돈과 공민왕

옥천사(玉泉寺)
경남 고성군 개천면 북평리 연화산에
있는 절로 670년(신라 문무왕 10)에
의상이 창건하여 여러 차례 중수와 중
창을 거쳤다. 신돈이 노비로 살았던 곳
이다.

한편, 즉위 초부터 강력한 개혁 정
치를 천명하였던 공민왕은 노국 공주
가 죽기 1년 전인 1364년에 신돈을 궁
궐로 불러들여 청운 거사라는 호를 내
려 주면서 국정 자문역을 맡겼다. 도
를 얻은 데다 욕심이 적고 일가친척이
없어 큰일을 맡겨도 소신을 잃지 않으
리라는 정치적 판단에 따른 것이었다.

이렇듯 공민왕의 신임 속에 개혁 정국의 주도권을 장악한 신돈은
1366년 5월 전민변정도감을 설치하고 스스로 판사가 되어 백성들이
부당하게 빼앗긴 토지를 되찾아 주고, 강압에 못 이겨 노비가 된 백성
을 원래대로 돌려놓는 등 과감한 개혁 정책을 단행하였다. 이러한 조
치에 감동한 백성들은 너도나도 신돈을 찬양하고 나섰다.

사실 신돈은 집권 초기에 어려움을 많이 겪었다. 이제현은 신돈의
골상이 흉인의 것과 같다는 이유로 후환을 두려워하며 그를 내쳐야
한다고 주장했다. 그런가 하면 공민왕을 호종한 공으로 1등 공신이 되
었으며 왕의 총애를 한 몸에 받던 장군 정세운鄭世雲은 요승이라는 이
유로 신돈을 죽이려 하였다. 그러나 신돈은 공민왕의 절대적인 신임
이 있었기에 모든 어려움을 극복하고 개혁 정치를 실현해 나갈 수 있
었다.

이처럼 기대 이상으로 훌륭하게 정치를 이끌어 가자 공민왕은 신돈에게 점점 더 빠져들었다. 이런 상황에서 노국 공주가 죽자 충격에 사로잡힌 공민왕은 신돈에게 모든 것을 맡겨둔 채 파격적인 기행으로 점철된 생활을 이어가기 시작했다.

혜비를 시작으로 정비, 익비 세 후궁을 맞아들였으나 공민왕은 노국 공주가 죽고 나서 좀처럼 여성을 가까이 하지 않았다. 여성을 만날수록 노국 공주 생각만 간절해졌기 때문이다.

노국 공주는 공민왕이 조금이라도 불편한 기색을 보이면 즉시 위로해 주곤 하였다. 그에 비해 혜비와 익비, 정비는 어딘지 모르게 쌀쌀한 여자들처럼 느껴졌다. 마음이 저절로 그렇게 느끼니 공민왕으로서도 어쩔 도리가 없었다. 그나마 시녀들이 공민왕의 비위를 잘 맞춰준다지만 그들은 말 그대로 시녀일 뿐 임금의 텅 빈 가슴을 위로해 줄 만한 존재들은 아니었다.

고려사절요 제30권 / 신우(辛禑) 1
어렸을 때의 이름은 모니노(牟尼奴)인데, 신돈의 비첩(婢妾) 반야 소생이다. 혹자는 말하기를 "반야가 낳은 아이는 죽고 다른 아이를 훔쳐다 길렀는데, 공민왕이 자기 아들이라고 일컬었다"고 하였다. 왕이 훙(薨)하니 이인임이 세워서 임금으로 삼았는데, 공양왕이 즉위하자 그를 죽였다. 참람하게 왕위를 차지한 기간이 14년이다.

한편, 공민왕은 반야의 소생 모니노(우왕)를 귀여워하여 태자로 세우고자 하였다. 그러나 명덕 태후 홍씨는 모니노의 출신이 미천하다는 이유로 은근히 반대하고 나섰다. 고려사에 보면 반야가 신돈의 첩이며, 우왕은 공민왕의 아들이 아니라고 기록되어 있다. 그러나 이는 조선 창국 세력이 자신들의 역성 혁명을 정당화하기 위해 지어낸 이야기에 불과했다. 공민왕이 신돈의 집에 행차했을 때, 반야와 관계하여 낳은 아들이 분명했다.

불륜의 그림자

그 무렵 공민왕은 모니노를 제외하고 그 누구에게도 쉽사리 마음의 문을 열지 않았다. 이에 따라 구중궁궐에 갇힌 후궁들은 허구한 날 속병을 앓고 있었다.

노국 공주와 공민왕의 초상

그것을 뻔히 알면서도 공민왕은 마음이 울적해질 때마다 후궁들을 찾는 대신 노국 공주의 화상을 모신 전각으로 달려갔다.

"공주, 왜 나를 버리고 홀로 갔소?"

마치 산 사람을 대하듯 공주의 화상을 향해 이야기하는 공민왕의 모습은 정상이 아니었다. 노국 공주의 환생을 간절히 바라고 있었다하니 말이다. 임금은 자신의 성격이 점차 변해 간다는 사실을 모르지 않았다. 알면서도 고칠 수 없는 일종의 상사병 같은 것인지도 몰랐다.

공민왕은 나라 일을 신돈, 이인임, 최영 등에게 일임하다시피 하고 방 안에 홀로 멍하니 앉아 있을 때가 많았다. 이런 사정이다 보니 더더욱 노국 공주의 환상에 사로잡히게 되는 모양이었다.

최영 장군 묘비 (경기도 고양)

그러던 어느 날이었다. 공민왕은 느닷없이 대관의 아들 중 나이 젊고 얼굴 아름다운 자를 10여 명 뽑아 자제위子弟衛라 칭하였다. 바야흐로 공민왕의 기행이 시작되려는 순간이었다. 자제위로 말미암아 후궁의 불륜이라는 치욕스러운 역사가 만들어졌고, 왕 자신의 생명 또한 꺾이고 말았으니 말이다.

자제위 중에는 임금의 좌우에서 항상 모시는 자들이 있었는데, 이들을 일러 두리속고적頭裏速古赤이라 하였다. 이때 두리속고적은 물론이고 자제위 전체를 총괄한 사람은 김흥경金興慶이었다. 그는 두리속고적과 마찬가지로 임금 근처에 늘 머물렀다.

10여 명의 연소한 자제위들은 임금의 총애를 받으며 때때로 후궁 출입까지 거리낌 없이 했다. 임금의 일 때문이라지만 혈기 왕성한 청년들이 후궁 출입을 무시로 하였다니 놀라운 이야기가 아닐 수 없었다. 특히 임금에게 버림받았다는 절망감과 외로움에 사로잡힌 후궁들이 머무는 장소에 자제위가 출입하였다는 것은 아무리 생각해도 위험천만해 보였다.

한편 자제위에게 당할 치욕을 이때까지만 해도 전혀 예상하지 못했던 후궁들은 이제나 저제나 임금이 찾아오기만을 기다리는 뼈저린 삶을 이어가고 있었다. 그들은 속이 탔을 것이다. 어찌하면 임금이 찾아올까, 이 궁리 저 궁리 해보지만 방법이 없다는 것이 문제였다.

혜비의 불행

후궁들의 사정은 다들 거기서 거기라고 봐야 할 테지만 그중에서도 혜비는 유독 외로움이 사무쳐 병이 될 것만 같은 나날을 보내고 있었다. 사실 노국 공주가 죽었을 때만 해도 혜비는 왕이 이제 자기를 찾아오리라 믿었다. 왕의 곁에 남은 여자는 자신뿐이었기 때문이다. 그러나 공민왕이 후궁을 둘이나 들였다는 소식이 뒤미처 들려왔다. 다소 실망스러웠지만 혜비는 이때까지도 희망의 끈을 놓지 않고 있었다. 언제고 공민왕이 자신을 찾아오리라는 희망 말이다. 허나 공민왕은 곧 혜비를 돌이킬 수 없는 절망의 구렁텅이로 빠뜨렸다. 왕이 새로 들인 후궁들마저 찾지 않는다는 이야기가 들려왔던 것이다.

'왕이 숫제 여자를 찾지 않으니 난 이제 이대로 시들어 죽는 수밖에 없겠구나.'

혜비는 깊은 한숨을 몰아쉬며 소리 없이 울었다.

그러던 어느 날 밤 놀라운 일이 벌어졌다. 청년 자제위 홍륜洪倫, 한안韓安, 홍관洪寬 등이 임금과 함께 혜비 전으로 들어선 것이다.

"쉬, 상감의 행차이시다."

한안 단비 (경기도 고양)

앞에서 내시 최만생이 이렇게 소리치며 먼저 뜰 안으로 성큼 들어왔다. 혜비는 오늘에야 임금이 오시는구나, 실로 감격하여 중문까지 달려 나갔다.

그러나 임금은 술에 만취해 있었다. 자제위들의 부축을 받으며 대청까지 온 임금이 그대로 폭 쓰러졌다. 혜비는 얼른 시녀를 시켜 방 안으로 모셔 들이라고 했다. 술 취한 왕인지라 시녀들의 힘으로는 쉽지가 않았다. 이에 자제위들이 임금을 번쩍 안아 방으로 옮겼다.

혜비는 오래간만에 만난 남편이 반가웠다. 하여 얼른 일어서서 임금이 쓴 관과 웃옷을 벗겨 편안하게 해 주었다. 그때 홍륜이 말했다.

"혜비 마마, 전하께서 약주가 과하셔서 몸을 가누시지 못하옵니다. 잠시 후면 맑은 정신이 드실 겁니다."
"너희들은 밖으로 나가 대령하여라."

혜비가 자제위들을 둘러보며 명했다. 그런데 자제위들의 대답은 뜻밖이었다.

"아니오이다. 우리는 상감을 모시고 다니므로 조금도 이 자리를 떠날 수 없소이다."

"무슨 소리냐! 전하께서 내전으로 들어오시면 너희는 밖에서 기다려야 되는 것 아니냐?"

"상감의 명령이오. 곁을 떠나면 신 등은 벌을 받습니다."

방 안이 그리 좁지 않지만 청년들이 여러 명 앉아 있는 것이 왠지 모르게 혜비를 불안하게 하였다.

"여기 시녀가 있으니 상감은 나에게 맡기고 나가라."

다시 한번 엄하게 명했지만 자제위들은 나갈 눈치가 아니었다. 하는 수 없이 혜비가 밖으로 나가려고 일어서서 임금 옆으로 갔다. 이렇게 취한 몸으로 오면 어쩌자는 것인가. 혜비는 임금의 얼굴을 원망스레 바라보다가 방문을 열었다. 그런데 그때 홍륜이 혜비의 옷을 잡아끌었다.

"혜비 마마, 어디를 가시나이까? 잠시 여쭐 말씀이 있소이다."

"무슨 소리냐? 감히 너희들이 나의 몸에 손을 대느냐?"

치근치근한 홍륜은 그래도 옷자락을 놓지 않았다. 혜비는 화가 발끈 나서 소리쳤다.

"망측한 것들! 감히 누구의 옷을 잡는다는 말이냐?"

마침내 혜비는 홍륜의 손을 홱 뿌리치고 밖으로 나갔다. 홍륜이 쫓아 나와 앞을 가로막았다.

"우리들은 어명으로 여기 온 것이오."
"무슨 어명이냐?"
"황송하오나 상감께 아직 혈통을 이을 아들이 없어……."
"그게 다 무슨 소리냐? 망측한 소리 말아라."

혜비가 노기에 찬 목소리로 꾸짖었다. 그제야 시녀들이 몰려나왔다. 그러나 자제위에게는 감히 무서워 덤비지 못했다. 혜비는 더욱 언성을 높였다.

"무슨 일이 있어도 상감 이외에는 내 몸에 손을 못 댄다."

혜비는 다시 상감이 누워 있는 곳으로 갔다. 술 취한 임금은 "공주여!" 하는 소리만 지를 뿐이었다. 자제위들은 혜비가 거절하는 것을 보고 다시 임금을 업고 밖으로 나갔다.
혜비는 그 모습을 바라보며 치를 떨었다. 조정이 문란하여 소위 자제위라는 임금의 호위자들이 무엄하게도 후궁에 침입하여 난행을 하려고 했던 것이다. 그 후부터 혜비는 아무리 자제위가 왔다고 해도 문을 열어 주지 않았다.

그렇다면 익비와 정비의 사정은 어떠했을까? 혜비에게도 자제위들이 이럴진대 그들이라고 해서 자제위들의 손이 미치지 않았을 리 없었다. 익비와 달리 정비에 대한 내용은 전해지는 바가 없는 것으로 보아 큰 문제가 없었을 것으로 보인다.

익비의 탈선

"상감의 행차시오."

어느 날 밤, 자제위 한안이 익비의 처소로 갔다. 익비는 상감의 행차라는 말을 듣고 반가워서 우선 새 옷으로 갈아입으려 했다. 그런데 임금보다 먼저 들이닥친 한안이 익비의 처소에서 나가지 않고 그대로 있었다. 익비는 급한 마음에 한안이 옆에 있는 것도 잊고 우선 웃옷을 벗어 놓고 이 옷 저 옷 입어 보았다. 그동안 한안은 도취된 듯 익비의 모습을 바라보고 있었다.

그런데 이게 어찌된 일이었을까. 옷을 모두 갈아입은 뒤 아무리 기다려도 임금은 오지 않았다. 익비는 이상하여 한안에게 물었다.

"여보, 한 자제위. 어찌 임금의 행차가 늦소?"
"네, 곧 오실 것입니다. 아마도 술을 가지고 오시느라 이리 늦으시는 것 같소이다."

익비는 안타까운 표정을 감추지 못하며 임금을 기다렸다. 사람을 기다리는 것만큼 어려운 일은 없다더니 익비의 마음이 바로 그랬다.
그런데 그때 한안이 뜻밖의 말을 했다.

"신에게 먼저 가서 마마를 모시고 있으라 하셨나이다."

한안은 맹랑한 수작을 하며 익비 앞으로 가까이 앉았다. 익비의 몸에서는 그윽한 향기가 풍겼다. 한안은 무슨 핑계라도 대어 가까이 하고자 여러 가지로 궁리하고 있었다. 그즈음 궁내에는 자제위를 시켜 후빈 몸에서 아들이라도 낳게 하려고 한다는 소문까지 나돌고 있었다. 한안은 이런 기회를 엿보고 들어온 것이다.

"익비 마마, 아직 임금의 적통이 없어 걱정되옵니다."
"그야, 대비께서 하실 걱정이지 우리야 무슨 잘못이 있소?"
"그렇지 않소이다. 익비께옵서 아들을 얼른 낳으셔야 하옵니다."
"상감께서 전에 한 번 오시고 요즘은 통 아니 오시는데 어떻게 아이를 낳으라고 하는 거요?"
"그야 상감을 가까이 모시도록 해야지요."
"좀 모셔 오구려."

익비는 애교 있게 살짝 웃었다. 불빛에 반사되어 치아가 더욱 하얗게 빛났다.

"마마, 우리들은 상감을 모시고 다니느라고 늘 시장하오이다. 뭣이고 먹을 것이 없습니까?"

익비는 방문을 열고 나갔다가 얼마 후 조그마한 상을 손수 들고 들어왔다. 한안은 얼른 받아 익비 앞에 놓고 자기도 마주 앉았다. 상에는 술과 몇 가지 안주가 놓여 있었다. 한안은 시장한 김에 우선 술을 몇 잔 마셨다.

술이 얼큰해지자 간이 커졌다. 한안은 한 잔 부어 익비에게 권하였다. 처음엔 거절하였으나 한안이 거의 강권하다시피 하여 몇 잔 마시게 되었다. 이때 술을 권하느라 손을 뻗다가 소맷자락에 쓸려 젓가락이 떨어졌다. 익비의 방은 몽고식이라 의자와 탁자가 놓여 있었다. 익비와 한안은 떨어진 젓가락을 주우려고 동시에 아래로 머리를 숙였다. 컴컴한 상 밑에서 두 사람의 시선이 마주쳤다. 익비는 한 번 생긋웃고 고개를 들었다. 한안은 갑자기 익비의 손목을 잡고 가만히 속삭였다.

"마마, 우리는 큰 사명을 띠고 들어온 사람이오."
"무슨 사명인데?"
"다름이 아니라 마마가 아들을 낳도록 하라는 어명이요."

"아이구, 망측해라. 근처에도 안 오고 아이를 낳아?"

"그러니까 근처에 왔나이다."

"아무리 궁중이 어지러워졌다 하더라도 그래서야 쓰겠나?"

"마마, 우리들은 목숨이 아깝습니다. 후궁에게 혈육이 없으면 우리들의 잘못으로 돌리나이다."

"안 될 말이오."

익비는 겉으로는 꾸짖는 체하였으나 속으로는 은근히 기다려졌다. 한안은 소매로 불을 껐다. 달빛이 방 안에까지 미쳤다. 이윽고 몽고식 침대 위에 두 사람이 나란히 누웠다.

문란한 궁중 풍기를 방관하는 임금

셋이나 되는 후빈을 팽개쳐 놓고 공민왕은 날이면 날마다 취생몽사 醉生夢死의 환락경을 헤매고 있었다. 왕은 아예 자제위와 같은 침전에서 살았다. 원래부터 색을 좋아하지 않았기에 남자들과 함께 지내는 것이 더 편했는지도 모를 일이었다.

앞에서 익히 보았듯 왕은 노국 공주가 죽은 뒤 후궁을 거느리고 있으면서도 항상 그들을 따로 두었다. 그에게는 오직 공주뿐이었다. 이

사료를 찾아 이곳저곳 다니다 보면 이따금 혼란스러운 상태에 빠지게 되는 때가 있다. 특히 고려 시대의 역사 자료가 워낙 빈약하고, 오랜 세월이 흘러 '이것이 정답이다' 하고 명료하게 결론을 내릴 수 없는 경우가 많다. 한안과 익비의 관계만 해도 그렇다. 익비와 관계를 맺은 자제위가 홍륜이라고 하는 설도 있음을 이 자리에서 밝혀 둔다.

때문에 심질心疾(심장병)이 나고 성적으로 변태가 되어 부인 같이 얼굴에 화장을 하기도 했다는 이야기가 전한다.

그런가 하면 어떤 때는 나이 어린 궁녀나 궁비들을 불러 놓고 눈을 가린 뒤에 알몸이 되게 만들고는 자제위들에게 음란한 행동을 하도록 지시했다. 이렇듯 놀랄 만한 일이 벌어지고 있는 동안 왕은 옆방으로 가서 미리 만들어 놓은 틈을 통해 자제위들의 행위를 구경하기도 하였다. 그러다가 마음이 동하면 자제위를 불러 동성애까지 벌였다고 하니 이를 용양龍陽이라 한다.

노국 공주의 영전에 비가 샜다고!

어느 날 노국 공주의 영전에 비가 샌다는 소식이 날아들었다. 크게 노한 임금은 공사를 감독한 한방신과 노진을 옥에 가두라고 명령하고 공주의 영을 위로해야 한다며 거둥의 영을 내렸다.

왕이 탄 연輦(가마) 앞뒤에는 자제위들이 붉은 옷을 입고 바른 어깨 위에서 왼쪽으로 검은 비단을 늘어뜨린 채 모두 말을 타고 따라갔다. 이를 구경하러 나온 백성들이 길 좌우에 도열해 섰다. 백성들은 임금의 얼굴을 힐끔힐끔 쳐다보며 수군거렸다.

"너무 공주 생각만 해서 그러나? 임금님 얼굴이 말이 아니구나."
"요사이는 술에 빠져 산다더니 얼굴이 벌겋군. 아까운 임금이야."

"아깝기는 무엇이 아까워? 계집에 미친 사람은 못쓰는 법이야."

백성들이 험담을 늘어놓는다는 사
실을 아는지 모르는지 임금은 정릉
이 가까워 오자 풍악을 울리라고 했
다. 풍악 소리가 은은한 가운데 왕은
말에서 내려 정자각(능 앞에 'ㅜ'자로
세운 집) 안으로 들어가 공주의 위패

공민왕릉을 그대로 복원한 모형 내부
동쪽 벽 하단부에는 노국 공주의 정릉으
로 통하는 작은 구멍이 나 있다.

앞에 절하고 다시 능상으로 올라갔다. 능을 한 바퀴 돌고 난 임금의
마음은 걷잡을 수 없이 처량해졌다.

김흥경은 붉은 옷을 입은 악공들에게 다시 풍악을 울리게 하였다.
동시에 재인들이 춤을 추며 노래를 불렀다. 임금과 자제위들은 한 데
모여 풍악을 들으며 술을 마셨다. 술과 놀이에 지친 임금은 정자각 안
에 임시로 만들어 놓은 침상에 누웠다.

이튿날 아침이 되어 해가 높아진 후에야 임금은 겨우 조반을 마치
고 능을 하직하였다. 이때부터 임금은 감회에 빠져 술과 탄식으로 세
월을 보냈다.

"공주, 나는 어떻게 하오? 공주가 가 버린 후에 세상의 여자는 하
나도 쓸 것이 없구려."

함께 있던 내시 최만생崔萬生과 자제위 권진은 어이없는 표정을 애

써 감추며 그 자리에 서 있다가 입을 모아 말했다.

"전하, 옥체에 해롭습니다. 진정하십시오. 생자필멸의 이치를 모
르시나이까?"

"듣기 싫다!"

왕은 한마디 하고는 눈물을 흘렸다. 측근자들은 아무 소리 없이 임
금이 진정하기만을 기다렸다. 왕이 흐느껴 우는 소리는 오랫동안 그
치지 않았다.

내시 최만생은 다시 술을 권했다. 울면서도 임금은 술을 받아 마셨
다. 밤이 깊어진 후 겨우 정신을 가다듬은 임금은 내시 최만생의 인도
를 받으며 궁중으로 향했다. 얼마나 취했는지 발도 제대로 떼어 놓지
못했다. 옆에서 부축해 주는 최만생은 임금이 취할 때마다 큰 고생을
도맡아 했다. 가마라도 타고 가면 좋으련만 왕은 걷겠다고 늘 고집을
피웠다.

무심코 흘린 말이 죽음을 부르고

고요한 밤중에 임금의 행차가 궁에 이르러서야 조그마한 교군이 나
와 왕을 태우고 궁으로 들어갔다. 최만생이 "휴" 하면서 오늘 일은 다
끝났으려니 여기며 한숨을 돌렸다. 그런데 그때였다.

"만생아."

왕이 최만생을 불렀다. 그는 즉시 임금의 처소로 들어갔다.

"얘야, 내가 지금 뒤가 급하다. 불을 밝혀라."

왕은 취해서 간신히 일어났다. 최만생은 임금을 곁부축해 주면서 뒷간으로 안내했다.

"얘야, 어찌 내 몸이 자꾸 흔들리느냐? 여기 좀 있거라."

최만생은 왕을 부축한 채 같이 앉아 있었다. 술 냄새 때문에 숨도 못 쉴 지경이었다.

"만생아, 아무래도 나는 오래 못 살 것 같다. 내가 죽으면 누가 공
주의 영전을 보살피나?"
"신이 보살피겠나이다."
"기특한 말이다. 그렇지만 내 아들만 하겠느냐?"
"모니노가 있지 않습니까?"
"음, 그렇구나."

최만생은 무슨 긴한 말이나 하는 듯이 임금 귀에 입을 가까이 대고

목소리를 낮추었다.

"상감마마, 궁녀가 임신 중이라 합니다."
"무엇이! 몇 달이나 되었다더냐?"
"다섯 달이 되었다고 하옵니다."
"누가 궁녀 방에 출입했다고 하더냐?"
"한안이라 하옵니다."
"고얀 놈!"

왕은 일어나 다시 침전으로 들어갔다. 최만생은 여전히 왕을 부축하며 따라갔다.

"그러면 내일 그놈의 입을 없애도록 해야겠다. 혹 다른 놈들 중에 아는 놈은 없느냐?"
"아무도 모릅니다. 오직 두 사람만 알고 있나이다."
"그래, 그럼 너도 입을 없애야겠구나."

이 말은 아마도 공민왕이 실수로 한 말인 듯하다. 본인 앞에서 없애 겠다고 하는데 아무리 내시 신분이라지만 감정이 달라질 수밖에 없는 노릇이었다.
최만생은 정신이 번쩍 들었다. 공연히 쓸데없는 소리를 하여 자신의 입이 없어질 판이 되어 버렸으니 말이다. 최만생은 임금을 침전까지 안내하고 즉시 한안의 방으로 달려갔다.

자제위들은 모두 깨어 있었다. 최만생은 얼굴이 새파랗게 질려 가지고 한안에게 말했다.

"여보, 자제위! 큰일 났소."
"무슨 일이냐?"
"이제 우리 둘은 입이 없어지게 되었소."

최만생은 한안에게 일의 내막을 자세하게 전했다. 한안도 돌연 안색이 달라졌다.

"이제는 별 수 없다. 망해 가는 나라를 바로잡을 때가 왔어! 자제위 생활도 지겹고……."

한안은 여러 사람들을 쳐다보았다.

"그렇지. 미친 임금은 없애야 해."

옆에서 권진이 호응했다. 이때 방 안에는 홍관, 권진, 홍륜, 최만생까지 합해 다섯 사람이 있었다. 한안이 다시 입을 열었다.

"우리 감쪽같이 임금을 없애자."

최만생의 눈이 둥그레졌다.

"어떻게 하면 감쪽같을까?"
"그저 내가 하자는 대로만 하면 된다."

잠시 후 공론이 끝나자 최만생이 앞에 서고 네 사람은 뒤를 따라갔다. 밤은 이미 깊어 아무 소리도 나지 않았다. 순라 도는 군사들도 잠이 들었는지 소리조차 들리지 않았다.

동쪽에서 달이 솟아올랐다. 최만생은 칼을 들고 한안은 몽둥이를 들었다. 모두들 얼굴이 상기되었다.

술이 취한 채 쓰러져 자는 임금은 방문을 여는 줄도 몰랐다. 우선 최만생이 들고 간 칼을 빼어 아무 소리 없이 임금의 머리를 힘껏 내리쳤다. 임금은 취안이 몽롱한 채 "엇!" 하는 외마디 소리를 질렀다. 한안이 즉시 몽둥이로 임금의 머리를 후려갈겼다.

"공주!"

임금은 다시 외마디 소리를 지르고 그대로 죽었다. 최만생은 임금이 확실히 죽었나 조심조심 들여다보았다. 유혈이 낭자하여 침상 뒷벽이 벌겋게 물들고 이불도 흠뻑 젖었다. 최만생과 한안은 즉시 뛰어나가 잠시 숨을 돌리고는 김흥경에게 말했다.

"도둑이 들었소."

김흥경은 즉시 임금의 침전으로 뛰어갔다가 도로 뛰어나오며 몸을 벌벌 떨었다.

"상감마마께서 피를 흘리며 누워 계신다! "

한안과 최만생도 같이 떨면서 크게 소리 질렀다.

"도둑이 들어와 상감마마를 죽였소."

침전을 지키던 위사衛士들도 그 자리에서 떨고만 있었다. 그때 내시 김사행이 태후 전으로 뛰어갔다.

"태후 마마, 도둑이 들어와 상감마마를 해하였나이다."

태후도 무서워서 떨었다.
자제위들이 사태를 수습하기 위하여 궁전 밖으로 나가 재상을 비롯하여 승지들에게 궁궐 안에 도둑이 들었다고 전했으나 한 사람도 들어오지 않았다.

경복흥 묘소 (경기도 파주 민통선 內)

마침내 범인이 잡히고

새벽이 되어 태후가 어린 강녕 대군(우왕)을 데리고 왕의 침전으로 들어갔다. 태후는 끔찍하게 죽은 아들의 모습을 보자 그대로 실신했다. 계속하여 이인임, 경복흥, 안사기 등이 들어와 참혹한 현장을 보고 말했다.

"옥좌를 노리는 도둑이었구나."

그들은 즉시 태후의 처소로 가보았다. 이인임이 말했다.

"태후 마마, 정신을 차리셔야 합니다. 아무래도 왕위를 노리는 자의 소행 같아 보이옵니다."

"이 시중, 만고의 역변이구려. 세상이 흉흉하니 발상하지 마오. 뒷일을 보아 가면서 발상하도록 하오. 그래도 상감이 소생할지 모르니 즉시 시의를 입시하도록 하시오."

"벌써 어제 저녁에 승하하셨는데 시의가 무슨 소용 있겠습니까. 역적의 무리를 잡는 것이 우선일 듯 하옵니다."

이인임, 경복흥, 안사기 세 사람은 밖으로 나와 범인 잡을 계획을 의논하였다. 이인임이 매우 침중한 어조로 말했다.

이인임 영정
경북 유형문화재 제245호, 경북 성주군 벽진면 자산리 소재.

"외부의 도둑이 궁중 안으로 들어올 리 없소. 필시 내부에서 생긴 도둑 같으오."

경복흥도 맞장구를 쳤다. 이인임이 경복흥과 안사기를 번갈아 쳐다보며 말했다.

"승려 신돈이 항상 궁중에 있으면서 큰일을 저지를 듯하였소. 이자를 잡아 가두도록 하오."

다른 사람들도 아무런 이의가 없어 즉시 신돈를 잡아 가두었다. 이번에는 안사기가 나서며 말했다.

"왕의 좌우에 있는 자제위 무리들도 엄중히 조사해 봐야 하오. 평소에 그자들 중 임금에 대하여 불손한 자들이 많았소."

이인임이 그렇소, 하며 즉시로 자제위를 조사해 보라 했다. 한편 태후는 아직도 사색이 된 얼굴로 이인임을 불렀다.

"당분간 발상을 중지하오. 내외의 인심이 가라앉은 후에 일을 처리하도록 하오."
"아닙니다. 하루도 왕위를 비워둘 수는 없습니다. 대행왕의 아들인 강녕 대군(우왕)으로 즉시 발상하고 초상을 치르도록 해야 합니다."

발상을 미루자는 태후의 말에 이인임이 강한 어조로 반박을 했다.

"그렇다면 아직 강녕 대군이 나이가 어리니 다른 종친을 내세우는 것이 어떠하오?"
"그 또한 안 될 말씀입니다. 대행왕의 아들이 나이가 어리면 태후께서 뒤에서 돌봐 주시면 될 일입니다."

그날 저녁, 이인임은 즉시 최만생을 비롯한 자제위를 불러 일일이 문초해 보았다. 이인임이 최만생의 옷에 피가 묻어 있는 것을 발견했다.

"네가 아무래도 수상하다. 옷에 피가 묻어 있는 것이 증거이다."

"소인이 급히 뛰어와 상감의 옥체를 살피느라고 묻은 것이옵니다."

그래도 이인임은 믿지 않고 최만생과 자제위를 옥에 가두었다.

다음 날 다시 왕위 문제가 일어났을 때 대신들은 모두 이인임의 편을 들어 열 살 먹은 강녕 대군을 임금으로 내세웠다.

사건이 일어난 지 사흘째 되던 날, 한안과 최만생이 죄를 자백하였다. 그들은 곧 처형되었다.

익비와 궁녀들의 음란한 행동은 결국 임금의 목숨까지 빼앗았다. 그리고 파란 많던 궁중은 잠시 조용해졌다.

그 후 10월이 되어 과연 익비가 아들을 낳았다는 소문이 궁내에 돌기 시작했다. 나중에는 그 아이를 중랑장 김원계의 집에서 기른다는 소문까지 떠돌았다. 이때부터 고려 멸망의 징조는 더욱 뚜렷이 나타나기 시작하였다.

왕조의 멸망

가정이나 작은 사회, 조직 단체는 물론이려니와 거대한 국가마저도 망하고 흥하는 것은 바늘구멍만한 틈에서부터 시작된다.

후궁을 맞이할 생각이 없었다면 공민왕은 어머니 홍씨의 말을 듣지 말았어야 했다. 또한 피치 못할 사정으로 후궁을 맞이했다면 그 책임을 다했어야 옳다. 공민왕의 무책임한 행태는 이렇듯 돌이킬 수 없는 결과를 불러오고야 말았다.

공민왕이 죽자 우왕이 임금 자리에 올랐다. 그 동안 익비는 자제위를 때때로 불러들여 후궁 깊은 곳에서 향락에 빠져들곤 하였다. 우왕이 즉위하고 나서 대간에서는 이를 강력히 들고 나왔다.

"전왕 때 궁중을 단속하지 못하여 여러 후궁들이 엉뚱한 아이를 낳았다는 소문이 있습니다. 그 소생을 모두 없애 버리도록 하십시오."

우왕은 잠시 생각하는 듯하다가 고개를 무겁게 저었다.

"그런 짓을 하면 선왕에 대한 욕이 되지 않겠소? 그대로 내버려 두는 것이 좋을 듯하오."

우왕은 간단히 대간의 간청을 물리쳤다. 그러나 그 후에도 대간의 상소가 끈질기게 이어졌다.

"엄히 조사하여 선왕에게 욕이 되지 않도록 처사하셔야 하옵니다."

강력한 대간의 상소에 못 이겨 결국 왕은 할 수 없이 조사하도록 명했다.

중랑장 김원계가 사실을 실토했다.

"선왕 때 익비의 소생이라면서 궁녀가 아이를 신의 집에 맡긴 일이 있습니다."

"정말이냐?"

우왕은 아연했다.

왕은 즉시 김원계의 수양아를 데려오라 했다. 아이는 벌써 다섯 살이 되어 어여쁘게 성장해 있었다. 아들이 아니고 딸이었다. 우왕은 어린 생명을 죽이기 애처로워 그대로 기르라고 명하고 다시는 아이 얘기를 하지 말라 하였다. 그 후 공양왕 때 임금의 딸 경화 궁주에게 그아이를 양육케 하였다. 세상에서는 한안의 자식이니, 홍륜의 자식이니 의견이 분분했으나 알 수 없는 일이었다.

고려 왕조가 문을 닫고 조선이 창국된 것은 그로부터 오래지 않아서였다. 혁명의 주도자 이성계는 우왕과 창왕이 왕씨 혈통이 아니라는 명분 하에 동조자를 설득시켰고, 결국 위화도 회군에 성공하여 조선 왕조의 문을 열었다.

위화도 회군로

현재 위화도의 모습

비구니가 된 혜비

평생 그리워하며 기다렸으나 애틋한 부부의 정 한번 나눠 주지 않고 공민왕은 저 세상 사람이 되어 버렸다. 게다가 고려까지 망하자 혜비는 갈 곳이 없었다. 부모님은 물론이고 친정 오라버니까지 모두 세상을 떠난 탓에 조카들만 남아 있었다. 혜비는 구차하게 친정으로 들어가고 싶지 않았다.

'나라가 망하였는데 후궁 처지에 갈 곳이 어디란 말이냐. 정처 없이 떠나 보자.'

그렇게 궁을 나선 혜비는 전에 자신이 공부했던 송악산으로 들어가 삭발하고는 비구니가 되어 불경을 외웠다.

돌이켜 과거를 생각해 보면 기막힐 노릇이었다. 궁궐에 들어가기는 했지만 한번도 호화로운 생활을 해본 적이 없었다. 하긴 혜비는 애초에 호화로운 생활을 바란 적도 없었다. 그저 남편을 남편이라 여기며 애틋한 부부의 정 한번 나눠보는 것이 소원이었다. 그러나 혜비는 끝내 처녀의 몸으로 고스란히 늙고 말았다. 이젠 독수공방하는 것이 익숙해졌다.

혜비는 곧 가사 장삼을 걸친 몸으로 손에 염주를 들고 송악을 떠나 한양으로 향하였다. 사람들은 그즈음 한양이 새 서울이라 살기 좋다고 웅성거리며 삼삼오오 모여들었다. 혜비도 그들 틈에 끼어 한양으

로 갔다.

혜비는 정업원淨業院(현 종로구 숭인동. 비구니들이 기거하던 곳)에 들어
가 여생을 보내기로 하였다. 한양은 이제 한창 건설 공사가 진행되는
중이라 사람들이 들끓고 시끄러웠으나 정업원의 문밖은 한가롭기 그
지없었다. 혜비는 조석으로 그곳 조그만 법당에 들어가 억울하게 죽
은 공민왕의 명복을 빌었다. 뿐만 아니라 고려 여러 임금의 영을 위로
하며 염불로 세월을 보냈다.

한양에서는 아버지 이제현의 제자들이 고관이 되어 빛나는 삶을 살
아가고 있었다. 그러나 그들 중 단 한 사람도 혜비를 찾아와 위로해
주는 이가 없었다.

그즈음 이씨 왕조에서는 두 번째로 세자 다툼이 벌어져 형제간에
피를 보았다. 그 소식을 듣고 나서 혜비는 번뇌 속으로 잠겨 들었다.

방석 세자빈 심씨 묘소 (경기도 광주)

'세상 사람들은 무엇 때문에 싸우는 것이냐? 사파沙婆 세계에서는 욕심이 모든 불행의 근원이로구나.'

비구니의 탄식이 고요에 잠긴 정업원의 뜰을 흔드는 듯하였다.

불행한 여인의 방문

그로부터 얼마 후 뜻밖의 인물이 혜비를 찾아왔다. 이성계의 여덟 번째 왕자 의안 대군 방석芳碩의 빈 청송 심씨였다. 혜화 비구니(혜비)는 이미 늙어가는 몸이었으나 아직도 정정하여 손수 밥도 짓고 옷도

꿰매며 일과를 꾸리고 있었다.

"스님, 소녀는 죄 많은 인간이로소이다. 대자대비하신 부처님께
의지하고자 하오니 구원해 주옵소서."

심씨는 혜화 비구니를 만나자마자 합장 배례하며 애원했다. 혜화
비구니는 가엾은 젊은 여인이 애처로워 가슴이 뭉클하였다. 젊은 시
절, 자기가 지나온 길을 다시 보는 듯해서였다.

"나 같은 인생이나 이곳에 의지하지 젊은 분이 여기를 무엇하러
오시오?"
"스님, 갈 곳이 없는 여인이오이다. 부엌일이라도 하면서 여생을
보낼까 하옵니다."
"그동안 어디서 살고 있었소? 송악에서 사셨소?"
"소녀는 왕자 비였습니다."
"왕자 비?"

혜비는 놀라며 어느 나라의 왕자 비냐고 물었다. 심씨는 머뭇거리
다 입을 열었다.

"죄 많은 한양조의 왕자 비로소이다."
"그렇소? 그럼, 좀 불편하겠지만 나하고 같이 지냅시다."

혜비는 그 여인을 따뜻하게 대해 주었다. 심씨는 몇 번이고 절하면서 눈물을 글썽였다.

　"스님, 감사하오이다. 그놈들이 또 소녀까지 잡으러 올지 모르겠지만 소녀는 오직 스님만을 의지하고자 하옵니다."
　"잡으러 오면 일찌감치 이 세상을 떠나지 무슨 미련이 있겠소?"

그러나 이런 말을 하는 혜비도 지난날 홍건적의 난 때 송악산에 숨어 목숨을 보전한 일이 있었다. 남의 입장에서는 냉정하고 또한 쉽겠지만 본인이 그 형편에 놓이게 되면 사정이 달라지는 것이 인간이다.

　"스님, 그러하오이다마는 아직 청춘의 이 몸이 아까우오이다."
　"궁중 얘기는 이제 그만두어요. 생각만 해도 진저리가 나는 곳이오."

그날부터 심씨도 삭발하고 비구니가 되어 혜화 비구니와 법당에서 독서삼매에 빠졌다. 그러다가도 심씨는 젊은 몸과 마음을 어쩌지 못하고 스님에게 괴롭게 호소하였다.

　"스님, 청춘의 정열을 어찌 하오리까?"
　"오! 너도 이제는 그런 생각을 하느냐? 나도 그것 때문에 이렇게 된 것이다. 아예 생각 말고 오직 부처님에게만 의존하여라."

송비 어머니 여흥 민씨 묘비   송비 아버지 송현수 묘비
(서울 서초구)

단종비 송씨 묘소 (사릉思陵, 경기도 남양주)

혜비는 이런 말로써 젊은 심씨를 타일렀다. 번민에 쌓인 두 여성은 저물어 가는 한양 동쪽의 작은 암자에서 나무아미타불만 외쳤다. 가련한 왕비들의 인생 후반이 너무나 가혹하지 않은가!

정업원은 이 두 여인이 한을 묻고 간 자리였는데, 훗날 또 다른 여인 하나가 찾아와 비통한 눈물을 흘렸다. 숙부 수양에게 쫓겨난 단종의 왕비 송씨가 바로 그 주인공이었다. 일찍이 큰 꿈을 안고 궁중에 들어갔으나 기박한 운명을 이기지 못하고 이곳 정업원에 숨어들어 긴 탄식과 함께 세상을 마감했다.

혜비 대신 찾아간 심씨의 묘소

혜비의 억울한 원혼은 현재 우리가 갈 수 없는 개성 땅에 모셔져 있고, 심씨는 남편 방석을 따라 경기도 어느 변두리에 누워 있다.

필자가 심씨를 찾아가던 그 날은 일 년 중 가장 더운 삼복의 어느 일요일이었다. 근처에 이르러 심씨의 묘소 위치를 사람들에게 물었으나 아는 이가 드물었다. 그 바람에 필자는 우여곡절을 겪은 끝에 묘소의 위치를 알아낼 수 있었다. 묘소가 있는 곳은 경기도 광주 땅 은고개. 필자는 그곳을 바라고 자동차의 속도를 높였다.

고개를 오르기 위해 좁은 길로 들어섰는데 행락객들이 얼마나 많은지 차는 꽉 막힌 채 움직일 줄을 몰랐다. 답답하여 차창을 여니 보신탕 냄새가 진동을 했다. 도대체 얼마나 많은 개가 이 골짜기에서 죽어가는 것인지 가늠하기 어려웠다.

20분이면 충분히 갈 수 있는 길인데 필자는 3시간이나 걸려 세자와 세자 빈 심씨의 묘소 앞에 도착하였다. 묘소는 앞뒤 같은 형태로 모셨는데 앞은 심씨, 뒤는 의안 대군 방석의 묘소였다. 묘전에 올라가긴 하였지만 온몸이 땀투성이가 되었고, 숨이 막혀 말 한마디 할 수가 없었다.

그런 필자 앞으로 평생 한과 눈물의 역사를 엮어온 세자빈 심씨가 파리한 외양에 승복을 입고, 손에는 염주를 든 채 다가오는 듯한 환각이 일어났다. 필자는 옛사람들과 만나 대화를 나누는 환상에 자주 빠져들곤 한다. 이것도 직업병 아니겠느냐고 비아냥거릴 사람들이 있을는지 모르겠으나 그러한 환각 상태에 빠져드는 것이 싫지만은 않다.

이번에도 필자는 세자빈 심씨를 향해 길게 읍했다.

"어서 오시오. 뉘신지 몰라도 이곳을 잘 아는 사람이 없어 찾아오기가 어려웠을 터인데 용하게 찾아왔소이다."

"세자빈 마마, 저는 이 나라 백성입니다. 사기를 뒤지다 보니 세자와 세자빈 마마가 너무나 억울하게 살다 가셨다는 구절을 발견하고 5백여 년이 지난 지금이라도 한 번쯤 찾아뵙고 위로해 드리고픈 마음이었습니다. 세자께서는 무도한 왕자들의 싸움에 희생되셨고, 세자빈 마마는 혈혈단신으로 세상에 남아 청춘의 한을 이겨가며 살아오시지 않았습니까. 그 한 많은 역사를 후세들에게 널리 알려야겠다고 마음먹은 지 오래입니다."

"그렇지 않아도 세자께서는 이숙번의 칼을 맞았는데 많이 다쳤는

이숙번 묘소 (경기도 시흥)

지 영 깨어나질 못하고 계십니다. 손님, 미안한 일이나 세자는 만나 뵙지 못하니 그렇게 알아주시오. 나도 지금 청춘을 삭히며 사느라 심화병이 생겼고, 또한 백성의 이목이 두려워 출타를 가급적 자제하고 있소이다. 그런데 손님은 지금 살고 있는 곳이 어디시오?"

세자빈 심씨가 갑자기 사는 곳을 묻기에 필자는 얼떨결에 성북구 삼선동이라고 대답했다. 그러자 마침 잘됐다는 듯 세자빈 심씨가 환하게 웃었다.

"그럼, 혹시 이웃 동네 정릉이란 곳을 알고 있나이까?"
"예, 잘 알고 있습니다."
"손님께서도 잘 알고 계시겠지만 정릉은 우리 시어머님의 유택입니다.

정릉의 능침 (서울 성북구 정릉동)

미안하고 어려운 일이겠지만 내가 오래전부터 준비한 서한이 있는데 그 어른께 전하기만 하면 되는 일이니 손님께 부탁을 좀 드립니다."

필자는 아주 귀한 것이라는 생각에 조심이 되었다. 하여 허리를 깊이 숙이며 서한을 받기 위해 세자빈 심씨에게 손을 길게 뻗는데 때마침 환각 상태에서 깨어나며 주변이 환해졌다.

필자는 왠지 모를 아쉬움과 갈증을 느끼며 주변을 둘러보았다. 북한산에서 흘러내리는 맑은 물 사이로 한가로이 노니는 바람이 보였다. 필자는 문득 하늘 높이 떠가는 구름을 바라보며 중얼거렸다.

"사람은 사후에 어디로 가는가. 사람은 과연 무엇을 얻으려고 사는가. 이 모두가 허상이로구나. 이 모두가 무상이로구나."

마치 깊은 잠에서 깨어난 사람처럼 한동안 제자리를 지키다가 필자는 마지막으로 세자빈 심씨와 세자의 묘소를 둘러본 뒤 돌아섰다.

자제위 한안의 단을 찾아

세자빈 심씨의 묘소를 다녀온 뒤 필자는 다시 공민왕 살해 사건의 주범이라고도 할 수 있는 자제위 한안의 자취를 찾아가 보기로 하였다. 아니, 좌충우돌 선현들의 묘소를 찾아다니던 중 자제위 한안의 단을 기적처럼 찾아냈다는 것이 정확한 표현일 터였다.

역사는 그 당시 자제위로 홍륜, 홍관, 한안, 권진 등이 있었다고 적고 있다. 그러나 실지로는 10여 명의 자제위가 궁중에 들어가 있었다. 그렇다면 그들의 이름이 왜 전해지지 않는 것일까. 그다지 명예롭지 못한 직위였기에 후손들이 그 자취를 감추고자 애쓴 결과일 터였다. 실제로 홍륜과 홍관은 4촌지간인데 홍씨 후손들이 매우 난감해 하고 있었다.

필자가 선현들의 유택이나 단소, 사당, 사우 등을 찾아갈 때는 그곳이 어디인지 미리 알고 가는 일은 거의 없다. 다만 길가에 모셔진 유택을 기준한다든가 깊은 골에 자리 잡은 동네를 찾아가거나 하는 것이 사료를 찾는 필자의 방법이다.

오늘은 우리나라에서 선현들의 유택과 사우가 가장 많다는 파주 임진강 쪽을 더듬어 보기로 하고 민족의 염원이 담긴 통일로에 자동차를 올렸다. 언제나 그랬던 것처럼 이곳저곳을 살피며 필자의 한여름 기행은 시작되었다.

경기도 고양시와 파주시의 경계쯤 되는 지점에 왔을 때, 도로변에 세워진 비석 두 기를 볼 수 있었다. 그 내용을 살펴보니 청주한씨 서원군西原君 묘소 입구라고 적혀 있었다.

혼자 생각에 이 더운 날 멀리 파주 땅까지 가지 않아도 값진 사료를 얻게 될지 모르겠구나 생각하면서 주저하지 않고 서원군의 묘소로 향하였다.

서원군 묘소 입구 (경기도 통일로변)

가다 보니 고양시 덕양구 내유동이라는 푯말이 보였다. 그 뒤편으로 동네 깊숙한 곳에 우뚝 서 있는 재실이 눈에 띄었다. 그리로 가기 전 갈림길이 나오기에 다가

조준 문충공 조대임 강안공 불천지위묘

가 보니 조선 개국 1등 공신 영의정 조준趙俊 부자의 불천위 사당이 있었고, 그 앞에 근래 평양 조씨 댁 어느 며느리가 세웠다는 신도비가 있었다. 내용을 살펴보니 영의정 조준의 묘소는 삼팔 이북 땅에 있다 했고, 조준의 아들이자 태종의 둘

경정 공주 묘소 (경기도 고양)　　　　　　　　　　조대임 비문 (경기도 양주)

째 부마이기도 한 조대임趙大臨은 양주에 모셔져 있다고 했다. 그 신도
비가 어찌하여 이곳에 있는지 궁금하던 중 필자는 왼쪽 산 중턱에 자
리 잡은 아주 오래되어 보이는 묘소에서 해답을 얻었다. 그 묘소는 바
로 태종 임금의 둘째 공주인 경정 공주慶貞公主(조대임의 부인)의 것이었
다. 왕족의 묘소답게 넓은 산 한곳을 모두 차지하고 있었다.

　그 바로 뒤쪽은 수많은 혼령들이 노니는 내유동 공동묘지였다. 사
람은 살아 있을 때나 죽어서나 신분의 차이가 있구나 하는 생각이 필
자의 발길을 무겁게 했다.

　필자는 마지막으로 산 중턱에 세워진 재실을 찾아갔다. 재실은 웅
장했고, 그 재실을 좌우 전후하여 많은 묘소가 있는데 모두가 청주 한
씨들의 무덤이었다.

자제위 한안의 단

재실 뒤쪽으로 가고 있을 때 문득 깊은 담장 안에 세워진 비석 하나가 필자의 눈길을 끌었다.

'저건 누구의 비석인고?'

그저 약간의 호기심에 사로잡혀 담장 안으로 들어섰던 필자는 한순간 숨 쉬는 것조차 잊고 말았다. 큰 보배를 찾아낸 듯 가슴이 울렁거리기까지 하였다.

자제위!

역사적 기록으로만 이해하고 있던 자제위가 여기에 있었던 것이다. 배위 용성 이씨의 지단과 함께 있는 것은 다름 아닌 한안이었다. 필자는 우선 자제위 한안에게 머리 숙여 인사를 했다. 그러고는 비석을 가만히 살폈다. 갑자기 답답함이 몰려왔다. 속 시원히 당시의 상황을 정확히 알 수 있었으면 좋겠는데 보이는 것이라곤 돌 단비 하나뿐이었기 때문이다.

어느덧 필자는 또다시 무수한 세월을 거슬러 올라가며 상상의 나래를 펼쳐 내고 있었다. 환각 속에서나마 한안과 대화를 나눠 보고자 하는 것이다.

한안의 가족 단비 (경기도 고양)

"선생이 여기 계셨군요."

필자는 다시 한 번 고개를 숙이며 인사를 건넸다. 그러나 한안은 아무런 반응이 없었다. 하긴 육백오십 년 동안이나 함구로 일관한 한안의 입을 연다는 것이 쉽지만은 않을 터였다. 하여 필자는 단념하고 돌아서려 하였다. 그러나 이내 마음이 변했다. 사람은 자극적인 말을 반복해서 들려주면 반응이 있기 마련 아니던가.

"자제위 한안 선생. 내가 그동안 많은 곳을 다녀보았으나 자제위에 대한 흔적은 찾을 길이 없었습니다. 역사 기록에는 분명히 자제위가 있다고 했으나 실체가 없어 반신반의했던 것이 사실입니다. 그런데 이제 이렇게 자제위 한안 선생을 만나 뵙게 되는군요."

말을 마친 뒤 필자는 한안의 대꾸를 고대하며 가만히 귀를 기울였다. 그러나 역시 반응이 없었다. 필자는 실망치 않고 다시 입을 열었다.

"조선국 연산 임금이라는 분이 정사는 보살피지 않고 향락에 빠져 허우적거릴 때, 사냥터를 만들기 위해 백성들의 땅을 무단 점령하여 그곳의 출입을 막고 금표비를 세운 적이 있습니다. 금표비의 숫자가 12기라고 하나 지금 실체가 드러난 것은 1기뿐입니다. 그와 마찬가지로 자제위의 숫자는 10여 명이라고 하는데 그 흔적을 모두 없애 버려 찾을 길이 없었습니다. 그런데 어찌 한안 선생만은 자제위 한안이라 밝히고 있는지 궁금할 따름입니다."

필자의 말에 적잖이 자극을 받은 것일까. 드디어 한안이 노기에 찬 음성으로 대답했다.

"당신! 오늘 나의 입을 열려고 작정하였소?"
"아! 선생이 진짜로 여기에 계셨군요. 반갑습니다."

필자는 재빨리 고개 숙여 인사하며 미소를 지었다.

"거 참……. 그 당시 일들은 하나 같이 부끄러운 것들뿐이지 않소? 후손 보기도 창피하고 하여 다른 이들처럼 숨기고 싶었으나 부끄럽다 하여 마냥 묻어 놓는 것이 상책이라는 생각은 들지 않았소. 그 후 나는

후궁의 불륜과 임금 살해 사건 | 공민왕 |
331

오늘에 이르기까지 깊은 반성을 하며 지내 왔소. 보아 하니 역사를 연구하는 사람 같은데 당시 자제위들이 큰 잘못을 저질렀지만 공민왕 전하께도 잘못된 점이 있었다는 사실만은 잊지 말아야 할 것이오."

"그 점은 저도 알고 있습니다."

필자는 부랴부랴 대답하며 당시의 상황을 좀 더 알고 싶어 애를 태웠다. 그러나 한안은 그 이상 필자에게 알려 주지 않았다.

한동안 단 앞에 멍하니 서 있던 필자는 한안에게 마지막 인사를 올린 후 돌아섰다. 무더운 여름날 비 오듯 땀이 흘렀지만 필자는 더위조차 느낄 수가 없었다. 오로지 노국 공주만 사랑하여 제 할 일을 하지 못하다가 파탄을 맞이하고만 공민왕과 그런 남편 밑에서 한 많은 생을 살다가 떠난 혜비와 익비, 정비의 모습이 필자의 가슴을 새삼스레 미어지게 한 까닭이다.

6백 년 전 고려 궁궐 안에서 벌어진 인생들의 애증과 집착은 우리가 살아가는 현시대에도 고스란히 재현되고 있다. 우리 또한 머지않아 그들처럼 지나온 생애를 회한으로 느끼게 될지도 모를 일이다. 한 번 주어진 생, 후회 없이 살다 가는 방법을 옛 고려인의 삶에서 찾아낼 수도 있으리라.

이런 생각을 해보며 돌아서려는 순간이었다. 묘소 앞에만 서면 환청을 듣곤 하는 것도 직업병의 일종인지 필자는 이상야릇한 음성을 감지해 내고는 우뚝 걸음을 멈췄다. 한안의 아버지 한방신의 단비가 필자를 가만히 지켜보며 영혼의 울림을 보내는 것만 같았다. 그래 봐

야 필자가 자의적으로 만들어 낸 상황에 불과할 테지만 어쨌든 필자
는 한방신의 이야기가 실제로 들려오는 양 귀를 기울였다.

　"여보시오, 나그네. 내 말 좀 들어보오. 역사를 연구하는 사람이라
　고 하니 잘 알겠지만 나는 노국 공주 사당에 빗물이 스며들었다는
　죄목으로 옥살이를 한 적이 있소. 나라님을 모시는 몸으로 억울한
　일쯤 겪는 것이야 무에 그리 잘못이겠소만 이제라도 나의 답답한
　마음을 세상에 좀 알려야겠다는 생각이오. 도와줄 수 있겠소?"

　한방신의 목소리는 사뭇 간절했다.
필자는 한방신의 속내를 어느 정도는
간파하고 있었다. 옥살이를 좀 한 것
가지고 한방신이 이처럼 갈 길 바쁜
사람을 불러 세운 것은 아닐 터였다.
아니나 다를까, 잠시 침묵하던 한방신
이 대뜸 아들 한안 이야기를 구구절절
늘어놓았다.

한방신 단비 (경기도 고양)

　"억울한 옥살이도 옥살이지만 내 아들 일만 생각하면 나는 6백 년
　이 지난 지금까지도 심장이 벌떡벌떡 뛴다오. 세상 어느 부모가
　자식의 한숨을 외면할 수 있겠소? 여보시오, 나그네. 자제위라는

것은 누가, 왜 만든 것이오? 따지고 보면 공민왕이 필요에 따라 만들어 놓고는 온갖 음행과 악행을 자행하도록 유도한 것이라오. 그런데 어찌 자제위에게만 잘못이 있단 말이오? 신하된 나로서도 이해가 되지 않는 대목이오. 그래서 당신처럼 역사의 진실을 밝히려는 사람이 혹 예까지 찾아오지 않을까, 오매불망 기다린 세월이 6백 년이었소. 내 아들 안숙이나 홍륜, 권진 같은 이들의 죽음은 실로 억울하였다오. 자제위에 얽힌 역사의 진실을 그대가 세상에 낱낱이 밝혀 준다면 이 못난 아비는 더 이상 소원이 없을 듯하오. 그리 해 줄 수 있겠소?"

한방신의 장황한 이야기가 모두 끝났을 때, 필자는 저도 모르게 고개를 끄덕였다. 그래서였을까. 한방신의 단 저편에서 부드럽기 그지없는 바람이 한 줄기 불어와 필자의 몸을 휩쌌다.

"무덤 속에 파묻힌 원혼의 허망한 넋두리에 불과하지만 방금 한 약속을 꼭 지켜 주리라 믿겠소. 어느 곳을 돌고 돌아 여기까지 왔는지는 모르겠으나 나그네의 모습이 무척 피곤해 보이는구려. 댁으로 돌아가 편히 쉬도록 하오."

필자는 한방신의 이야기가 끝난 뒤에도 한동안 자리를 지키고 섰다가 천천히 고개를 한번 숙이고 돌아섰다. 필자가 걸어 내려가야 할 길을 석양이 붉게 비춰 주고 있었다.